本著作系全国教育科学"十三五"规划2018年度
"中等职业学校供给侧教育改革的研究"（项目编号：
主持人：刘炜杰

现代职业教育
研究丛书

丛书主编
石伟平

从单一走向多元：
我国中等职业学校教育改革的方向与路径

刘炜杰　著

上海教育出版社
SHANGHAI EDUCATIONAL
PUBLISHING HOUSE

图书在版编目（CIP）数据

从单一走向多元：我国中等职业学校教育改革的方向与路径 / 刘炜杰著. — 上海：上海教育出版社，2021.7
（现代职业教育研究丛书 / 石伟平主编）
ISBN 978-7-5720-1004-0

Ⅰ.①从… Ⅱ.①刘… Ⅲ.①中等专业学校 – 教学改革 – 研究 – 中国 Ⅳ.①G718.3

中国版本图书馆CIP数据核字(2021)第129533号

丛书策划　公雯雯
责任编辑　袁　玲　公雯雯
整体设计　陆　弦

现代职业教育研究丛书
石伟平　主编
从单一走向多元：我国中等职业学校教育改革的方向与路径
刘炜杰　著

出版发行　上海教育出版社有限公司
官　　网　www.seph.com.cn
地　　址　上海市永福路123号
邮　　编　200031
印　　刷　上海龙腾印务有限公司
开　　本　700×1000　1/16　印张 18
字　　数　285 千字
版　　次　2021年8月第1版
印　　次　2021年8月第1次印刷
书　　号　ISBN 978-7-5720-1004-0/G·0787
定　　价　68.00 元

如发现质量问题，读者可向本社调换　电话：021-64377165

总序

2004 年,由华东师范大学职业教育与成人教育研究所牵头,联合国内兄弟单位出版了第一套"现代职业教育研究丛书"。第一套丛书的出版在学界取得了良好的反响,不仅获上海市第十届教育科学研究优秀成果奖一等奖、教育部第四届全国教育科学研究优秀成果奖一等奖,更在学界成为家喻户晓的"知名IP",一大批青年学者、博士、硕士都在阅读、学习和研究这套丛书,甚至于现在这套丛书早已"洛阳纸贵",在各大销售平台均已售罄。第一套丛书能被学界高度认可,作为丛书的总主编,我感到非常高兴,同时也能感受到读者的期盼和"更上一层楼"的压力。因此,在第一套丛书出版 17 年之际,在新的时代、新的起点,第二套"现代职业教育研究丛书"终于如期付梓,与读者见面。

从第一套丛书诞生的 21 世纪初,到第二套丛书面世的新时代,中国经济社会与职业教育都发生了翻天覆地的变化。经过改革开放 40 多年的发展与进步,中国已经稳居世界第二大经济体,人民生活水平显著提高。在国家经济社会迅速发展的进程中,职业教育也进入了"大改革、大发展"的新时代。如今,《国家职业教育改革实施方案》《关于实施中国特色高水平高职学校和专业建设计划的意见》《职业教育提质培优行动计划(2020—2023 年)》等政策陆续出台,推动了中国职业教育的身份地位从"层次"到"类型",伙伴关系从"跨界"到"融合",社会功能从"教化"到"服务",价值尺度从"借鉴"到"创生",发展路径从"标准化"到"现代化"的大变革和大转型。在大改革、大发展的进程中,新的职业教育研究课题不断涌现,第二套"现代职业教育研究丛书"也就应运而生。

整体来说，第二套丛书完美地继承并发扬了第一套丛书以问题为中心、贴近实践、关照学科体系的特色，并在第一套丛书的优良传统之上探索了前沿的研究方法与范式，注重从学术研究转向改革实践。第二套"现代职业教育研究丛书"具有以下三个显著的特征：

一是以问题为中心，关注前沿热点。第一套"现代职业教育研究丛书"始终以问题为中心，关注研究和解释职业教育发展与改革的基本原理问题。第二套丛书也始终坚持问题中心的传统，但是更偏向前沿的热点问题。从当代中国职业教育改革的现实问题出发，以热点问题、重大问题、先进经验和改革方案为研究对象，重点分析了新时代职业教育类型化改革的关键问题与实践路径、中等职业教育改革的方向与路径、现代学徒制的运行机制、高职院校专业带头人的胜任能力、行业类高职校企合作、英国职业教育教师教育、美国社区学院的发展与美国生涯教育等问题。这些问题的探究与解答，相互促进，互为支撑，共同回应了当代中国职业教育改革的现实需求，形成了一个有机的共同体，这是第二套丛书的重要特色。

二是以规范为基础，运用多元方法。第二套"现代职业教育研究丛书"以社会科学研究的基本规范为底色，根据不同的研究问题，设计不同的技术路线，采用多元的研究方法，做了一些有参考性的探索。第二套丛书有三种经典的学术范式：(1)思辨类研究范式，从实践哲学与类型学的逻辑出发，分析中国职业教育改革的重大问题；(2)实证类研究范式，运用质性、量化或"质性+量化"的研究方法，开展问卷调查、深度访谈、个案分析和行动研究，这是第二套丛书在方法上的重大突破；(3)国际比较与借鉴的研究范式，立足中国问题，借鉴英、美等国的经验,解决中国的问题。中国职业教育的研究虽然发展十分迅速,但是在学术范式和学术规范上还有很长的路需要走,这套丛书在研究范式上为职业教育研究提供了多样化的范本。

三是以改进为目标,突出政策建议。学术研究不仅仅是为了解释这个世界,更要改造这个世界。因此,第二套"现代职业教育研究丛书"不仅强调关注现实问题,提出真问题与好问题,还凸显多元化研究方法的使用和规范学术范式的开创,同时在研究结论之余有意识地强化了政策建议。学术研究不能是空中楼阁的花拳绣腿,研究结论必须能够在实践中得到检验。因此,第二套丛书十分强调政策建议,或专章分析问题,提出对策建议,或深度讨论重点难题,提出相应对策,或就调研过程中的突出矛盾撰写专报,为相关职能部门提供决策参考。事实上,理论往往是苍白的,而实践之树永远长青。第二套丛书强化政策建议,不仅连接了理论与实践两个系统,更在客观上推动了具体实践问题的"向前一步",例如宜兴陶都中专的办学改革、杭州职业技术学院的现代学徒制,这些都是在学术理论指引下的优秀改革实践。

马丁·布伯曾言:"凡真实的人生皆是相遇。"事实上,世间的一切美好都是因为相遇。十多年前,因为与上海教育出版社的相遇,有了第一套"现代职业教育研究丛书"的诞生;如今,华东师大职成教所与上海教育出版社再次相遇,再次牵手,打造了第二套"现代职业教育研究丛书",期待这套丛书能够"百尺竿头,更进一步"!在此,衷心感谢上海教育出版社的鼎力支持,感谢刘芳社长、宁彦锋主任、公雯雯主任、茶文琼老师及丛书其他责任编辑的辛勤劳动,也感谢李鹏博士后为丛书的修订、统筹所做的不少幕后工作。

山高人为峰,攀登学术高峰的人更需要坚韧的心智和追求完美的信念。

尽管我们一心追求尽善尽美，但是学海无边无涯，有限的成果和现有的成果都难免存在缺憾。一方面，现有的一套、两套丛书显然不足以覆盖学海的全部课题，我们也期待着用第三套、第四套，一直到无数多的研究成果，来解释和解答职业教育研究中的重大问题；另一方面，囿于时间、精力的局限，现有的丛书难免会出现错漏，还请读者批评指正！

最后，作为丛书的主编，我期望这套丛书能够对中国职业教育的学术研究起到实质性的推动作用；也祝愿中国的职业教育顺利地从"层次教育"转向"类型教育"，尽早实现职业教育的"中国梦"！

石伟平

2021 年 1 月 23 日

前言

我国中等职业教育改革取得了巨大成效,促进了经济社会的转型发展,尤其是推动了城市化、工业化进程。但是,当前职普比的不断下滑以及对中等职业教育办学必要性质疑的加剧,既反映出经济社会转型下中等职业教育发展困境的日益突出,也折射出当前中等职业教育改革尚未能直击问题本质。因此,有必要对中等职业教育的发展困境进行更为深入的研究,中等职业教育改革应当在深刻把握问题本质的基础上不断推进。

本书是以中等职业学校为主体的中等职业教育改革研究。本书从当前中等职业学校的发展困境入手,以当前我国中等职业学校发展困境的问题本质及其危害是什么、当前我国经济社会转型和人的全面发展需求是什么以及中等职业学校教育改革应该走向何方、如何实现、如何保障等为逻辑线索展开研究。本书通过人类学研究方法来认识当前我国中等职业学校的发展困境;通过扎根理论及问卷调查等研究方法来发现当前我国中等职业学校发展困境的问题本质;通过分析这一问题本质所造成的危害以及我国经济社会转型和人的全面发展需求,重构当前我国中等职业学校教育改革的方向;通过对理论基础、基本框架和保障机制的研究以及对已有实践行动的反思,建构当前我国中等职业学校的发展路径。

本书针对研究问题,通过分析论证形成以下结论:第一,单一化发展是当前我国中等职业学校发展困境的问题本质;第二,多元化发展是当前我国经济社会转型和人的全面发展的现实需求,是中等职业学校走出当前发展困境的必然选择;第三,中等职业学校的多元化发展有生物学、教育学和管理学等方面的理论基础;第四,中等职业学校从单一化走向多元化,需要进行多元化培养目标、多元化课程以及个性化学习等基本框架的设计与建构;第五,中等职业学校的多元化发展需要建构相应的保障机制。

由于研究者的能力以及研究样本的选取存在一定的局限,本书对中等职业学校多元化发展的探索尚处于初步阶段,今后的研究要进一步深化和完善中等职业学校多元化发展的理论框架,在增加样本数量的基础上探索其实践模式。

刘炜杰

2021 年 3 月

目录

第一章

导论

第一节　当前我国中等职业学校教育改革的时代语境

一、当前我国中等职业学校教育改革研究的时代诉求

当前中等职业教育的研究者如果不在教育改革上说个一二三,似乎还不好意思出门。于是,一听说中等职业学校教育改革,有人不以为意,"哦,中等职业学校教育改革啊?呵呵";有人不胜其烦,"一会儿课程改革,一会儿学业水平考试,还中等职业学校教育改革啊""现在的中等职业学校教育改革不是已经多元化了吗"。因此,许多人在看到本书的选题时,都会产生疑问:为什么要研究这个已经被广泛研究了的话题呢?

(一) 对我国中等职业学校特质发展的期待

我女儿中考的时候,因为她的学习成绩一直处于中上水平,不够拔尖,我就建议她到我所任教的职业学校学习。我说:"到宜兴中学读书你是根草,到丁蜀中学读书你是个宝,到爸爸的学校读书你将是宝中宝。"但是,女儿却拒绝了我的建议,她表示更愿意去做"草"。我尊重她的选择,但作为中等职业学校的教师和中等职业教育的研究者,我不禁反思:她为什么不选择中等职业教育呢?是她更愿意去尝试挑战,还是从众心理呢?是普通高中教育更能实现她的人生目标,还是她认为读中等职业学校面子上挂不住呢?我没有追问她,但是我感觉可能兼而有之。而更大的问题是,这样的选择倾向并非她一人独有。绝大部分的初中毕业生,无论他们的学习状况如何,往往都更倾向选择普通高中教育,中等职业教育是他们无奈之下的选择,是他们的"备胎"。

中等职业教育发展到今天,为何还是如此?许多人,尤其是中等职业学校的教师更倾向将之归因于人们对职业教育的鄙薄以及国人的"好面子"。我不否认这些因素的存在,但是我认为这绝非最关键、最根本的因素。因为在苹果、三星如日中天的同时,依然有国产品牌华为、小米异军突起。如果华为、小米没有各自的特质发展,那么就无法在苹果、三星的"围困"中突围。因此,作为中等职业学校的教师和中等职业教育的研究者,如果仅将此归因于外因,从而淡化甚至忽略教育和学校的特质发展,则无助于问题的解决,中等职业学校

将永远是普通高中的"备胎",是人们无奈之下的选择。

我对当前中等职业教育改革的质疑其实源于一颗"螺钉"。我曾经担任过工艺美术专业的机械制图课的教学工作。机械制图课主要是指导学生认识三视图，并学会使用三视图表达作品的造型和结构。由于在绘画中形成了良好的空间感，他们在机械制图课中的学业表现甚至优于机械类专业的学生，因此我对他们有着统一的标准要求。在考试中，部分学生由于没有按照粗实线的要求绘制螺钉的轮廓线而被扣分了。其中一位很有批判性思维的学生对此产生了质疑，他问我："我们的专业老师强调的是个性和差异，为什么您非要强调标准和统一？"

他的问题引发了我的反思。站在教室里，看着相貌各异的学生们，或活泼或沉静，或爽朗或忸怩，我惊讶地发觉，他们竟被安排坐在整齐划一的桌椅上。教师用统一的内容进行教学，用标准的要求进行考试。这难道不是将这些极具个性差异的学生"加工制造"成同一标准型号的"螺钉"？站在某国家示范性中等职业学校的实训基地，在为其恢宏场面所震惊的同时，我奇怪地追问，这些整齐划一、同一型号的机床所"加工制造"的"螺钉"是否能一直适应不断转型升级的产业发展需求？我参与过各种视导评估，用着统一的标准要求，走过一所所中等职业学校，我不由得反思，为了规范、精确、效率、速度，难道要把身处不同区域、有着不同现状的中等职业学校"加工制造"成同一标准型号的"螺钉"？

这些年，从苏南走向苏中、苏北，从江苏走向北京、上海、浙江、福建、河北等地，随着对区域经济社会及其产业发展的不断感知，我对当前中等职业教育改革的质疑也不断加深：第一，人们愿意成为"螺钉"，而且是同一标准型号的"螺钉"吗？或者，人们愿意为标准，而且是同一型号的标准所禁锢吗？第二，在"围墙"内被固化的"螺钉"能否跟得上技术日新月异的发展节奏？第三，不同区域的经济社会是否都需要"螺钉"，而且是同一标准型号的"螺钉"？

以上这些问题依然困扰着当前我国中等职业教育改革。基于对我国中等职业学校特质发展的期待以及对当前我国中等职业教育改革的质疑，本书力图回答：第一，当前我国中等职业学校发展困境的问题本质是什么；第二，当前我国中等职业学校如何走出发展困境。

二、当前我国中等职业学校教育改革研究的价值透视

本书试图揭示当前我国中等职业学校发展困境的问题本质,并在此基础上重构中等职业学校教育改革的方向和路径,为我国中等职业学校的特质发展提供理论支撑和实践借鉴。具体而言,本书的理论意义和实践意义如下。

（一）理论意义

第一,整合多元理论,构建了全新的中等职业学校教育改革的分析框架。本书试图通过对当前我国中等职业学校发展困境的问题本质以及当前我国经济社会转型和人的全面发展需求的分析,形成多元化发展是当前我国中等职业学校教育改革必然取向的认识,并从生物学、教育学、管理学等角度建构中等职业学校多元化发展的理论基础,从目标、课程和教学等维度构建中等职业学校多元化发展的基本框架,为当前我国中等职业学校的多元化发展提供理论依据。

第二,借鉴多学科研究方法,突破了中等职业学校发展问题的研究方法困境。本书以人类学研究方法进入我国中等职业学校的教育现场,通过实地观察、个别访谈以及案例分析来收集当前我国中等职业学校发展困境的具体表现,并通过扎根理论研究方法对现象进行抽象与概括,认识当前中等职业学校发展困境的问题本质,避免已有研究中存在的"不识庐山真面目"的弊端。同时,通过问卷调查法确认当前中等职业学校发展困境中问题的普遍性,以避免个案研究存在的偏颇。

（二）实践意义

第一,推动我国中等职业学校适应当前发展需求的特质提升。本书试图通过对中等职业学校多元化发展理论基础、基本框架和保障机制的建构,以及当前我国中等职业学校多元化发展的改革实践的案例研究,探索中等职业学校多元化发展的路径,推动我国中等职业学校适应当前发展需求的特质提升。

第二,促进中等职业学校更好地服务经济社会转型和人的全面发展。本书试图关注当前我国经济社会转型和人的全面发展中的不同需求,并以此为基点研究当前我国中等职业学校的培养目标、课程和教学的建构,促进我国中等职业学校适应不同区域经济社会转型和人的全面发展需求,更好地为经济社会转型和人的全面发展服务。

第二节　中等职业学校教育改革研究进展

本书关注的是中等职业学校教育改革的理论和实践问题,涉及中等职业教育的办学目的、培养目标、课程与教学等主要议题,因此本书对中等职业教育的办学目的、中等职业教育的培养目标、中等职业教育的课程与教学改革三个问题进行文献回顾与评析,梳理学术界的主要研究成果。

一、关于中等职业教育办学目的的研究

(一) 西方国家中等职业教育的办学目的

本书主要以英国、德国、美国为例,认识西方国家中等职业教育的办学目的。英国新职业主义强调"职业准备",认为今后教育要培养的"新人"不能仅仅满足社会当前的需要,还要能够适应未来社会。① 在新职业主义的影响下,英国中等职业教育的办学目的向以下几方面转变:就业准备,升学准备,扩大中等职业教育的对象,使人们在民主社会中充分行使公民的权利和义务,使每个人最大限度地发展其潜在的才能。② 除双元制之外,德国还有许多类型不一的学校,学生可以根据自己的兴趣、发展需要和天赋进入中等教育的某一类型学校。德国中等职业教育能够实现以下目的:服务学生的就业,培养更为复杂的关系中的现代技术工人,根据人的兴趣、发展需要和天赋提供通畅的发展路径。③ 美国中等职业教育主要是以课程和项目形式呈现,并通过学分认可和转移系统实现。④ 美国中等职业教育转变成通过工作的教育、关于工作的教育、为了工作的教育三位一体的新范式。美国中等职业教育强调灵活的职业生涯准备,做好高校入学准备,向学生提供可以通过运用现实情境来掌握学术内容的机会,激发学生去完成高中和提高学术成绩的学习。

(二) 我国中等职业教育的办学目的

我国政府层面对中等职业教育办学目的的认识主要反映在相关法律法规

①　王雁琳.英国职业教育和新职业主义[J].外国教育研究,2000(2):39-44.
②　黄日强,邓志军.英国中等职业教育的改革与发展[J].职业教育研究,2004(1):76-77.
③　石伟平.比较职业技术教育[M].上海:华东师范大学出版社,2001:86-88.
④　关晶.美国中等职业教育的现状、特点与改革趋势[J].教育发展研究,2009(13):98-102.

现代职业教育研究丛书

从单一走向多元:我国中等职业学校教育改革的方向与路径

及政策文件之中。1996年颁布的《中华人民共和国职业教育法》规定职业教育"是促进经济、社会发展和劳动就业的重要途径"①。2002年颁布的《国务院关于大力推进职业教育改革与发展的决定》提出职业教育要"为经济结构调整和技术进步服务,为促进就业和再就业服务,为农业、农村和农民服务,为推进西部大开发服务"②。2004年起强调职业教育要"以就业为导向,以服务为宗旨"。2014年则转变为"以立德树人为根本,以服务发展为宗旨,以促进就业为导向",强调要"服务经济社会发展和人的全面发展",并明确要求县级职教中心等中等职业学校"实施学历教育、技术推广、扶贫开发、劳动力转移培训和社会生活教育"③。

相比之下,学术界则关注到中等职业教育办学目的的普遍性与特殊性。如徐国庆提出"专业化是当前我国职业教育课程的核心目标"和"普通化是现代职业教育课程不可忽视的目标"④。葛道凯认为职业教育要"立足更好地服务经济社会发展和服务人的全面发展这两大需求"⑤。曹晔认为中等职业教育的办学目的有:第一,中等职业教育是开发高素质劳动者和技能型人力资源的主体;第二,中等职业教育是普及高中阶段教育的重要力量;第三,中等职业教育是基础职业教育。⑥胡国勇认为上海中等职业教育必须肩负两种责任:"一方面为上海地区培养合格的基层普通劳动者,另一方面为高等职业院校输送具有基础职业能力、明确职业(专业)志向的生源"⑦。

二、关于中等职业教育培养目标的研究

(一) 西方国家中等职业教育的培养目标

本书主要以英国、德国、美国为例,认识西方国家中等职业教育的培养目标。英国第六学级和第六级学院均是以升学为目的的学术教育,技术学院和

---

① 中华人民共和国教育部.中华人民共和国职业教育法[EB/OL].(1996-05-15)[2020-10-20].http://old.moe.gov.cn/publicfiles/business/htmlfiles/moe/moe_619/200407/1312.html.

② 中华人民共和国中央人民政府.国务院关于大力推进职业教育改革与发展的决定[EB/OL].(2002-08-24)[2020-10-20].http://www.gov.cn/gongbao/content/2002/content_61755.htm.

③ 中华人民共和国中央人民政府.国务院关于加快发展现代职业教育的决定[EB/OL].(2014-05-02)[2020-10-20].http://www.gov.cn/zhengce/content/2014-06/22/content_8901.htm.

④ 徐国庆.职业教育课程论(第二版)[M].上海:华东师范大学出版社,2015:86,88.

⑤ 葛道凯.中国职业教育二十年政策走向[J].课程·教材·教法,2015(12):3-13,81.

⑥ 曹晔.我国中等职业教育发展的战略性思考[J].教育与职业,2015(6):14-16.

⑦ 胡国勇.基础职业教育:上海中等职业教育的新定位[J].教育发展研究,2009(13):25-30.

继续教育学院偏重职业性课程,第三级学院则介于二者之间,提供了更广泛的课程供学生自由选择。① 在此基础上,英国以资格证书和教学单元为纽带,建构中等职业教育与高等教育的衔接,②形成多元化、可持续发展的培养目标。德国中等职业教育在层次上可以分为初级(徒工培训)、中级(职业进修培训)和高级(以工程师为主要对象的职业性继续教育)。根据不同的教育和培训任务将职业学校分为两类:一类是主要教授职业技能,使青年人能够从事职业工作;另一类是主要通过传授职业知识和技能,使受训者获得进一步深造的资格。美国中等职业教育的培养目标在横向上有:特殊的劳动力市场准备(职业教育)、一般的劳动力市场准备、家庭与消费者科学教育。在纵向上,每个职业生涯群设置了2—7个职业生涯途径,包括从入门水平到专业水平的所有职业,由此形成了一个横向体现职业生涯大类、纵向体现知识和技能层级的职业生涯群结构。③

(二) 我国中等职业教育的培养目标

我国对中等职业教育培养目标的认识大致可以分为三个阶段:第一,混沌阶段,培养目标因校而异,如中等专业学校培养"中级技术人才""中等专门人才"④,技工学校培养"中级技术工人",职业高中培养"中级技术人员与管理人员、中级技术工人和从业人员"⑤;第二,成型阶段,培养目标较为统一明确,如2000年提出"培养与社会主义现代化建设要求相适应,德智体美等全面发展,具有综合职业能力,在生产、服务、技术和管理第一线工作的高素质劳动者和中初级专门人才"⑥,2009年提出培养"在生产、服务一线工作的高素质劳动者和技能型人才"⑦;第三,丰富阶段,培养目标进一步丰富,如2010年提出培养服务装备制造等产业的高素质技能型人才、适应新能源等战略性新兴产业的

---

① 石伟平.比较职业技术教育[M].上海:华东师范大学出版社,2001:59-62.

② 黄日强,邓志军.英国中等职业教育的改革与发展[J].职业教育研究,2004(1):76-77.

③ 关晶.美国中等职业教育的现状、特点与改革趋势[J].教育发展研究,2009(13):98-102.

④ 张家祥,钱景舫.职业技术教育学[M].上海:华东师范大学出版社,2001:85.

⑤ 张家祥,钱景舫.职业技术教育学[M].上海:华东师范大学出版社,2001:86.

⑥ 中华人民共和国教育部.关于全面推进素质教育、深化中等职业教育教学改革的意见[EB/OL].(2000-03-21)[2020-10-21].http://old.moe.gov.cn/publicfiles/business/htmlfiles/moe/moe_405/200412/4725.html.

⑦ 中华人民共和国教育部.教育部关于制定中等职业学校教学计划的原则意见[EB/OL].(2009-09-16)[2020-10-21].http://old.moe.gov.cn//publicfiles/business/htmlfiles/moe/moe_2643/200902/44508.html.

基础性技能型人才、对接以现代农业为代表的第一产业的技能型人才和新型农民、对接以先进制造业为代表的第二产业的技能型人才。①

相比之下,学术界对中等职业教育培养目标的研究更倾向人本化。黄妙莉、李同道认为中等职业教育培养目标应是"具有较高的全面素质和综合能力,能适应岗位变化要求、具有终身学习能力和创新能力的初中级技能型人才、独立商品生产者和经营者"②。郭耀邦认为"既要为生产、服务和管理的第一线培养实用性人才,又要为高一级学校特别是高等职校输送合格的新生"③。盛艳认为要从"适应现代社会对人才职业素质的要求、符合青年学生职业选择的要求、体现教育的新的时代性特征"④三方面界定中等职业教育的培养目标。孙琳则将"创业能力"和"终身学习能力"⑤融入中等职业教育的培养目标之中。胡国勇认为中等职业教育要着力培养学生的职业道德和基础职业能力。⑥

三、关于中等职业教育的课程与教学改革的研究

(一) 西方国家中等职业教育的课程与教学改革

本书将以英国、德国和美国为例,主要从课程内容、发展通道以及教学组织等维度梳理西方国家中等职业教育的课程与教学改革。

在新职业主义的影响下,英国中等职业教育提供的课程极为丰富,包括基本的识字、算术和语言课程、职业项和从职前 1 级到预科课程、本科甚至某些研究生课程的发展机会。⑦英国将所有国家职业资格的标准从低到高划分为五个等级,逐级递进、提高,形成一个从基础到高级的完整职业资格标准体系,并在职业资格框架下,根据程度建立Ⅰ、Ⅱ、Ⅲ三个层次的中职教学单元和Ⅲ、

---

① 中华人民共和国教育部.教育部关于印发《中等职业教育改革创新行动计划(2010—2012 年)》的通知[EB/OL].(2010-11-27)[2020-10-21].http://www.moe.gov.cn/srcsite/A07/s7055/201011/t20101127_171574.html.

② 黄妙莉,李同道.对中等职业教育培养目标的新认识[J].职业技术教育,2000(36):59.

③ 郭耀邦.中等职业教育培养目标的时代调整[J].教育与职业,2001(2):11-13.

④ 盛艳.职业观变革背景下中等职业教育培养目标的界定[J].当代教育论坛,2004(2):111-113.

⑤ 孙琳.对中等职业教育培养目标的再认识[J].职教论坛,2008(11):6-9.

⑥ 胡国勇.基础职业教育:上海中等职业教育的新定位[J].教育发展研究,2009(13):25-30.

⑦ 李传瑛,史庭宇,麦真祯.英国职业教育课程多元化的特点及其启示[J].职业技术教育,2012(2):93-95.

Ⅳ、Ⅴ三个层次的高职教学单元,有效地实现了中高职的衔接,为学生建立极为通畅的发展通道。英国中等职业教育强调学习者的主动学习,在充分认识考虑自身差异的基础上,采用不同的学习策略、学习方式、学习路径和学习资源,完成学习任务,达到能力标准的要求,同时实现自己的需要。教师负责按职业能力分析表所列各项能力提供学习资源。①

为促进双元制的协调,德国以该职业行动领域为依据推进学习领域课程的开发,学习领域课程"传递的是劳动组织形式相对固定的模式与企业内部互动式的实践之间以及在生产过程中由工程师设计的产品及其实际特征之间的相互关系"②。在中等教育的不同阶段,学生有三次主要的选择机会。③ 除此之外,还有各种继续教育。德国中等职业教育主要采用行动导向教学,其特征有:一是强调行动的完整性;二是体现学生的主体性;三是追求学习成果的多样性。④ 各个教师构建的学习情境也将具有校本特色、教师特色,同时学生在学习过程中自我建构的知识体系和经验体系也各不相同。⑤

美国提供基于职业群(occupational cluster)的中等职业教育学习标准与课程,反对培养学生满足特定工作岗位的要求,为学生的生涯发展提供更加灵活、宽泛的基础。另外,美国职业教育非常重视为学生提供生涯指导与咨询,⑥并通过广泛多样的课程和项目以及强大的学分互认及转换系统,为学生提供基于自由选择的个性化职业教育方案。⑦ 美国强调学校本位学习与工作本位学习的联系,⑧改革中出现了大量新的教学形式,每一种形式都需要新的教学方法,同时要求教师承担新的角色,成为学习的合作者、促进者和终身学习者,熟悉工作现场,有能力使学校情境体现工作环境。⑨ 美国式教学强调问题解决、批判思维、推理等方式,不断建构学生的高水平思维技能。

① 宋春燕.理性主义观影响下的英国职业教育课程模式探析——以英国 BTEC 课程模式为例[J].高等职业教育(天津职业大学学报),2009(6):42-44.
② 徐涵.德国学习领域课程方案的基本特征[J].教育发展研究,2008(1):69-71,77.
③ 石伟平.比较职业技术教育[M].上海:华东师范大学出版社,2001:88.
④ 同②。
⑤ 姜大源."学习领域"课程:概念、特征与问题——关于德国职业学校课程重大改革的思考[J].外国教育研究,2003(1):26-31.
⑥ 任玥珊.从 STW 到 STC:美国职业教育的发展趋势[J].职教论坛,2012(10):52-55.
⑦ 关晶.美国中等职业教育的现状、特点与改革趋势[J].教育发展研究,2009(13):98-102.
⑧ 关晶.析美国加州 STC 改革[J].职教论坛,2003(17):62-64.
⑨ 徐国庆.美国职业教育范式的转换及启示[J].教育发展研究,2008(7):50-54.

（二）我国中等职业教育的课程与教学改革

本书同样从课程内容、发展通道以及教学组织等维度来分析我国中等职业教育课程与教学改革的实践与研究。

中华人民共和国教育部（以下简称教育部）对中等职业学校的课程内容提出明确要求，公共基础课程"要按照培养学生基本科学文化素养、服务学生专业学习和终身发展的功能来定位"，专业技能课程"要按照相应职业岗位（群）的能力要求，采用基础平台加专门化方向的专业课程结构，设置专业技能课程。课程内容要紧密联系生产劳动实际和社会实践，突出应用性和实践性"[1]。教育部强调中等职业学校学生的发展通道，提出"拓宽高等职业学校招收中等职业学校毕业生、应用技术类型高等学校招收职业院校毕业生通道，打开职业院校学生的成长空间"[2]。值得一提的是 2014 年颁布的《浙江省中等职业教育课程改革方案》，其所倡导的"不少于两次"的"选择性课程"[3]为学生更好地发展建构了更多的通道和可能。教育部对教学实施提出了指导性意见，要求"教师要重视研究学生智能结构、水平差异与个性需求，适应以学生为主体的教学角色的转变"[4]。浙江省教育厅提出要"积极引导、组织中职学生开展自主学习、合作学习，有的放矢地开展'导生制''导学案'等学习方式的探索"[5]。

学术界对中等职业教育课程与教学改革的研究百家争鸣。徐国庆强调课程的整合，提出要"编制'综合专业实践'这门课程""在更大范围内整合技术理论知识和技术实践知识"[6]。姜大源强调课程的系统化，提出"工作过程系统化"课程，认为课程开发要从单一到系统，系统设计是职业教育课程改革的关键。[7] 赵志群强调课程的一体化，提出"工学一体化"课程，即"在工学一体

① 中华人民共和国教育部.教育部关于进一步深化中等职业教育教学改革的若干意见[EB/OL].(2008 - 12 - 13)[2020 - 10 - 21].http://old.moe.gov.cn/publicfiles/business/htmlfiles/moe/moe_955/201001/xxgk_79148.html.

② 同①。

③ 浙江省教育厅.浙江省教育厅关于印发《浙江省中等职业教育课程改革方案》的通知[EB/OL].(2014 - 11 - 04)[2020 - 10 - 21].http://jyt.zj.gov.cn/art/2014/11/12/art_1532983_27487803.html.

④ 同①。

⑤ 同③。

⑥ 徐国庆.工作结构与职业教育课程结构[J].教育发展研究,2005(8):71 - 74.

⑦ 姜大源.基于教育类型定位的中国职业教育课程改革探究[J].广州番禺职业技术学院学报,2009(1):1 - 2.

化课程中,学习的内容是工作,通过工作实现学习"①。徐国庆认为通过对普通文化课程进行"基础平台"和"发展平台"②的划分,为学习者的继续发展提供支持。学术界强调学生的自主学习,如姜大源认为由于多个学习情境的设计是同一范畴不同难度的,那么伴随着学习情境难度的增加,教师讲得却越来越少,这是因为在这样一个系统化的课程设计中,以学生为中心,通过教师的引导,学生越来越成为主体,学生的能力越来越强。③

四、研究回顾与评论

(一) 共识与不足

通过对国内外相关文献的归纳与整理,可以发现以下几点共识:第一,中等职业教育的办学目的不只是服务经济社会发展,服务人的全面发展同样重要;第二,中等职业教育的培养目标不只是着眼于当前的岗位和就业,也要关注学生的未来发展;第三,中等职业教育应当立足于更好地满足服务地方经济社会发展和服务学生的全面发展两大需求,推进以课程与教学改革为核心的系统改革。尽管国外的中等职业教育改革研究已经进入学校的实施层面,但是,由于外部的环境和制度以及学校的基础不同,国外的经验难以照搬到国内。而国内的相关研究更多的是宏观层面的研究,更关注整体层面的职业教育,对中等职业教育的研究相对不足。国内的研究大多依赖经验总结和思辨,缺少实证研究的有力支持。对本书而言,已有研究既留下了探索的空间,也提供了突破的思路。

(二) 可能存在的突破空间

根据对国内外相关文献的归纳与整理,本书可能存在的突破空间有:第一,研究视角的突破,即以中等职业学校为主体来认识当前中等职业教育存在的问题和建构中等职业教育改革的路径;第二,研究内容的突破,即从中等职业学校的教育现场深入认识问题,并基于问题分析中等职业学校教育改革的方向与路径,形成中等职业学校教育改革的理论依据、实践框架和保障机制的系统

① 赵志群.工学一体化课程模式的认识与运用[J].中国培训,2013(4):51-52.
② 徐国庆.上海中等职业教育课程改革中的理论框架[J].教育发展研究,2007(7):18-22.
③ 姜大源.世界职业教育课程改革的基本走势及其启示——职业教育课程开发漫谈[J].中国职业技术教育,2008(27):7-13.

现代职业教育研究丛书

从单一走向多元:我国中等职业学校教育改革的方向与路径

建构;第三,研究方法的突破,即试图用人类学研究方法,通过进入中等职业学校的教育现场,以期更深入认识问题,并试图通过扎根理论来把握问题本质。

第三节 研究方案

一、核心概念与分析单元

(一) 中等职业学校

要认识中等职业学校,首先要认识学校。《教育大辞典》将学校定义为"人类进行自觉的教育活动,传递社会知识文化,有目的、有计划、有组织地为一定社会培养所需人才的机构"[1]。要认识中等职业学校,其次要认识职业教育。《教育大辞典》将职业教育定义为"传授某种职业或生产劳动知识和技能的教育"[2]。这可以形成两种不同的理解:广义上泛指"一切增进人们的职业知识和技能,培养人们的职业态度,使人们能顺利从事某种职业的教育活动";狭义上是指"通过学校对学生进行的一种有目的、有计划、有组织的教育活动,使学生获得一定的职业知识、技能和态度,以便为学生将来从事某种职业做准备"[3]。要认识中等职业学校,最后要认识中等职业教育。对于中等职业教育,我们从办学层次、办学地位、办学机构、培养目标、培养内容和办学目的六大维度来认识。

1. 办学层次。1997 年联合国教科文组织发布的《国际教育标准分类(ISCED)》指出,中等职业教育属于第二级教育中的高级层次(第二级教育包括初级和高级两个层次,即初中阶段的教育和高中阶段的教育)[4]。在我国教育体系基本框架中,中等职业教育与普通高中教育并列,同属于高中阶段的教育,如图 1-1 所示。

2. 办学地位。《现代职业教育体系建设规划(2014—2020 年)》指出,"中

---

① 顾明远.教育大辞典(增订合编本下)[M].上海:上海教育出版社,1998:1822.
② 顾明远.教育大辞典(增订合编本下)[M].上海:上海教育出版社,1998:2032.
③ 王金波.职业技术教育学导论[M].哈尔滨:黑龙江教育出版社,1989:30.
④ 张家祥,钱景舫.职业技术教育学[M].上海:华东师范大学出版社,2001:83.

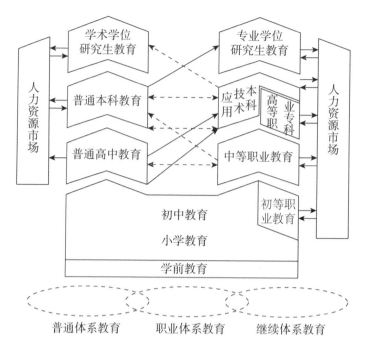

图 1－1　教育体系基本框架示意图

等职业教育是公共服务体系的重要组成部分""加强中等职业教育基础地位"①。《国务院关于加快发展现代职业教育的决定》指出，"发挥中等职业教育在发展现代职业教育中的基础性作用"②。由此可见，在我国现代职业教育体系建设中，中等职业教育具有基础性地位。

3. 办学机构。《2019 年全国教育事业发展统计公报》显示，"中等职业学校 1.01 万所……其中，普通中等专业学校 3339 所……成人中等专业学校1032 所……职业高中 3315 所……技工学校 2392 所"③。也就是说，当前我国中等职业教育的办学机构主要为普通中等专业学校、成人中等专业学校、职业高中、技工学校等类型。

4. 培养目标。2000 年颁布的《关于全面推进素质教育、深化中等职业教

---

①　中华人民共和国教育部.教育部等六部门关于印发《现代职业教育体系建设规划（2014—2020年）》的通知［EB/OL］.（2014－06－16）［2020－10－21］.http://www.moe.gov.cn/srcsite/A03/moe_1892/moe_630/201406/t20140623_170737.html.

②　中华人民共和国中央人民政府.国务院关于加快发展现代职业教育的决定［EB/OL］.（2014－05－02）［2020－10－20］.http://www.gov.cn/zhengce/content/2014-06/22/content_8901.htm.

③　中华人民共和国教育部.2019 年全国教育事业发展统计公报［EB/OL］.（2020－05－20）［2021－06－22］.http://www.moe.gov.cn/jyb_sjzl/sjzl_fztjgb/202005/t20200520_456751.html.

育教学改革的意见》明确中等职业教育培养目标是"在生产、服务、技术和管理第一线工作的高素质劳动者和中初级专门人才"①。2014 年颁布的《国务院关于加快发展现代职业教育的决定》并没有改变"中初级专门人才"的这一目标定位,只是进一步提出"实现就业有能力、升学有基础"②。

5. 培养内容。2014 年颁布的《现代职业教育体系建设规划(2014—2020年)》指出,中等职业教育要"开展基础性的知识、技术和技能教育",具体为"加强思想道德和职业道德教育,强化基础文化和体育、艺术课程,加强新技术教育和技能训练,为学生全面成才、持续发展奠定扎实基础"③。

6. 办学目的。中等职业学校有两方面的办学目的:一是特殊性目的,即中等职业学校是"一种服务于个体就业与经济发展需要的教育,这是其核心价值所在"④;二是普遍性目的,即中等职业学校"不应局限于某些特定职业领域,而是要充分考虑个体适应多变社会的需要,以及人性本身完善的需要"⑤。《国务院关于加快发展现代职业教育的决定》则指出,中等职业教育要"实施学历教育、技术推广、扶贫开发、劳动力转移培训和社会生活教育"⑥。

综上所述,中等职业学校是中等职业教育的办学机构,主要有普通中等专业学校、成人中等专业学校、职业高中、技工学校等类型,以基础性的知识、技术和技能教育为主要内容,旨在培养高素质劳动者和中初级专门人才,为学生全面成才、持续发展奠定扎实基础。

(二) 教育改革

《教育大辞典》将教育改革定义为"改变教育方针和制度或革除陈旧的教育内容、方法的一种社会活动。目的是使教育适应社会发展和人的发展的需要,以提高教育质量"⑦。这显然是一种宏观、抽象层面的定义。

① 中华人民共和国教育部.关于全面推进素质教育、深化中等职业教育教学改革的意见[EB/OL].(2000 - 03 - 21)[2020 - 10 - 21].http://old.moe.gov.cn/publicfiles/business/htmlfiles/moe/moe_405/200412/4725.html.
② 中华人民共和国中央人民政府.国务院关于加快发展现代职业教育的决定[EB/OL].(2014 - 05 - 02)[2020 - 10 - 20].http://www.gov.cn/zhengce/content/2014-06/22/content_8901.htm.
③ 中华人民共和国教育部.教育部等六部门关于印发《现代职业教育体系建设规划(2014—2020年)》的通知[EB/OL].(2014 - 06 - 16)[2020 - 10 - 21].http://www.moe.gov.cn/srcsite/A03/moe_1892/moe_630/201406/t20140623_170737.html.
④ 徐国庆.职业教育课程论(第二版)[M].上海:华东师范大学出版社,2015:83.
⑤ 徐国庆.职业教育课程论(第二版)[M].上海:华东师范大学出版社,2015:79.
⑥ 同②.
⑦ 顾明远.教育大辞典(增订合编本上)[M].上海:上海教育出版社,1998:745.

本书所认为的中等职业学校教育改革是指基于学校层面的中等职业教育改革，而非宏观、抽象层面的中等职业教育改革，主要针对中等职业学校层面的培养目标、课程与教学等方面进行改革，以适应区域经济社会和学生个体的发展需要，以进一步提高教育的服务能力。

（三）单一化

单，是指只有一个的（跟"双"相对）。单一，是指只有一种。化，后缀。加在名词或形容词之后构成动词，表示转变成某种性质或状态。[①] 那么，单一化就是表示转变成只有一种性质或状态。转变是一个过程。也就是说，单一化既可以表示"只有一种"的性质或状态，又可以表示转变为"只有一种"的性质或状态的过程。

由于本书所认为的教育改革是立足于中等职业学校层面的教育改革，关注的是中等职业学校的培养目标、课程与教学等方面的改革，因此本书所认为的中等职业学校单一化有两层含义：一是不同的中等职业学校在培养目标、课程与教学等方面上存在"只有一种"的性质或状态，即不同的中等职业学校在培养目标、课程与教学等方面上的性质或状态相同；二是不同的中等职业学校在培养目标、课程与教学等方面正处于转变为"只有一种"的性质或状态的过程中，即正在趋同。

（四）多元化

多元化，在英文中为"diversification"，其词根"diversify"，意指"从事多种活动；使……变化；使多样化；使不同"[②]。本书所指的多元化是与单一化相对的，主要包括以下三层含义：一是多种性质或状态；二是向多种性质或状态转变的过程；三是多种性质或状态之间既存在某种程度的一致性，又存在可辨别的差异性。

本书所认为的中等职业学校多元化是指在中等职业教育的共性框架下，中等职业学校层面的培养目标、课程与教学等方面存在多种性质或状态，即不同的中等职业学校在培养目标、课程与教学等方面具有各自的特

① 中国社会科学院语言研究所词典编辑室.现代汉语词典（第6版）[M].北京:商务印书馆,2012:253,255,559.

② 商务国际外语辞书编辑部.新英汉大词典（第2版）[M].北京:商务印书馆国际有限公司,2015:519.

质。因此,本书所认为的中等职业学校多元化教育改革是指在中等职业教育的共性框架下,中等职业学校在培养目标、课程与教学等方面向多种性质或状态转变,实现各自的特质发展,从而更好地为不同状况、发展需求和条件的区域经济社会提供合适的支持,为不同兴趣、发展需要和天赋的学生提供通畅的发展通道。

二、研究目的、问题与假设

(一) 研究目的

本书旨在破解当前中等职业学校的发展困境,找到其问题本质,探索当前中等职业学校教育改革的方向与路径,为教育行政部门推进中等职业教育改革提供决策依据,为相关中等职业学校的特质发展提供理论与实践参考。具体研究目的有:第一,分析当前我国中等职业学校发展困境的问题本质;第二,建构当前我国中等职业学校教育改革的方向、路径及其理论依据;第三,提出当前中等职业学校教育改革的政策建议。

(二) 研究问题

根据以上研究目的,本书旨在探讨以下五个问题。

(1) 当前我国中等职业学校发展困境的问题本质是什么?

尽管我国中等职业学校一直在推进改革,实现了许多的突破,取得了显著的成效,但是我们也应该看到,中等职业学校发展困境依然存在。那么,当前我国中等职业学校发展困境的问题本质是什么?

(2) 当前我国中等职业学校应当选择什么样的发展方向?

如果拨开遮掩视线的层层迷雾找到问题的本质,那么,我国中等职业学校又应当选择什么样的方向推进改革,才能突破现有的发展困境,更好地适应和服务当前的发展需求,实现自身又好又快发展?

(3) 当前我国中等职业学校为什么要选择这样的发展方向?

如何找到我国中等职业学校教育改革的方向,为什么要选择这样的方向进行教育改革,依据是什么?

(4) 当前我国中等职业学校改革的基本路径是什么?

如果找到当前我国中等职业学校发展的方向,那么,应该建构什么样的发展路径,向着新的方向前行?

（5）从已有的实践与探索中可以学习和借鉴什么？

当前我国中等职业学校在新的方向上已经有了哪些教育改革，又存在什么样的不足，可能的改进措施有哪些，以及需要什么样的政策？

（三）研究假设

本书根据研究目的、研究问题以及文献综述提出如下研究假设：

（1）当前中等职业学校发展困境背后有尚未被认识的问题本质，当前中等职业学校教育改革未能直击这一问题本质；

（2）中等职业学校学生的兴趣、发展需要和天赋存在显著的差异性，当前中等职业学校教育改革未能关注到这一差异性；

（3）不同区域经济社会的发展需求和不同中等职业学校的发展条件存在差异性，当前中等职业学校教育改革未能关注到这一差异性；

（4）只有从发展方向至发展路径的根本性改革入手，才能建构与当前我国经济社会发展相适应的中等职业学校教育。

三、技术路线

本书首先通过人类学研究方法收集当前我国中等职业学校发展困境的主要表现；在此基础上，通过扎根理论研究方法发现导致当前我国中等职业学校发展困境的问题本质是发展的单一化；通过分析单一化的危害和多元化的需求，形成多元化发展是当前我国中等职业学校教育改革必然走向的认识；并通过理论基础、基本框架和保障机制的研究以及实践行动的反思，建构我国中等职业学校多元化发展的路径。如图 1-2 所示。

四、研究方法

（一）文献研究法

文献研究法是指通过对文献资料的检索、收集、鉴别、整理、分析，形成对事实的科学认识的方法。本书通过对研究论文、学术著作、期刊文献及相关网站信息等类型的国内外文献资料的查阅、整理、分析，阐述中等职业教育改革中已有的研究与实践，形成本书研究的基础和起点。

（二）人类学研究方法

人类学研究以田野工作和民族志为标志。本书将通过田野工作的方法进

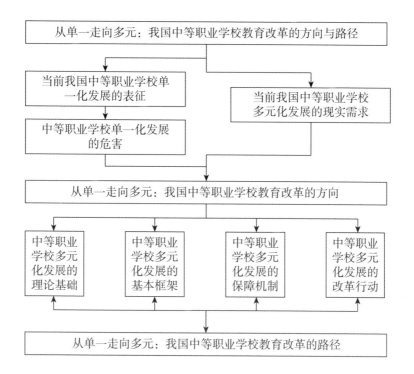

图1-2 技术路线图

入中等职业学校的教育现场,在参与观察、深度访谈中收集当前我国中等职业学校发展困境的第一手资料;在此基础上,本书通过民族志的方法转述、分析和解释田野工作中直接观察到的现象。本书采用人类学研究方法,基于当前我国中等职业教育发展困境,重新认识中等职业学校发展中面临的问题,改变已有研究因为站在宏观层面以及局外人立场未能深入中等职业学校的教育实际、难以认识其发展问题本质的弊端。

(三)扎根理论研究方法

尽管扎根理论研究方法是人类学研究方法中的具体方法,但基于扎根理论研究方法是本书发现问题本质的关键方法,故将其单列。扎根理论研究是一个针对现象系统地收集和分析资料,从资料中发现、发展和检验理论的过程,其研究结果是对现实的理论呈现。通过系统收集资料和分析程序而被发现的理论被称为扎根理论。本书通过扎根理论研究方法,在系统收集资料的基础上,寻找反映当前我国中等职业学校发展困境的核心概念,然后通过这些核心概念之间的联系寻找其中的本质规律,由此认识问题的本质。

(四)调查研究方法

调查研究是研究者采用问卷、访谈、观察、测量等方式对现状进行了解,对事实进行考察,对材料进行收集,从而探讨教育问题和教育现象之间联系的研究方法。为避免人类学研究中的个案因为其个别化所带来的偏颇,本书还采用了问卷调查法,从而验证当前中等职业学校发展困境问题本质的普遍性。

五、研究创新

(一) 理论创新

一是形成对当前中等职业学校发展困境问题本质的认识。从现有的文献来看,以中等职业学校为主体进行的更为具体的问题研究往往停留于经验表象,缺少对当前中等职业学校存在问题的深刻认识。本书将通过人类学研究与问卷调查形成对当前中等职业学校发展困境问题本质的认识。二是建构当前中等职业学校多元化发展的理论体系。尽管已有研究已经关注到中等职业学校的多元化发展,但缺少对其从单一化走向多元化的必要性的深入研究,缺少对其多元化发展理论的系统建构。本书拟在分析单一化发展危害和多元化现实需求的基础上认识中等职业学校多元化发展的必要性,并从理论基础、基本框架和保障机制等维度建构其多元化发展的理论体系。

(二) 方法创新

为了避免人类学研究方法的失之于偏和问卷调查法的失之于浅,本书采用人类学研究方法和问卷调查法相结合的混合研究方法,来保证对当前中等职业学校发展困境问题本质认识的深刻性与普遍性。

第二章

当前我国中等职业学校
单一化发展的表征及危害

中等职业学校教育在我国经济社会工业化、现代化的进程中，尤其是在我国以农业为主的传统乡村型社会向以工业和服务业等非农产业为主的现代城市型社会的转型过程中发挥了极其重要的作用。一方面，培养了数以千万合格的一线劳动者；另一方面，解决了大量"农二代"非农业化后的就业谋生问题。但是必须认识到，当前我国中等职业学校始终未能脱掉"二流教育"的帽子，发展中面临的困境不仅未能得到有效解决，而且随着经济社会发展而日益突出。何以如此？本章试图通过人类学研究方法和问卷调查法，分别从点和面上认识中等职业学校的发展困境，分析问题本质，并从学理、实践两个角度来分析单一化发展所产生的危害。

第一节　当前我国中等职业学校发展困境的人类学研究

当前我国中等职业学校发展困境的研究并不少见，但是对问题的认识往往局限于宏观层次以及局外人角度，未能对问题形成深刻的认识，难以有效解决中等职业学校的发展困境。鉴于此，本书首先通过人类学研究方法深入中等职业学校的教育现场，重新认识当前我国中等职业学校发展的问题。在田野工作中，笔者接触了大量的人和事，深切地感觉到当前我国中等职业学校所面临的困境。其困境主要表现为：第一，中等职业学校通常只是学生及其家长无奈之下的选择；第二，中等职业学校学生不爱学习；第三，中等职业学校的培养质量不尽如人意；第四，随着经济社会的发展，中等职业学校毕业生的适应性有所下降。那么，何以如此？本书选择了具有一定代表性的入学者家长、学生、教师和毕业生，从当事人的视角来理解他们行为的意义和他们对中等职业学校教育的看法，以认识当前我国中等职业学校所面临的困境。

一、案例:困境的主要表现

为了保护被研究者,本书使用的所有人名和地名均以字母替代。为便于再现研究现场,本书使用第一人称进行描述。

(一)入学者家长:中等职业学校是无奈之下的选择

A是我的初中同学,初中毕业后就没有见过面。曾经电话联系过几次,约着一起聚一聚,但是因为工作和学习的缘故,一直未能聚成。

2011年6月27日,学校招生的第二天,我接到了他的电话,说有事要来找我,我告诉了他学校的地址。

三十分钟后,他的电话来了:"我在你学校的广场上。"

我推开办公室的窗户往下看,一个拿着手机正接听电话的中年男子从一辆黑色奔驰车中出来。

我向他挥手,并在电话中说:"A,往上看。"

不一会,一个穿着休闲、微胖的中年男子出现在我眼前。

"听S说,你现在事业做得很大哦!"我说道。

"哪里的话,办个小厂而已。"他说道。

"不能跟S比,她的事业才做得好,都已经上市了。"他说。

我知道,S的企业是苏南某县级市中税收贡献前20强的企业,而且已经成为这一行业的龙头企业。

"像我这样的,我们班十个手指都数不过来。"他站起来说。

我们当时在村里的初中上学,都来自附近乡村。一个班有40多人,当时考上大学的同学只有五六个,剩余的同学高中毕业,甚至初中毕业后就出去闯荡了。其中像S这样事业做得很大的同学仅此一人,但像A这样成为小老板的同学,据说有十几个。

我问道:"效益怎么样?"

A答:"还行,百来万还是有的。"

我又问:"年收入吗?"

据同学之间的交流得知,姑且不论S,像A这样的十几个同学,大概都有百万元到千万元身价了,但是他们却极少张扬。

A说:"今天为了我儿子的事情来找你帮忙。我儿子今年中考。"

我问:"哦,考得怎么样?"

"唉,就是考得不好,465分,还没有达到普通高中扩招的分数线。"A下意识地挠了挠头。

(2011年,Y市的普通高中最低控制分数线为560分,三、四星级普通高中正取生最低控制分数线为595分,二星级普通高中正取生最低控制分数线为585分,二、三、四星级普通高中择校生最低控制分数线为560分。)

我说:"哦,那差得蛮多的。"

A问道:"看看有没有办法?"

我问:"普高?"

"嗯。普通高中抓得紧,将来有发展。"A解释道,"而且同学的层次不一样,现在能够相互促进,将来能够相互帮助。"

"当然,讲起来也有面子。"他说道。

"我们同学中只有你在教育系统,只能找你想想办法。"他看着我说。

我摇了摇头,说:"教育局今年取消了借读,达不到分数线,就没法上普通高中。"

A问:"一点办法都没有?"

我说:"分数差个几分,估计还有可能,找个二星级高中。现在分数差这么多,就没有办法了。"

"你想想,差这么多分,小高考能过吗?能考上大学吗?"我问他。

"如果一直在教室里排名最后,小孩会有什么样的感受?"我又问他。

"其实,学习基础过于薄弱,上普通高中不但没有意义,而且在某种意义上对小孩也是一种伤害。"我又补充说道。

"那只能上职校了?"A一脸无奈问道。

我说:"其实,还有一个选择。"

A问:"什么选择?"

"不上学,给你打下手,做小老板啊。"我打趣他说道。

"那不行。"A毫不犹豫地说。

"(儿子)年龄还小,在家里吧,自控能力又差,一天到晚打游戏。"A解释说,"踏上社会吧,社会太复杂,(儿子)辨别能力又不够,我也没有足够的时间去照看他,不能让他过早地走上过于复杂的社会。所以,必须要上学。"

沉吟片刻后，A说道："就到你们学校来上学，你还好帮我照看照看。"

我问："好的，那你准备选什么专业呢？学什么技能？"

A说："有做环保设备的吗？学了将来接我的班。"

我问："焊工？"

A说："焊工是打下手的活。有没有根据人家（客户）的需求，设计、安装和维护环保设备的专业呢？"

我说："这脱离了我们的范围。职中与之相关的专业有焊接技术应用、金属表面处理技术应用和机械制造技术。"

A问："出来做什么？"

我说："焊接技术应用专业学的是焊工，金属表面处理技术应用专业学的是涂装工、镀层工，机械制造技术专业出来一般是钳工。"

"啧——"他下意识摇头说，"现在家里条件都还不错，又是独生子女，哪肯让小孩做这么苦、这么累的活啊！还跟我们那时候一样啊？"

"我们那时怎么啦？"我随口说。

"你考上了县中、大学，我们考不上的得找饭吃啊！少的家里兄弟姐妹两三个，多的四五个，没饭吃啊！什么活都得干。"

"家里就这么一个，又不是没饭吃。不说我不同意，就是一般的人家也都不会同意啊。"A挥了一下手说，"工资再高也没有用。"

"现在做这个的都是外来的农民工，工资是高，但他们只能帮着做一些打下手的活，这些人都找得到。我要的不是能做具体的某一项活，要能……"感觉自己的解说有些费劲，于是他点了点自己的脑门。

"我们做的活不是固定的，人家（客户）的需求有变化。"A解释说，"上次有家单位就是因为找不到满足他们需求的产品，所以来找我。我想办法帮他们搞出来了。讲起来不难，做起来也不容易。"

"大点的单位做这个觉得没意思，没有量。但是一般人也弄不出来。"A有些自豪地说。

"职中的培养目标达不到这样的要求。"我摇了摇头。

"啧——"他又咂嘴，"那专业也无所谓，技能也无所谓。只要能够抓抓紧，关键是能让他成人。出来再跟我学吧。"

我说："那就学个机械吧。"

A 不置可否,却提了另外一个要求:"职中的学历太低,如果可能的话,最好能有一张大专文凭。如果今后(儿子)要找一个像模像样的对象,人家肯定要讲(评论)的。到处都是大学生,(儿子)怎么还是职中毕业生呢?人家肯定要讲是智商不灵,还是不要好(指不求上进)呢?好一点的对象都找不到啊。不比我们以前了。"

(二) 学生:学习"没意思"

因为即将要进行省学业水平测试,我想了解一下目前的教学状况,于是就到一个班级听了一节英语课。即使有教师听课,还是有一些学生趴在桌子上,似睡非睡,另有一些应该在玩手机。下课以后,我将其中一位确认在玩手机的男生带到办公室。我们出教室门的时候,教室里的学生吹着口哨在"欢送"。

他穿着时尚,留着朋克发型,手插在裤袋里,满不在乎地看着我。我请他坐下,给他倒了一杯热水。

"谢谢。"他咳嗽了一下,声音还有些僵硬,但是他的神色似乎不那么满不在乎了。

我问:"能告诉我你的姓名吗?"

在他告诉我姓名后,我就一直只喊他的名字 B。

我问:"爸爸妈妈做什么工作?"

B 答:"嗯,爸爸做茶壶,妈妈开店。"

我问:"爸爸叫什么?"

B 答:"×××。"

我问:"有印象,是高级工艺师吧?他做的壶很有名。"

B 点了点头,有些自豪。

于是,我显得很随意地问:"刚刚上课在干什么呢?"

"在玩手机。"B 似乎有些腼腆。

我问:"为什么呢?"

B 说:"听不懂。"

我问:"你尝试听了没有?"

B 摇头说:"老师一直讲,我又听不懂。"

我问:"那你语文课玩手机吗?"

B说："有时也玩。"

我问："也因为听不懂？"

B说："感觉没意思，听了一会就犯困，玩手机还好。"

我问："为什么感觉没意思呢？为什么犯困呢？"

B说："一个原因是一直坐在那里，一直听老师在说啊说，总归要犯困的；另一个是感觉将来没什么用，即使要用到，很多东西百度一下就出来了。"

我问："你将来想做什么？"

B说："我还没想好，不确定。但是想做自己想做的事情。"

我问："有什么方向吗？"

B说："我还没想好。"

我问："那你为什么选这个专业呢？"

B说："原来不太懂，感觉都差不多。"

我追问道："现在呢？"

B说："现在也没有什么可以选，就这样混混了。"

我问："那你的学习怎么办？"

"如果我学习好的话，怎么能上职校呢？"他反问我。

（三）教师：课程及其管理中的问题

2011年11月，按照省教育厅的安排，我参与了对H中等职业学校（以下简称H学校）进行的三项管理规范的视导工作，我负责教学管理规范部分。

H学校的副校长R和我曾经一起参加过培训。培训结束以后，他带着他们学校的管理团队来我校交流过几次，所以我和他们学校的许多领导都认识，其中包括机电系的系主任C。

在听课环节中，我随手点了一节机电系2010级电子技术应用专业的专业课。但是，我发现随同的C有些迟疑，便问道："有问题吗？"

"能听2011级的课吗？"C问我。

"可以啊。"我的随意显然让他有些欣喜。

听完课后，我跟着他到办公室闲聊了一会。由于原本良好的关系，加上我的随意，我感觉他因为视导而带来的陌生感已基本消除。

于是，我问他："为什么不能听2010级电子技术应用专业的课？"

"不瞒你说，2010级出去顶岗实习了。"他回答我。

"啊,教学计划中是第三年才能顶岗实习的,第二年有满额的专业理论和专业技能的教学安排呀。"我很惊讶。

"去年,市政府引进了F企业。F企业你知道的,他们需要大量流水线操作工。"C向我解释。

我知道,F企业已经是跃居《财富》全球100强的台资企业,是一家劳动密集型电子设备制造企业。

"为了引进F企业,市政府许诺保证他们正常开工。于是我们学校相关专业的高二学生就去F企业顶岗实习了。"

我问:"都出去了?"

C说:"除了参加单招的班级外,其他都出去了。"

我说:"哦,这不符合教学计划。"

"嗯,这样做不符合规范要求。"他承认自身教学管理中存在的问题,并无奈解释道,"但是,对于市政府、市教育局的安排,作为下级学校,只能服从。"

"对学生来说,正好能够找到一份工作。你知道,我们这儿经济不景气,找一份工作不容易。以前这个专业的学生只能去苏州、昆山就业,现在能在家边上找一份工作,而且是专业对口的工作,工资待遇不错,学生也蛮高兴的。"他向我说明其中的可取之处。

我说:"这么早就出去,学生的专业学习不到位啊。"

C说:"都是些流水线上的劳动,技术含量并不高,是一些重复性的操作,比较简单、机械,学生比较容易掌握。"

"嗯。"我曾经下车间看过,这些劳动密集型的电子设备制造企业的流水线生产特别强调工人的耐心细致和手眼麻利。

我问:"劳动量大吗?"

C说:"嗯,劳动强度比较大。但是,我们这儿的经济不好,一般的家庭收入都不高,小孩不怕吃苦。为了让学生能够很好地适应这些岗位需求,学校进行了相应的课改。"

我说:"哦,我知道你们是省里面的课程改革实验学校,电子技术应用专业是课程改革专业实验点。"

C说:"嗯。学校根据流水线操作的要求,调整了公共基础课程和专业课程,上岗前强化了相应的专业技能。"

我问:"那能保证学生的专业能力吗?"

C说:"F企业的人力资源经理认为我们的学生比农民工上手快。中职不就是培养一线劳动者和中初级专门人才吗?"

我问:"那考工考证怎么办?"

C说:"学校还根据流水线操作的要求调整了考工考证的要求。"

我笑道:"不是调整,是简化吧?"

"嘿嘿。"C默认了。

我问:"那么,这样简化下去,和职业培训有什么区别呢?"

"这就是我疑惑的地方。"C转而有些正色,"这种重复性的机械化操作,哪里需要这么多专业课程?"

C说:"只要不是蠢笨的人,短时间的职业培训就能上岗。"

C说:"或许,是找到了一份工作,但是在流水线上有成长的可能吗?"

"如果,F企业将来倒闭或者撤离本地,这些学生怎么办?"他似乎向我,也似乎向他自己,提出了这样的问题。

……

2015年12月,我因为省职业学校专业建设评估再次来到H学校。C已经是学校分管专业建设的副校长了。因为比较熟悉,在查看学校实训室建设的过程中,我们边走边聊。

我问:"现在跟F企业还有合作吗?"

C说:"有,但不像以前那样了。学生要到第三学年的下半学期才去顶岗实习。"

我问:"原来的那批学生呢? 是不是都一直在F企业?"

C说:"有一部分留在那儿,还有一部分已经出来了。他们的劳动强度太大,现在经济条件要比原来好了,机会也多。"

我问:"什么机会?"

C说:"就业机会、创业机会都多,例如现在人人有手机,家家有电脑、空调、冰箱。可以做营销,可以做维护。只要肯吃苦,机会多得很。"

"那现在不要像以前那样课改了吧?"我打趣他。

"哪能呢。现在不是给省里统一的指导性人才培养方案、课程标准以及技能抽测和学业水平考试等卡住了吗?"他笑着摇头说。

"看来,这些是质量的有效保证啊。"我笑着说。

C说:"现在的一刀切也有问题。虽然制约了以前的随意性,但是要根据现在的就业、创业机会开一些课程也难。"

"为什么?"我故作不理解,想听听他的看法。

C说:"现在大家一个标准,如人才培养方案、课程标准等,而且现在的学业水平考试任务又重,公共基础课程有语文、数学、英语、德育、计算机等,另外还有技能抽测。"

C说:"你想在前面开一些与就业、创业机会相关的课程吧,他们还没怎么学过专业知识;你想在后面开吧,后面的时间忙于应付学业水平考试、技能抽测和考工考证都来不及,而且技能抽测和考工考证还不一致。"

C说:"学业水平考试的成绩和技能抽测、考工考证的合格率能反映我们的教学质量吗?我看也未必。第一,一个标准下的技能抽测是否符合不同地区的实际发展水平,我们(地区)的技术和你们是不是在一个水平线上?第二,以技能抽测为例,我根据标准的要求进行技能强化培训,学生技能抽测合格了,是否表明我的教学质量就好了呢?"

C问:"用你说过的话来讲,这样和职业培训有什么区别呢?"

我不禁有些惊讶,他居然还记得几年前我讲过的话。

我说:"不是还有学业水平考试吗?"

"标准化的考试,纸笔式的考试,能够考些什么'知识'?"他对"知识"两个字刻意加重了语气,"大多是些记忆性知识,大多是些碎片化知识。那么,这个成绩能反映什么?能否反映学生的文化素养、专业素养?中职教育不就成了应试教育?这就是普职融通?对学生将来的发展就一定有帮助吗?"

他是一个能够独立思考的人,他向我提出了许多问题,而这些问题同样是我在思考的问题。

(四) 毕业生:职业发展的不适应

D是J中等职业学校机电专业的毕业生,在一次偶然的机会下我了解了他的基本情况:D在J中等职业学校毕业后,先是到地方企业Y任职。因为在地方企业Y的出色表现而被北京一家大企业Z引入,但因为不适应而回到地方企业Y工作。对他的成长经历我很感兴趣,于是我约他进行了访谈。

我问:"Y企业在哪里?在大市附近,还是在你们的县级市?"

D说:"在我们县级市的开发区。"

我问:"你们当时去实习的时候,总共去了几个同学? 有几个人留下了?"

D说:"十几个吧。最后只有我一个人留下了。"

我问:"是因为你的学习最好?"

D说:"没有。我的成绩普普通通。"

我又问:"那为什么呢?"

D说:"我也不清楚。"

后来,我询问了他的老师。他的老师告诉我,他比较踏实、勤奋,在单位实习时经常早来迟走,总把实习的地方打扫得干干净净,受到了企业的肯定。

我问:"你当时在企业主要做什么?"

D说:"给工件抛光。"

我问:"技术难度不大吧?"

D说:"挺简单的,学校里学过。"

我问:"一直做这个?"

D说:"没有,后来企业进行技术革新,我们就用数控机床进行加工。"

我问:"你能做吗?"

D说:"不能,后来企业就送我们出去学习了4个月。"

我问:"能适应吗?"

D说:"还好。生产的产品没有根本性的变化,工艺流程比较接近。"

我问:"听说你进行了工序革新?"

D说:"主要是将原来的三道工序合并成一道工序。"

我问:"作用怎么样?"

D说:"生产效率提高了,合格率也上去了。"

我问:"老板发红包了吧?"

D说:"嗯,后来让我负责新组建的车间。"

我问:"那你后来为什么又出去了呢?"

D说:"因为一家北京的大企业,他们诚心聘请我,我觉得他们代表着这个产业顶尖的技术水平,而我自己还年轻,想出去闯一闯。"

我又问:"那你怎么又回来了呢?"

"我对他们的制度环境、技术要求以及人事交际都不适应。"D沉吟了片刻,就这样告诉我,不愿意对此谈及过多。

二、案例分析

本书将采用扎根理论研究方法进行三级编码,首先分析中等职业学校发展中的困境何以存在,通过分析试图寻找其问题本质。

(一) 一级编码

首先,进行一级编码,即对上述的原始资料按其本身所呈现的状态进行登录,这是一个将收集的资料打散并赋予概念,然后再以新的方式重新组合起来的操作化过程。具体如表2-1所示。

表2-1 当前我国中等职业学校发展困境表现的一级编码(一)

	原始资料	初始概念	范畴化
家长A	• 一个拿着手机正接听电话的中年男子从一辆黑色奔驰车中出来 • 一个穿着休闲、微胖的中年男子出现在我眼前 • 办个小厂而已 • 还行,百来万还是有的 • 像我这样的,我们班十个手指都数不过来	• 黑色奔驰车 • 穿着休闲 • 办厂 • 年收入百来万 • 人数多	现在生活富足化
	• 我们考不上的得找饭吃啊!少的家里兄弟姐妹两三个,多的四五个,没饭吃啊!什么活都得干	• 小孩多 • 没饭吃 • 找活干	原来生活贫困化
	• 现在家里条件都还不错,又是独生子女,哪肯让小孩做这么苦、这么累的活啊!还跟我们那时候一样啊	• 苦活、累活	原来工作苦累化
	• 家里就这么一个,又不是没饭吃。不说我不同意,就是一般的人家也都不会同意啊 • 工资再高也没有用	• 独生子女 • 不同意干苦活、累活 • 不在乎工资	独生子女宝贝化
	• 就是考得不好,465分,还没有达到普通高中扩招的分数线 • 那差得蛮多的	• 没考好 • 没有达到分数线	学习成绩差距化
	• 普通高中抓得紧,将来有发展 • 而且同学的层次不一样,现在能够相互促进,将来能够相互帮助 • 讲起来也有面子	• 抓得紧 • 将来有发展 • 层次不一样 • 有面子	发展期望长远化
	• 那只能上职校了 • 那不行 • 那专业也无所谓,技能也无所谓。只要能够抓抓紧,关键是能让他成人	• 无奈选择 • 毫不犹豫拒绝 • 无所谓	高中教育必须化

	原始资料	初始概念	范畴化
家长 A	• （儿子）年龄还小，在家里吧，自控能力又差，一天到晚打游戏 • 踏上社会吧，社会太复杂，（儿子）辨别能力又不够，我也没有足够的时间去照看他，不能让他过早地走上过于复杂的社会 • 必须要上学	• 年龄小 • 自控能力差 • 打游戏 • 辨别能力差 • 必须上学	高中教育必须化
	• 有做环保设备的吗？学了将来接我的班 • 有没有根据人家（客户）的需求，设计、安装和维护环保设备的专业呢 • 感觉自己的解说有些费劲，于是他点了点自己的脑门 • 我们做的活不是固定的，人家（客户）的需求有变化	• 接班创业 • 设计、安装和维护环保设备 • 动脑 • 不固定需求	期望目标智能化
	• 焊接技术应用专业学的是焊工，金属表面处理技术应用专业学的是涂装工、镀层工，机械制造技术专业出来一般是钳工 • 职中的培养目标达不到这样的要求	• 焊工 • 涂装工、镀层工 • 钳工 • 达不到要求	培养目标工种化
	• 焊工是打下手的活 • 但他们只能帮着做一些打下手的活，这些人都找得到 • 我要的不是能做具体的某一项活	• 打下手 • 具体的某一项活	
	• 职中的学历太低，如果可能的话，最好能有一张大专文凭。如果今后（儿子）要找一个像模像样的对象，人家肯定要讲（评论）的。到处都是大学生，（儿子）怎么还是职中毕业生呢？人家肯定要讲是智商不灵，还是不要好（指不求上进）呢？好一点的对象都找不到啊	• 学历太低 • 一张大专文凭 • 找对象 • 智商低 • 不求上进	中职学历低质化
学生 B	• 我们出教室门的时候，教室里的学生吹着口哨在"欢送" • 留着朋克发型，手插在裤袋里，满不在乎地看着我 • 但是想做自己想做的事情	• 吹着口哨 • 朋克发型 • 满不在乎	学生个性鲜明化
	• 穿着时尚 • 爸爸做茶壶，妈妈开店 • 有印象，是高级工艺师吧 • 他做的壶很有名	• 穿着时尚 • 做茶壶 • 开店 • 高级工艺师 • 有名气	生活条件富足化
	• 感觉将来没什么用 • 我还没想好，不确定 • 原来不太懂，感觉差不多 • 如果我学习好的话，怎么能上职校呢	• 没什么用 • 没想好 • 不确定 • 不太懂 • 学习不好	生涯发展迷茫化

	原始资料	初始概念	范畴化
学生 B	• 听不懂 • 老师一直讲,我又听不懂 • 一直坐在那里,一直听老师在说啊说,总归要犯困的	• 听不懂 • 一直讲 • 一直坐	教学组织整班化
	• 感觉没意思,听了一会就犯困,玩手机还好 • 即使要用到,很多东西百度一下就出来了	• 没意思 • 百度一下	教学知识显性化
	• 现在也没有什么可以选,就这样混混了	• 不可选	发展选择单项化
教师 C	• 为了引进 F 企业,市政府许诺保证他们正常开工。于是我们学校相关专业的高二学生就去 F 企业顶岗实习了 • 对于市政府、市教育局的安排,作为下级学校,只能服从 • 这样做不符合规范要求	• 保证企业开工 • 非正常实习 • 服从 • 不符合规范	教育管理行政化
	• 除了参加单招的班级外,其他都出去了	• 都外出实习	教学组织整班化
	• F 企业你知道的,他们需要大量流水线操作工 • 是一家劳动密集型电子设备制造企业 • 都是些流水线上的劳动,技术含量并不高,是一些重复性操作,比较简单、机械,学生比较容易掌握 • 劳动强度比较大	• 流水线 • 操作工 • 劳动密集型 • 技术含量低 • 重复性操作	岗位技能机械化
	• 你知道,我们这儿经济不景气,找一份工作不容易。以前这个专业的学生只能去苏州、昆山就业,现在能在家边上找一份工作,而且是专业对口的工作,工资待遇不错,学生也蛮高兴的 • 我们这儿的经济不好,一般的家庭收入都不高,小孩不怕吃苦	• 经济不景气 • 找工作不容易 • 外出就业 • 收入不高 • 不怕吃苦	原先机会贫乏化
	• F 企业的人力资源经理认为我们的学生比农民工上手快。中职不就是培养一线劳动者和中初级专门人才吗 • 这种重复性的机械化操作,哪里需要这么多专业课程 • 只要不是蠢笨的人,短时间的职业培训就能上岗	• 比农民工上手快 • 一线劳动者 • 机械式操作 • 等同于短期培训	培养目标低质化
	• 为了让学生能够很好地适应这些岗位需求,学校进行了相应的课改 • 学校根据流水线操作的要求,调整了公共基础课程和专业课程,上岗前强化了相应的专业技能 • 学校还根据流水线操作的要求调整了考工考证的要求	• 课改 • 调整课程 • 强化技能 • 调整考工考证的要求	培养内容简单化
	• 有一部分留在那儿,还有一部分已经出来了。他们的劳动强度太大,现在经济条件要比原来好了,机会也多	• 经济条件好 • 就业机会多 • 创业机会多	现在机会丰富化
	• 就业机会、创业机会都多,例如现在人人有手机,家家有电脑、空调、冰箱。可以做营销,可以做维护。只要肯吃苦,机会多得很	• 做营销 • 做维护	

	原始资料	初始概念	范畴化
教师 C	• 哪能呢。现在不是给省里统一的指导性人才培养方案、课程标准以及技能抽测和学业水平考试等卡住了吗 • 现在大家一个标准，如人才培养方案、课程标准等，而且现在的学业水平考试任务又重，公共基础课程有语文、数学、英语、德育、计算机等，另外还有技能抽测	• 指导性人才培养方案 • 课程标准 • 技能抽测 • 学业水平考试	课程管理标准化
	• 现在的一刀切也有问题。虽然制约了以前的随意性，但是要根据现在的就业、创业机会开一些课程也难 • 你想在前面开一些与就业、创业机会相关的课程吧，他们还没怎么学过专业知识；你想在后面开吧，后面的时间忙于应付学业水平考试、技能抽测和考工考证都不及，而且技能抽测和考工考证还不一致	• 一刀切 • 难以开设其他不一样的课程	课程内容同质化
	• 学业水平考试的成绩和技能抽测、考工考证的合格率能反映我们的教学质量吗？我看也未必。第一，一个标准下的技能抽测是否符合不同地区的实际发展水平，我们（地区）的技术和你们是不是在一个水平线上	• 不同地区的实际发展水平 • 技术不在一个水平线上	区域经济差异化
	• 我根据标准的要求进行技能强化培训，学生技能抽测合格了，是否表明我的教学质量就好了呢 • 标准化的考试，纸笔式的考试，能够考些什么"知识" • 大多是些记忆性知识，大多是些碎片化知识。那么，这个成绩能反映什么？能否反映学生的文化素养、专业素养 • 中职教育不就成了应试教育	• 强化培训 • 标准化 • 纸笔式 • 记忆性知识 • 碎片化知识 • 应试教育	学习评价应试化
毕业生 D	• 十几个吧。最后只有我一个人留下了 • 没有。我的成绩普普通通 • 他比较踏实、勤奋，在单位实习时经常早来迟走，总把实习的地方打扫得干干净净，受到了企业的肯定 • 给工件抛光 • 生产的产品没有根本性的变化，工艺流程比较接近	• 普通 • 踏实、勤奋 • 抛光 • 产品无大变化 • 工艺接近	地企要求简单化
	• 挺简单的，学校里学过 • 不能，后来企业就送我们出去学习了4个月 • 主要是将原来的三道工序合成一道工序 • 生产效率提高了，合格率也上去了	• 简单 • 外出学习 • 改进工艺 • 提高生产效率和合格率	培养目标技能化
	• 因为一家北京的大企业，他们诚心聘请我，我觉得他们代表着这个产业顶尖的技术水平，而我自己还年轻，想出去闯一闯 • 我对他们的制度环境、技术要求以及人事交际都不适应	• 顶尖的技术水平 • 制度环境、技术要求以及人事交际都不适应	京企发展综合化

由于不同案例的视角存在差异,范畴化的概念有些混乱,因此首先进行类属的整理。具体如表2-2所示。

表2-2　当前我国中等职业学校发展困境表现的一级编码(二)

视角	范畴化概念	初次归类	二次归类	基本类属
家长 A	A1 现在生活富足化	现在生活条件	生活条件	Ⅰ 经济社会
	A2 原来生活贫困化	原来生活条件		
	A3 原来工作苦累化			
	A4 独生子女宝贝化	独生子女特征	个体需求	Ⅱ 学生个人
	A5 学习成绩差距化	学习成绩差异	个体差异	
	A6 发展期望长远化	长远发展期望		
	A7 高中教育必须化	高中教育需求	个体需求	
	A8 期望目标智能化	发展目标期望		
		当前岗位需求	产业发展	Ⅰ 经济社会
	A9 培养目标工种化	学校培养目标	内部质量	Ⅲ 学校现状
	A10 中职学历低质化	学校办学声望		
学生 B	B1 学生个性鲜明化	学生个性差异	个体差异	Ⅱ 学生个人
	B2 生活条件富足化	现在生活条件	生活条件	Ⅰ 经济社会
	B3 生涯发展迷茫化	学生发展目标	内部质量	Ⅲ 学校现状
	B4 教学组织整班化	学校教学组织		
	B5 教学知识显性化	学校教学内容		
	B6 发展选择单项化	学生发展通道		
教师 C	C1 教育管理行政化	教育行政管理	外部管理	Ⅲ 学校现状
	C2 教学组织整班化	学生发展通道	内部质量	
	C3 岗位技能机械化	以前就业岗位	产业发展	Ⅰ 经济社会
	C4 原先机会贫乏化	原来发展机会	发展机会	
	C5 培养目标低质化	学校培养目标	内部质量	Ⅲ 学校现状
	C6 培养内容简单化	学校培养内容		
	C7 现在机会丰富化	现在发展机会	发展机会	Ⅰ 经济社会
	C8 课程管理标准化	教育行政管理	外部管理	Ⅲ 学校现状
	C9 课程内容同质化	学校课程内容	内部质量	
	C10 区域经济差异化	区域经济差异	产业发展	Ⅰ 经济社会
	C11 学习评价应试化	学校学习评价	内部质量	Ⅲ 学校现状
		教育行政管理	外部管理	
毕业生 D	D1 地企要求简单化	地方企业发展	产业发展	Ⅰ 经济社会
	D2 培养目标技能化	学校培养目标	内部质量	Ⅲ 学校现状
	D3 京企发展综合化	北京企业发展	产业发展	Ⅰ 经济社会

从表 2-3 可知,范畴化概念主要指向三方面的基本类属:一是经济社会;二是学生个人;三是学校现状。本书将以基本类属为出发点,合并与比较不同当事人视角中的范畴化概念,如表 2-3 所示。

其中,C3 指向以前的欠发达地区,A8 指向当前的发达地区,二者合并为"岗位需求智能化";D1 指向地方企业,D3 指向北京企业,二者即构成了"区域经济差异化",即 C10;C4 指向以前,C7 指向当前,二者合并为"发展机会丰富化";A1、B2 指向当前,A2、A3 指向以前,合并为"生活条件富足化";A5、B1 指向学生个体,故合并为"学生个体差异化";A6、A7、A8 合并为"发展需求多样化";A9、C5、D2 虽然源于不同学校,但指向相同,故合并为"培养目标相同化";A9、C5、D2 同时与 A10、B3、C6、B5 合并为"培养目标底层化";C1、C8、C11 合并为"教育管理统一化"。具体见表 2-3"再度范畴化"一栏。

表 2-3 当前我国中等职业学校发展困境表现的一级编码(三)

类属维度		家长 A	学生 B	教师 C	毕业生 D	再度范畴化
I 经济社会	产业发展	当前岗位需求	A8 期望目标智能化				岗位需求智能化
		以前就业岗位			C3 岗位技能机械化		
		区域经济差异			C10 区域经济差异化		区域经济差异化
		地方企业发展				D1 地企要求简单化	
		北京企业发展				D3 京企发展综合化	
	发展机会	原来发展机会			C4 原先机会贫乏化		发展机会丰富化
		现在发展机会			C7 现在机会丰富化		
	生活条件	现在生活条件	A1 现在生活富足化	B2 生活条件富足化			生活条件富足化
		原来生活条件	A2 原来生活贫困化				
			A3 原来工作苦累化				

类属维度			家长 A	学生 B	教师 C	毕业生 D	再度范畴化
Ⅱ 学生个人	个体需求	独生子女特征	A4 独生子女宝贝化				独生子女宝贝化
	个体差异	学习成绩差异	A5 学习成绩差距化				学生个体差异化
		学生个性差异		B1 学生个性鲜明化			
	个体需求	长远发展诉求	A6 发展期望长远化				发展需求多样化
		高中教育需求	A7 高中教育必须化				
		发展目标期望	A8 期望目标智能化				
Ⅲ 学校状况	内部质量	学校培养目标	A9 培养目标工种化		C5 培养目标低质化	D2 培养目标技能化	培养目标相同化
		学校办学声望	A10 中职学历低质化				培养目标底层化
		学生发展目标		B3 生涯发展迷茫化			
		学校培养目标			C6 培养内容简单化		
		学校教学组织		B4 教学组织整班化	C2 教学组织整班化		教学组织整班化
		学校教学内容		B5 教学知识显性化			培养目标底层化
		学校课程内容			C9 课程内容同质化		课程内容同质化
	外部管理	学生发展通道		B6 发展选择单项化			发展选择单项化
		学校学习评价			C11 学习评价应试化		学习评价应试化
		教育行政管理			C1 教育管理行政化		教育管理统一化
					C8 课程管理标准化		
					C11 学习评价应试化		

（二）二级编码

在上述一级编码的基础上，笔者进行了二级编码。二级编码是关联式登录或轴心登录，旨在发现与建立概念类属之间的各种联系，以表现资料中各个部分之间的有机关联。如表 2 - 3 所示，经过再度范畴化共计形成 14 个范畴化概念（其中有 2 个"培养目标底层化"的范畴化概念），根据二级编码的要求，对此发现与建立联系。

14 个范畴化概念中的岗位需求智能化、发展机会丰富化、生活条件富足化都指向经济社会发展带来的变化，区域经济差异化指向区域经济社会的不平衡发展，因此建立经济社会变化及差异这一联系。考虑到发展机会丰富化和区域经济差异化同样带来发展需求多样化，故将发展需求多样化与经济社会变化及差异关联。如图 2 - 1 所示。

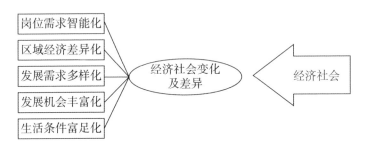

图 2 - 1　当前我国中等职业学校发展困境表现的二级编码（一）

14 个范畴化概念中的独生子女宝贝化和发展需求多样化指向当前的学生与以往的学生相比较的变化，学生个体差异化指向不同学生个体之间的差异，因此建立学生个体变化及差异这一联系。而生活条件富足化和发展机会丰富化也是学生个体变化及差异的重要因素，故在图 2 - 2 中用虚线进行关联。

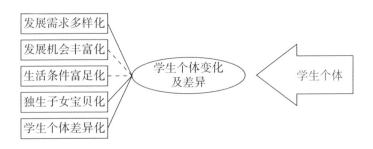

图 2 - 2　当前我国中等职业学校发展困境表现的二级编码（二）

14个范畴化概念中的培养目标相同化和培养目标底层化指向中等职业学校的培养目标,是指不同的中等职业学校均以培养第一线工作的高素质劳动者和中初级专门人才为培养定位,同一专业的培养目标更是趋同;课程内容同质化和发展选择单项化指向课程体系,是指不同中等职业学校同一专业课程体系趋同,某一专业课程体系只能提供单一的发展目标,即形成同一培养目标;教学组织整班化和学习评价应试化指向教学组织,是指不同的学生在中等职业学校中接受的是相同的班级授课制教学和标准化考试;教育管理统一化主要指向中等职业学校的教育行政管理,即不同的中等职业学校在统一要求且日益细化的标准下接受管理。也就是说,不同的中等职业学校的培养目标趋同,课程体系及其发展目标趋同,教学组织下的人的发展趋同,其教育行政管理趋同,这本质上就是中等职业学校单一化发展。故此将以上范畴化概念与中等职业学校单一化发展建立联系。如图2-3所示。

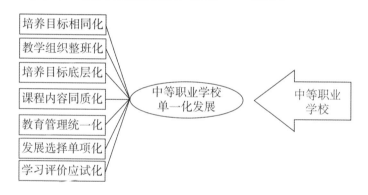

图 2-3 当前我国中等职业学校发展困境表现的二级编码(三)

根据图 2-1、图 2-2 和图 2-3,我们可以建构当前我国中等职业学校发展困境整体表现的二级编码,如图 2-4 所示。由于生活条件富足化和发展机会丰富化不仅构成经济社会变化及差异,同时还是学生个体变化及差异的重要因素,因此,经济社会变化及差异实际上构成了学生个体变化及差异的基础条件,故图 2-4 中用箭头表示二者关系。

(三) 三级编码

在上述二级编码的基础上,笔者进行了三级编码。三级编码是核心式登录或选择式登录,是对所有已发现的概念类属进行系统的分析,旨在发现核心类属。

通过二级编码,我们可以发现:与以前相比,当前的经济社会已经发生了巨大的变化,区域经济社会存在极不平衡的差异性;与此同时,学生个体发生

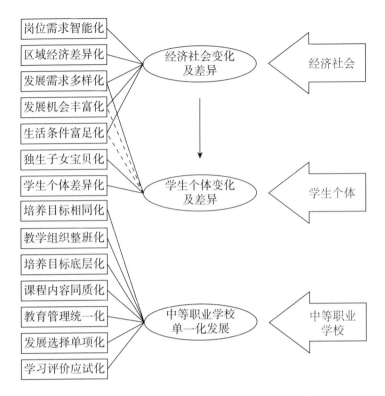

图 2-4 当前我国中等职业学校发展困境表现的二级编码（四）

了显著的变化，不同个体之间显著的差异性在不断凸显。但是在这样一种背景下，当前我国中等职业学校正在迈向单一化发展，不同中等职业学校之间正在不断趋同。这显然是南辕北辙，背道而驰，必然导致当前我国中等职业学校发展困境的存在。

因此本研究认为，经济社会变化及差异、学生个体变化及差异所构成的发展需求与中等职业学校单一化发展之间产生了矛盾，成为当前我国中等职业学校发展困境存在的基础。如图 2-5 所示。进一步而言，当前我国中等职业学校发展困境的问题本质在于中等职业学校单一化发展。

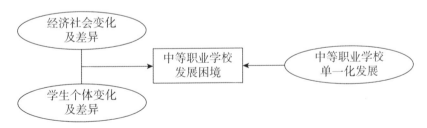

图 2-5 当前我国中等职业学校发展困境表现的三级编码

三、主要结论

通过本节的研究,不仅可以认识到当前中等职业学校发展困境的主要表现,还可以从中发现中等职业学校单一化发展的某些具体表征,以及中等职业学校发展困境存在的原因及其问题本质。

(一) 发展困境的主要表现

当前我国中等职业学校所面临的困境主要表现为:第一,中等职业学校通常只是学生及其家长无奈之下的选择;第二,中等职业学校的学生不爱学习;第三,中等职业学校的培养质量不尽如人意;第四,随着经济社会的发展,中等职业学校毕业生的适应性有所下降。

(二) 单一化发展的具体表征

中等职业学校培养目标的定位相同,同一专业的培养目标趋同,不同中等职业学校同一专业课程体系趋同,同一专业课程体系发展可能趋同,不同的学生在中等职业学校中接受的是相同的班级授课制教学和标准化考试,不同的中等职业学校接受统一要求且日益细化的标准化管理等,这反映的是中等职业学校单一化发展,并分别指向培养目标、课程体系、教学组织和教育管理的单一化。

(三) 发展困境的问题本质

通过研究,我们可以发现:当前的经济社会已经发生了巨大的变化,区域经济社会存在极不平衡的差异性;与此同时,学生个体发生了显著的变化,不同个体之间显著的差异性在不断凸显。但是在这样一种背景下,当前我国中等职业学校却在单一化发展,不同中等职业学校之间正在不断趋同。经济社会变化及差异、学生个体变化及差异所构成的发展需求与中等职业学校单一化发展之间产生了矛盾,必然导致当前我国中等职业学校发展困境的存在。由此可见,单一化发展是当前我国中等职业学校发展困境的问题本质。

第二节　当前我国中等职业学校单一化发展的问卷调查研究

尽管通过人类学研究方法,我们认识到当前我国中等职业学校发展困境的问题本质是单一化发展。但是,这是否具有普遍性? 是否因为个案的特殊性而存在偏颇? 为此,将通过问卷调查法作进一步的验证。

一、问卷设计

为了提高问卷调查的效度与信度,本书将针对研究对象、问卷编制和问卷内容三方面进行问卷设计的思考。

(一) 研究对象

中等职业学校单一化发展的问卷调查以江苏省中等职业学校的师生为研究对象。之所以选择江苏省,基于以下考虑:第一,江苏省地处中国长三角地区,尽管省域经济较为发达,但是苏南、苏中、苏北等不同区域的经济社会发展不平衡,能够为本书提供具有典型意义的基础条件;第二,截至 2016 年底,江苏省中等职业学校(不含技工学校)235 所,在校生 65.2 万人,其中国家中等职业教育改革发展示范学校 47 所,省高水平现代化中等职业学校 107 所,学校之间的发展存在较大差距,能够为本书提供良好的样本条件;第三,笔者在江苏省中等职业学校工作,与省内其他相关中等职业学校建立了较好的合作关系,为问卷调查的顺利展开提供了可能性和有利条件。在问卷调查中,本书主要考虑两类对象:一类是中等职业学校的教师,包括校长(副校长)、中层干部(如教务处主任、实训处主任、系部主任等)、专业负责人(或教研组长)和普通教师;另一类是中等职业学校的学生。

(二) 问卷编制

本书进行问卷调查的目的在于验证中等职业学校单一化发展的普遍性,因此根据前文对中等职业学校单一化发展的研究,问卷调查的内容主要包括区域经济社会发展情况、学生基本情况、培养目标、课程体系、教学组织和教育管理六个维度。问卷量表主要内容部分采用美国社会心理学家李克特五点量

现代职业教育研究丛书

从单一走向多元: 我国中等职业学校教育改革的方向与路径

表,该量表由多组陈述组成,每一组陈述都由非常不符合、不符合、不确定、符合、非常符合五个选项组成。笔者根据中等职业学校教师和学生的不同情况,分别设计针对教师的《当前中等职业学校教育改革现状之调查问卷(教师版)》和针对学生的《当前中等职业学校教育改革现状之调查问卷(学生版)》。问卷编制的主要步骤如下:一是根据问卷调查的目的,以及前文对中等职业学校单一化发展的研究,编制调查问卷初稿;二是邀请五位职业教育专家对量表初稿进行审题,就题项的合适性以及题意表达、文字叙述的完整性和明确性进行修改、完善;三是进行预测试答;四是对预测试答的效度与信度进行分析;五是完成正式量表的编制。

（三）问卷内容

调查问卷根据中等职业学校教师和学生的不同情况,分别设计调查内容,即针对教师的《当前中等职业学校教育改革现状之调查问卷(教师版)》和针对学生的《当前中等职业学校教育改革现状之调查问卷(学生版)》。

1. 教师的问卷内容

《当前中等职业学校教育改革现状之调查问卷(教师版)》的主要内容分为教师基本信息和调查内容两部分。

（1）第一部分

教师调查问卷的第一部分为教师基本信息。为了保证问卷调查的普遍性,本问卷将力求能够较好地覆盖江苏省的不同地区以及不同类型的教师,故此建立教师基本信息,以便检验问卷的效度与信度。教师基本信息主要包括地区、职称、职务和授课类型等内容,具体如表 2-4 所示。

表 2-4　当前中等职业学校教育改革现状之调查问卷(教师版)之一

第一部分　教师基本信息
1. 您所在的地区为:[单选题][必答题]
　　○ 苏南
　　○ 苏中
　　○ 苏北
2. 您的职称为:[单选题][必答题]
　　○ 未定级
　　○ 初级
　　○ 中级
　　○ 副高级
　　○ 正高级

3. 您的职务为：[单选题][必答题]
○ 校长（副校长）
○ 中层干部（如教务处主任、实训处主任、系部主任等）
○ 专业负责人（或教研组长）
○ 普通教师
4. 您任教的课程为：[单选题][必答题]
○ 文化基础课
○ 专业课

（2）第二部分

教师调查问卷的第二部分为问卷的主要内容，如表 2-5 所示。问卷第二部分的主要内容包括区域经济社会发展情况、学生基本情况、培养目标、课程体系和教学组织五个维度，共计 20 个问题。其中，问题 11、12、13、14 还指向教育管理维度。

表 2-5　当前中等职业学校教育改革现状之调查问卷（教师版）之二

问题维度	题项
区域经济社会发展情况	1. 与 10 年前相比，您所在地区的经济社会发展发生了巨大的变化。 2. 与周边县市区相比，您所在的县市区的经济社会发展存在明显差异。 3. 与省内其他地区（指苏南、苏中、苏北等较大范围的区域）相比，您所在地区的经济社会发展存在明显差异。
学生基本情况	4. 与 10 年前相比，现在的中等职业学校学生的个性特征更为彰显。 5. 与 10 年前相比，现在的中等职业学校学生的发展需求存在明显的变化。 6. 中等职业学校不同学生之间的兴趣、特长存在显著的差异。 7. 中等职业学校不同学生之间的入学基础、发展潜质存在显著的差异。 8. 中等职业学校不同学生之间的发展需要存在显著的差异。
培养目标	9. 与 10 年前相比，您所在学校开设的专业发生了显著的变化。 10. 与 10 年前相比，您所在学校开设专业的培养目标定位发生了显著的变化。 11. 与周边同类中等职业学校相比，您所在学校开设的专业有着明显的区别。 12. 与周边同类中等职业学校的同一专业相比，您所在学校开设专业的培养目标有着明显的区别。
课程体系	13. 与周边同类中等职业学校的同一专业相比，您所在学校开设专业的课程结构有着明显的区别。 14. 与周边同类中等职业学校的同一专业相比，您所在学校开设专业的课程内容有着明显的区别。 15. 您所在学校开设了可供学生自由选择、旨在发展学生的不同兴趣和特长的选修课程。 16. 您所在学校能够根据学生的不同天赋和发展需要，提供与之相匹配的人才培养方案。

问题维度	题项
教学组织	17. 在偶遇的情况下（即在没有座位表、学生名册等任何提示的情境），您能喊出所教班级每一位学生的姓名。 18. 您对所教班级的不同学生的学习基础、天赋、兴趣和发展需要有着清晰的认识。 19. 您的教学能够关照到每一位学生的学习基础和天赋。 20. 您的教学能够关照到每一位学生的兴趣和发展需要。

2. 学生的问卷内容

根据前文对中等职业学校单一化发展的研究和学生心智发展的实际情况，笔者设计了《当前中等职业学校教育改革现状之调查问卷（学生版）》。其主要内容包括自我情况、发展目标、专业与课程和教与学四个维度，分别与教师版的学生基本情况、培养目标、课程体系和教学组织相对应，如表 2-6 所示。

表 2-6 当前中等职业学校教育改革现状之调查问卷（学生版）

问题维度	题项
自我情况	1. 你的兴趣、特长和班上其他同学不一样。 2. 在学习的时候，班上有的同学一学就会，但是也有同学始终没有懂。 3. 上课的时候，有的同学很认真，也有同学在睡觉、玩手机。
发展目标	4. 你选这个专业的时候，其实不知道将来要干什么。 5. 你现在还是不知道所学专业将来要干什么。 6. 你和班上的同学将来的专业发展方向会有明显的区别。
专业与课程	7. 教师上课教的知识在百度上都能找到。 8. 你可以选修和班上大部分同学不一样的课程。 9. 你可以和其他班级的同学一起上课。
教与学	10. 在偶遇的情况下（即在没有座位表、学生名册等任何提示的情境），所有的任课教师都能喊出你的姓名。 11. 你的任课教师能够经常对你进行一对一指导。 12. 你的任课教师的教学对你特别有启发、有帮助。

二、调查结果

笔者通过问卷星平台进行随机抽样的问卷调查，对象为江苏省中等职业学校的师生。全省共计有 392 位教师和 612 位学生参与了本次问卷调查。

（一）教师问卷调查结果

《当前中等职业学校教育改革现状之调查问卷（教师版）》由基本信息和主要内容两部分组成。

1. 基本信息

第一部分主要为接受问卷调查的教师的基本信息，主要包括地域、职称、职务和授课类型等内容。

（1）地域

接受问卷调查的 392 位教师中来自苏南地区的有 146 位，占比 37.24%；苏中地区的有 74 位，占比 18.88%；苏北地区的有 172 位，占比 43.88%。具体如图2－6所示。

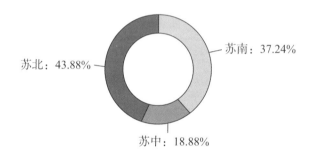

图 2－6　接受问卷调查的教师地域分布

（2）职称

接受问卷调查的 392 位教师中未定级职称者 32 位，占比 8.16%；初级职称者 57 位，占比 14.54%；中级职称者 158 位，占比 40.31%，副高级职称者 136 位，占比 34.69%；正高级职称 9 位，占比 2.30%。具体如图 2－7 所示。

图 2－7　接受问卷调查的教师职称分布

（3）职务

接受问卷调查的 392 位教师中校长（副校长）12 位，占比 3.06%；中层干部（如教务处主任、实训处主任、系部主任等）78 位，占比 19.90%；专业负责人（或教研组长）48 位，占比 12.24%；普通教师 254 位，占比 64.80%。具体如图 2-8 所示。

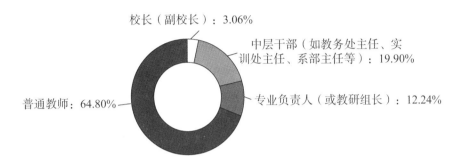

图 2-8　接受问卷调查的教师职务分布

（4）授课类型

接受问卷调查的 392 位教师中文化基础课教师 158 位，占比 40.31%；专业课教师 234 位，占比 59.69%。具体如图 2-9 所示。

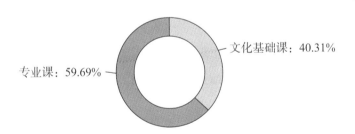

图 2-9　接受问卷调查的教师授课类型分布

2. 主要内容

第二部分为问卷的主要内容，由区域经济社会发展情况、学生基本情况、培养目标、课程体系和教学组织五个维度组成，共计 20 个问题。其中，问题 11、12、13、14 还指向教育管理维度。

（1）区域经济社会发展情况

调查问卷在区域经济社会发展情况维度上共设计了 3 个问题，即表 2-5 中的问题 1、2、3。调查结果如表 2-7 所示。

表 2-7　江苏省中等职业学校教师对区域经济社会发展情况的认识

问题序号	非常不符合	不符合	不确定	符合	非常符合
1	1.79%	4.08%	7.40%	68.36%	18.37%
2	2.04%	16.84%	17.35%	55.61%	8.16%
3	2.81%	10.20%	14.03%	59.44%	13.52%

（2）学生基本情况

调查问卷在学生基本情况维度上共设计了 5 个问题，即表 2-5 中的问题 4、5、6、7、8。调查结果如表 2-8 所示。

表 2-8　江苏省中等职业学校教师对学生基本情况的认识

问题序号	非常不符合	不符合	不确定	符合	非常符合
4	0.51%	5.36%	8.42%	63.26%	22.45%
5	1.02%	5.36%	10.71%	66.58%	16.33%
6	1.02%	6.89%	13.27%	64.28%	14.54%
7	1.53%	7.40%	8.93%	65.81%	16.33%
8	1.28%	7.91%	10.71%	67.09%	13.01%

（3）培养目标

调查问卷在培养目标维度上共设计了 4 个问题，即表 2-5 中的问题 9、10、11、12。调查结果如表 2-9 所示。

表 2-9　江苏省中等职业学校教师对培养目标的认识

问题序号	非常不符合	不符合	不确定	符合	非常符合
9	2.30%	56.88%	12.76%	17.60%	10.46%
10	1.28%	59.95%	16.33%	12.24%	10.20%
11	1.53%	47.70%	17.35%	23.98%	9.44%
12	2.30%	40.82%	25.00%	25.25%	6.63%

（4）课程体系

调查问卷在课程体系维度上共设计了 4 个问题，即表 2-5 中的问题 13、14、15、16。调查结果如表 2-10 所示。

表 2-10   江苏省中等职业学校教师对课程体系的认识

问题序号	非常不符合	不符合	不确定	符合	非常符合
13	1.79%	44.64%	23.72%	24.74%	5.11%
14	2.04%	44.89%	22.96%	25.26%	4.85%
15	5.10%	45.92%	11.22%	28.83%	8.93%
16	4.59%	52.55%	13.78%	21.17%	7.91%

（5）教学组织

调查问卷在教学组织维度上共设计了 4 个问题，即表 2-5 中的问题 17、18、19、20。调查结果如表 2-11 所示。

表 2-11   江苏省中等职业学校教师对教学组织的认识

问题序号	非常不符合	不符合	不确定	符合	非常符合
17	2.30%	17.09%	23.98%	45.15%	11.48%
18	1.79%	9.69%	21.43%	55.87%	11.22%
19	2.55%	17.61%	23.72%	48.21%	7.91%
20	2.55%	19.13%	26.28%	42.86%	9.18%

（6）教育管理

表 2-5 中的问题 11、12、13、14 还指向教育管理维度，其结果如表 2-12 所示。

表 2-12   江苏省中等职业学校教师对教育管理的认识

问题序号	非常不符合	不符合	不确定	符合	非常符合
11	1.53%	47.70%	17.35%	23.98%	9.44%
12	2.80%	40.82%	24.49%	25.26%	6.63%
13	1.79%	44.64%	23.72%	24.74%	5.11%
14	2.04%	44.89%	22.96%	25.26%	4.85%

（二）学生问卷调查结果

《当前中等职业学校教育改革现状之调查问卷（学生版）》同样包括基本

信息和主要内容两个部分。

1. 基本信息

《当前中等职业学校教育改革现状之调查问卷(学生版)》基本信息仅关注了其年级分布的情况。612位接受问卷调查的中等职业学校学生中有162位高一年级学生、267位高二年级学生和183位高三年级学生。具体如图2－10所示。

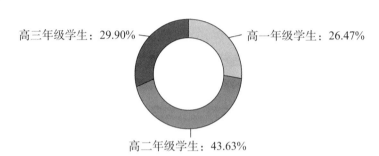

高三年级学生：29.90%　　高一年级学生：26.47%

高二年级学生：43.63%

图2－10　接受问卷调查的学生年级分布

2. 主要内容

《当前中等职业学校教育改革现状之调查问卷(学生版)》的主要内容包含自我情况、发展目标、专业与课程和教与学四个维度,共计12个问题,其中每个维度包含3个问题。问卷调查结果如下。

(1) 自我情况

调查问卷在自我情况维度上设计了3个问题,即表2－6中的问题1、2、3。调查结果如表2－13所示。

表2－13　江苏省中等职业学校学生对自我情况的认识

问题序号	非常不符合	不符合	不确定	符合	非常符合
1	3.92%	12.25%	48.53%	31.38%	3.92%
2	4.41%	4.90%	26.47%	56.54%	7.68%
3	12.25%	17.16%	21.41%	33.98%	15.20%

(2) 发展目标

调查问卷在发展目标维度上设计了3个问题,即表2－6中的问题4、5、6。调查结果如表2－14所示。

表 2-14　江苏省中等职业学校学生对发展目标的认识

问题序号	非常不符合	不符合	不确定	符合	非常符合
4	14.87%	30.88%	21.08%	25.33%	7.84%
5	23.04%	37.25%	15.69%	18.63%	5.39%
6	5.39%	18.14%	45.10%	23.53%	7.84%

（3）专业与课程

调查问卷在专业与课程维度上设计了 3 个问题，即表 2-6 中的问题 7、8、9。调查结果如表 2-15 所示。

表 2-15　江苏省中等职业学校学生对专业与课程的认识

问题序号	非常不符合	不符合	不确定	符合	非常符合
7	11.27%	23.53%	46.57%	15.69%	2.94%
8	16.67%	35.78%	31.86%	13.73%	1.96%
9	20.59%	38.24%	20.10%	16.66%	4.41%

（4）教与学

调查问卷在教与学维度上设计了 3 个问题，即表 2-6 中的问题 10、11、12。调查结果如表 2-16 所示。

表 2-16　江苏省中等职业学校学生对教与学的认识

问题序号	非常不符合	不符合	不确定	符合	非常符合
10	11.27%	21.57%	29.90%	27.46%	9.80%
11	11.76%	29.41%	25.98%	27.95%	4.90%
12	7.35%	7.84%	22.06%	50.99%	11.76%

三、调查结论

（一）结果分析

1. 教师问卷的结果分析

（1）基本信息的结果分析

根据调查问卷的设计，本书将分别从区域、职称、职务和授课类型四个维度进行基本信息的结果分析，具体如下。

从区域来看,接受问卷调查的 392 位教师分布于苏南、苏中和苏北,其中苏北占比最高,为 43.88%;苏中占比最低,为 18.88%;苏南居中,为 37.24%。这与苏北、苏中和苏南的人口比例状况比较接近,故此样本的区域分布比较合理。

从职称来看,接受问卷调查的 392 位教师中比例最高的是中级职称教师,为 40.31%;次之为副高级职称教师,为 34.69%,总计为 75%。这与当前中等职业学校的职称状况基本接近,故此样本的职称分布比较合理。

从职务来看,接受问卷调查的 392 位教师中比例最高的为普通教师,为 64.80%;次之为中层干部(如教务处主任、实训处主任、系部主任等),为 19.90%。普通教师比例过高,相对而言,他们对专业、课程的认识还不够深刻,尤其缺乏对其他中等职业学校的认识,因此在与其他中等职业学校的比较中可能存在偏差。

从授课类型来看,接受问卷调查的 392 位教师中专业课教师占比为 59.69%,文化基础课教师占比为 40.31%。相对而言,专业课教师对专业、课程的认识更深刻,比例较高对调研更为有利。

综上所述,接受调研问卷的样本具有较好的代表性。

(2) 主要内容的结果分析

根据调查问卷的设计,本书将分别从区域经济社会发展情况、学生基本情况、培养目标、课程体系、教学组织和教育管理六个维度进行主要内容的结果分析,具体如下。

从对区域经济社会发展情况的认识来看,问题 1、2、3 中"符合"选项比例最高,分别达到 68.36%、55.61%、59.44%,其"非常符合"选项比例也分别达到 18.37%、8.16%、13.52%。这说明被调研者较为一致地认为:一是与 10 年前相比,所在地区的经济社会发展发生了巨大的变化;二是与周边县市区相比,所在的县市区的经济社会发展存在明显差异;三是与省内其他地区(指苏南、苏中、苏北等较大范围的区域)相比,所在地区的经济社会发展存在明显差异。其中,问题 1 的"符合"与"非常符合"选项比例合计达到 86.73%,这说明被调研者对"与 10 年前相比,您所在地区的经济社会发展发生了巨大的变化"这一认识尤为一致。

从对学生基本情况的认识来看,问题 4、5、6、7、8 中"符合"选项比例最高,分别达到 63.26%、66.58%、64.28%、65.81%、67.09%，其"非常符合"选项比例也分别达到 22.45%、16.33%、14.54%、16.33%、13.01%，二者合计值超过或接近 80%。这说明被调研者一致认为：一是与 10 年前相比，现在的中等职业学校学生的个性特征更为凸显；二是与 10 年前相比，现在的中等职业学校学生的发展需求存在明显的变化；三是中等职业学校不同学生之间的兴趣、特长存在显著的差异；四是中等职业学校不同学生之间的入学基础、发展潜质存在显著的差异；五是中等职业学校不同学生之间的发展需要存在显著的差异。

从对中等职业学校培养目标的认识来看，问题 9、10、11、12 中"不符合"选项比例最高，其中问题 9、10 的比例分别为 56.88%、59.95%，接近 60%。这说明被调研者基本认为：一是与 10 年前相比，所在学校开设的专业没有发生显著的变化；二是与 10 年前相比，所在学校开设专业的培养目标的定位没有发生显著的变化。其中，问题 11、12 的"不符合"选项比例分别为 47.70%、40.82%，未超过 50%。这说明接近一半的被调研者认为：一是与周边同类中等职业学校相比，所在学校开设的专业没有明显的区别；二是与周边同类中等职业学校同一专业相比，所在学校开设专业的培养目标没有明显的区别。

从对中等职业学校课程体系的认识来看，问题 13、14、15、16 中"不符合"选项比例最高。其中，问题 13、14、15 的"不符合"选项比例分别为 44.64%、44.89%、45.92%，未超过 50%；问题 16 的比例为 52.55%，未超过 60%。这四个问题的"不确定"和"符合"选项比例较为接近，合计值超过或接近 40%。这说明接近一半的被调研者认为：一是与周边同类中等职业学校的同一专业相比，所在学校开设专业的课程结构没有明显的区别；二是与周边同类中等职业学校的同一专业相比，所在学校开设专业的课程内容没有明显的区别；三是中等职业学校并未开设可供学生自由选择、旨在发展学生的不同兴趣和特长的选修课程；四是所在学校并不能根据学生的不同天赋和发展需要而提供与之相匹配的人才培养方案。

从对中等职业学校教学组织的认识来看，问题 17、18、19、20 中"符合"选项比例最高，其比例分别为 45.15%、55.87%、48.21%、42.86%；"非常符合"选项比例分别为 11.48%、11.22%、7.91%、9.18%。这说明约六成的被调研者认为自己对所教班级的不同学生的学习基础、天赋、兴趣和发展需要有着清晰的认识，超过一半的被调研者认为自己能够关照到每一位学生的学习基础、天赋、兴趣和发展需要。

从对中等职业学校教育管理的认识来看,问题 11、12、13、14 中比例最高的选项均为"不符合",其比例分别为 47.70%、40.82%、44.64%、44.89%,"不确定"选项比例分别为 17.35%、24.49%、23.72%、22.96%。这说明接近一半的被调研者认为周边同类中等职业学校之间开设的专业及同一专业的培养目标、课程结构、课程内容没有明显的区别,另有两成左右的被调研者对此不确定。

2. 学生问卷的结果分析

(1)基本信息的结果分析

接受问卷调查的 612 位学生中高二年级学生的占比最高,为 43.63%,高一、高三年级学生的占比接近,分别为 26.47%、29.90%。

(2)主要内容的结果分析

根据调查问卷的设计,将分别从自我情况、发展目标、专业与课程和教与学四个维度进行主要内容的结果分析,具体如下。

从中等职业学校学生对其自我情况的认识来看,问题 1 中"不确定"选项比例最高,"符合"选项次之,分别为 48.53%、31.38%。这说明 31.38% 的被调研者认为自己的兴趣、特长和班上其他同学不一样,还有 48.53% 的被调研者对此不确定。问题 2 中"符合"选项比例最高,"不确定"选项次之,分别为 56.54%、26.47%。这说明 56.54% 的被调研者认为班上同学的学习存在明显的差异,26.47% 的被调研者对此不确定。问题 3 中比例最高的选项为"符合",仅为 33.98%,但是"非常符合"选项也达到 15.20%,并且"非常不符合""不符合""不确定"也分别达到 12.25%、17.16%、21.41%。这恰恰说明学生的学习状况具有差异性,少部分学生比较专注学习,而接近一半的学生存在学习不专注的各种现象。

从中等职业学校学生对其发展目标的认识来看,问题 4 中选项"非常不符合""不符合"的比例为 14.87%、30.88%。这说明有 45.75% 的被调研者认为自己在入学之初对专业发展目标有所了解,但更多的被调研者却对此不了解。问题 5 中选项"非常不符合""不符合"的比例为 23.04%、37.25%,即有 60.29% 的被调研者认为自己现在已经知道专业的发展目标,但依然有 39.71% 的被调研者对此还是不了解。问题 6 中选项"符合""非常符合"的比例分别为 23.53%、7.84%,即有 31.37% 的被调研者认为自己将来会选择与其他同学不一样的发展,但是有45.10%的被调研者选择了"不确定"。

从中等职业学校学生对其专业与课程的认识来看,问题7中选项"符合""非常符合"的比例分别为15.69%、2.94%,说明有18.63%的被调研者认为课程内容能够通过百度搜索到,有46.57%的被调研者选择了"不确定"。问题8中选项"非常不符合""不符合"的比例为16.67%、35.78%,说明有52.45%的被调研者认为学校的课程不具有可选择性,有31.86%的被调研者选择了"不确定"。问题9中选项"非常不符合""不符合""不确定"的比例为20.59%、38.24%、20.10%,通过78.93%的被调研者的选择能够确认该学校没有实现学分制。

从中等职业学校学生对其专业教与学的认识来看,问题10中选项"符合""非常符合"的比例分别为27.46%、9.80%,说明有37.26%的被调研者认为教师能叫出他的名字。问题11中选项"符合""非常符合"的比例分别为27.95%、4.90%,说明有32.85%的被调研者认为教师对他进行过单独的指导。问题12中选项"非常不符合""不符合"的比例为7.35%、7.84%,说明有15.19%的被调研者认为教师的教学对他没启发、没帮助;22.06%的被调研者则认为"不确定",62.75%的被调研者能确认有启发、有帮助。

（二）主要结论

本书的问卷调查旨在对前文扎根理论的研究结果进行验证,而前文扎根理论的研究结果为经济社会变化及差异、学生个体变化及差异、中等职业学校单一化发展之间的矛盾导致了当前我国中等职业学校发展困境的存在,单一化发展是当前我国中等职业学校发展困境的问题本质。因此,问卷调查在此需要验证经济社会变化及差异、学生个体变化及差异、中等职业学校单一化发展等结论。

1. 经济社会变化及差异的验证

由于中等职业学校学生认知的局限性,本书的问卷调查对象为中等职业学校的教师。从结果分析可知,被调研的教师一致地认为,所在地区的经济社会发展发生了巨大的变化。同时,被调研的教师较为一致地认为,不同区域的经济社会发展存在较为明显的差异。显然,这与扎根理论研究所得的结论"当前的经济社会已经发生了巨大的变化,区域经济社会存在极不平衡的差异性"相吻合。因此,本书认为,经济社会变化及差异的存在可以得到确认。

2. 学生个体变化及差异的验证

本书分别从教师和学生两个维度进行了问卷调查。从结果分析可知，被调研的教师一致地认为：一是现在的中等职业学校学生的个性特征更为凸显，发展需求存在明显的变化；二是中等职业学校不同学生之间的兴趣、特长、入学基础、发展潜质、发展需要存在显著的差异。与此同时，被调研的学生较为一致地认为：同学之间在兴趣、特长和学习上有差异。教师和学生对此的认识较为一致，而且与扎根理论研究所得的结论"学生个体发生了显著的变化，不同个体之间显著的差异性在不断彰显"相吻合。因此，本书认为，学生个体变化及差异的存在可以得到确认。

3. 中等职业学校单一化发展的验证

根据前文扎根理论的研究结果，对于是否存在中等职业学校单一化发展，调查问卷需要验证以下结论：一是不同中等职业学校培养目标的定位相同，同一专业的培养目标趋同；二是不同中等职业学校同一专业课程体系趋同，同一专业课程体系发展可能趋同；三是不同的学生在中等职业学校中接受的是相同的班级授课制教学和标准化考试；四是不同的中等职业学校接受统一要求的标准化管理。因此，本书将从培养目标、课程体系、教学组织和教育管理四方面进行验证。

（1）培养目标的验证

由于中等职业学校学生认知的局限性，本书的问卷调查对象为中等职业学校的教师。

从结果分析可知，近一半的被调研者认为，与周边同类中等职业学校相比，所在学校开设的专业及其培养目标没有明显的区别；近60%的被调研者认为，当前中等职业学校开设的专业及其培养目标的定位没有发生显著的变化。考虑到社会认同效应，即被调研者由于教师这一身份带给他的情感和价值意义而存在倾向性选择的这一因素，可以推论这一比例在实际中应当更高。

以上仅为单一数据的分析，我们不妨对两组不同维度的数据进行对比分析，即将认为经济社会变化及差异、学生个体变化及差异的比例和认为中等职业学校开设的专业及其培养目标的定位发生显著变化的比例进行比较。由于数据源于同一批被调研者，因此这一比较分析具有实际意义。显

现代职业教育研究丛书

从单一走向多元：我国中等职业学校教育改革的方向与路径

然,前者的比例要明显高于后者,这实际上反映出中等职业学校开设的专业及其培养目标的定位的变化要明显小于经济社会变化及差异、学生个体变化及差异。

因此,笔者认为:一是从微观上来看,"不同中等职业学校培养目标的定位相同,同一专业的培养目标趋同"这一表征在相当比例的中等职业学校中客观存在;二是从宏观上来看,相比于经济社会变化及差异、学生个体变化及差异,中等职业学校开设的专业及其培养目标的定位未形成与之相匹配的变化。由此可知,"不同中等职业学校培养目标的定位相同,同一专业的培养目标趋同"这一表征客观存在。

(2) 课程体系的验证

由于本书分别从教师和学生两个维度进行了问卷调查,因此对课程体系这一维度结论的验证不仅要从单一视角来认识,更要从二者对比的视角来进一步认识。

从教师问卷的结果分析可知,接近一半的被调研者认为:一是周边同类中等职业学校的同一专业的课程结构、课程内容没有明显的区别;二是中等职业学校并未开设可供学生自由选择、旨在发展学生的不同兴趣和特长的选修课程;三是中等职业学校并不能根据学生的不同天赋和发展需要而提供与之相匹配的人才培养方案。

如果同样对两组不同维度的数据进行对比分析,即将认为经济社会变化及差异、学生个体变化及差异的比例和认为中等职业学校专业课程存在差异、能够提供个性化的选修课程及人才培养方案的比例进行比较。显然,前者的比例要明显高于后者,而这实际上反映出中等职业学校专业课程的变化要明显小于经济社会变化及差异,中等职业学校提供个性化的选修课程及人才培养方案的能力要明显低于学生个体变化及差异带来的需求。

从学生问卷的结果分析可知,有 39.71% 的被调研者在入学之后对自己的专业发展目标不了解,以及 45.10% 的被调研者对自己将来的专业发展选择了"不确定"。这不仅反映了学校没有进行相应的专业发展教育,更反映了学校没有帮助学生认识自己的不同天赋和发展需要。何以如此?这是因为学校没有开设可供自由选择、旨在发展学生兴趣和特长的选修课程以及人才培养方案。在后续的"专业与课程"这一维度的调研中,仅有两成左右的被调研者认为能够选修一样的课程,能够和其他班级的同学一起上课,这与"发展目标"维度的结论一致。学生问卷的结论印证了教师问卷中相应的结论。

因此,笔者认为:一是从微观上来看,"不同中等职业学校同一专业课程体系趋同,同一专业课程体系发展可能趋同"这一表征在相当比例的中等职业学校中客观存在;二是从宏观上来看,相比于经济社会变化及差异、学生个体变化及差异,中等职业学校专业课程体系的差异性以及提供差异性方案的能力不够。由此可知,"不同中等职业学校同一专业课程体系趋同,同一专业课程体系发展可能趋同"这一表征客观存在。

(3) 教学组织的验证

由于本书分别从教师和学生两个维度进行了问卷调查,因此对教学组织这一维度结论的验证同样要从单一视角和二者对比的视角来认识。

从教师问卷的结果分析可知,约六成的被调研者认为自己对所教班级的不同学生的学习基础、天赋、兴趣和发展需要有着清晰的认识,超过一半的被调研者认为自己的教学能够关照到每一位学生的学习基础、天赋、兴趣和发展需要。但是,这一比例与学生个体变化及差异的比例相比,差距还是比较明显。这说明问卷调查中存在趋避选择,即被调研者更倾向选择对自己有利的选项。笔者在预测过程中,对选择"符合"选项的教师进行随机抽样访谈,当问及"是否能够具体说出一位表现并不突出的学生的学习基础、天赋、兴趣和发展需要"时,被调研者表示缺乏印象。这便反映了趋避选择的客观存在。

从学生问卷的结果分析可知,只有 37.26% 的被调研者认为教师能叫出他的名字,这仅仅是能叫出学生的姓名,还没有达到对不同学生的学习基础、天赋、兴趣和发展需要有清晰的认识的程度。同样,只有 32.85% 的被调研者认为教师对他进行过单独的指导,这仅仅是单独的指导,还没有关照到每一位学生的学习基础、天赋、兴趣和发展需要。由此可知,学生问卷结果与教师问卷结果存在较大的出入。这也反映出教师问卷结果中存在趋避选择。相比而言,在这一维度的认识上,学生问卷的信度更高。

综上所述,笔者认为,"不同的学生在中等职业学校中接受的是相同的班级授课制教学和标准化考试"这一表征是极为普遍的客观存在。

（4）教育管理的验证

由于中等职业学校学生认知的局限性，本书的问卷调查对象为中等职业学校的教师。

从教师问卷的结果分析可知，近一半的被调研者认为，周边同类中等职业学校之间开设的专业及同一专业的培养目标、课程结构、课程内容没有明显的区别。另有两成左右的被调研者不能确定是否存在区别。作为学校课程的实施者，教师不能确定是否存在区别，实际上就是没有明显的区别。这表明学校自身客观表征的同时，也反映出教育管理的客观表征。当前中等职业学校何以如此？唯有"不同中等职业学校接受统一要求的标准化管理"可以释之。因此，笔者认为，"不同中等职业学校接受统一要求的标准化管理"这一表征客观存在。

4. 最终结论

通过问卷调查的进一步验证，本书可以形成以下结论：第一，经济社会变化及差异表现极为突出，即当前的经济社会发生了巨大的变化，区域经济社会存在极不平衡的差异性；第二，学生个体变化及差异表现极为显著，即当前中等职业学校的学生个体发生了显著的变化，不同个体之间显著的差异性在不断凸显；第三，尽管经济社会变化及差异、学生个体变化及差异表现极为突出，但是存在中等职业学校单一化发展的现象；第四，不同中等职业学校的培养目标定位相同，同一专业的培养目标、课程体系、教学组织和发展可能趋同，教育管理中的统一要求的标准化管理等，实际上反映了中等职业学校单一化发展；第五，经济社会变化及差异、学生个体变化及差异所构成的发展需求与中等职业学校单一化发展之间产生了矛盾，导致了当前我国中等职业学校发展困境的存在；第六，单一化发展是当前我国中等职业学校发展困境的问题本质。

第三节　当前我国中等职业学校单一化发展的危害

尽管通过前文的分析，我们已经认识到中等职业学校的单一化发展违背了当前我国经济社会的转型及其区域经济社会不平衡下的发展要求，违背了当前中等职业学校学生个体需要的变化及其之间巨大差异下的发展要求，这一危害必然存在。但是,如果我们还没有厘清这一危害,教育改革的转型就缺乏相应的理论支撑。可能依然有人按照既有的惯性推进各种改革创新行动和质量提升工程,这必然是扬汤止沸,甚至可能作茧自缚。因此,本书将从学理和实践两个层面来认识中等职业学校单一化发展的危害。

一、基于学理层面

要从学理层面上分析单一化发展对当前我国中等职业学校教育改革的危害,必须要选择展开研究视角的学科。从前文的研究可知,我国中等职业学校单一化发展指向培养目标、课程体系、教学组织和教育管理等维度,而这些维度的内容无一不涉及管理,因此显然不能避开管理学的视角。而从中等职业学校所承担的教育类型来看,则不能避开职业技术教育学的视角。因此,本书选取管理学、职业技术教育学的视角来解读当前我国中等职业学校单一化发展的危害。

（一）单一化发展的危害:基于管理学的视角

有研究者认为,管理就是处于一定组织中的管理主体,通过一定的管理方式,对有关资源(管理客体)进行合理配置和有效利用,从而达到既定组织目标的一种协调活动。[1] 从这一概念可以看出,管理包含着管理主体、管理方式、资源配置及其利用和组织目标四大要素。因此,本书将分析在当前我国中等职业学校单一化发展下,这四大要素存在的特征及其产生的危害。

1. 管理主体:利益相关者的缺位

孙绵涛认为"教育管理一般分为宏观的教育管理——教育行政和微观的教育管理——学校管理两方面","教育行政和学校管理是教育管理的两个有机组成部分"[2]。显然,中等职业学校的教育管理同样包括宏观的教育行政和微观的学校管理两方面。那么,中等职业学校单一化发展下的管理主体状况如何,则需要从教育行政和学校管理两个层面进行分析。

所谓教育行政,本书是指办学主体对中等职业学校的管理。从应然层面来看,中等职业教育作为职业教育,区别于普通教育的特殊性表现是什么? 是一种"服务经济社会发展需要,面向经济社会发展和生产服务一线,培养高素

① 金宝华.论教育管理的伦理基础[D].武汉:华中师范大学,2008:34.

② 孙绵涛.教育管理学[M].北京:人民教育出版社,2006:133－134.

现代职业教育研究丛书

从单一走向多元:我国中等职业学校教育改革的方向与路径

质劳动者和技术技能人才并促进全体劳动者可持续职业发展的教育类型"①。从国家和社会层面来看,行政机构作为管理主体的存在有其核心意义,但是从培养高素质劳动者和技术技能人才的需求来看,不仅是宏观层面的国家和社会需求,更有中观层面的产业和行业发展需求以及微观层面的企业和学生发展需求,那么产业、行业、企业和学生(家长)同样是中等职业学校办学的利益相关者。因此,产业、行业、企业和学生(家长)应该成为中等职业学校行政管理主体中不可忽视的组成部分。

但是,从实然层面来看,当前我国中等职业学校教育行政管理的主体是什么? 某省以技能抽测作为衡量职业学校的办学质量的标尺,曾有某职业学校因技能抽测合格率未达标而在建设项目申报中被省教育厅"一票否决"一例。这不仅反映出教育部、教育厅、教育局等具有职业教育行政职能的行政机构在中等职业学校教育行政中的主体地位,也折射出这些职业教育行政机构在当前我国中等职业学校教育行政中的"一统江山"。尽管产业、行业和企业等利益相关者参与了某些利益的表达,但是并没有真正成为管理主体,这必然导致利益相关者在管理主体中的缺位,必然导致当前我国中等职业教育行政管理的单一主体结构。

这种单一主体结构必然产生危害,其危害表现为以下两点。第一,易以单一的视角看待中等职业学校的发展,以至于忽视不同区域产业的发展状况和不同学生的发展需求及其可能。如某省出台的技能抽测制度,以统一的标尺去衡量不同区域产业的发展实际和需求,颇有刻舟求剑之意。此举或许能树立管理主体的权威,却未必一定对地方产业、行业和企业的发展真正有益。第二,易形成由上至下、二元对立的管理关系,缺乏管理的相互制衡和相互促进。如在单一的管理主体结构下,试问谁能对技能抽测等办学质量评价体系的质量进行评价? 这极有可能导致办学质量评价体系成为在利益相关者甚至直接受益者缺位下的自说自话。

所谓学校管理,是指"由校长实施的"②管理。显然,校长是学校管理的管

---

① 中华人民共和国教育部.教育部等六部门关于印发《现代职业教育体系建设规划(2014—2020年)》的通知[EB/OL].(2014-06-16)[2020-10-21].http://www.moe.gov.cn/srcsite/A03/moe_1892/moe_630/201406/t20140623_170737.html.

② 安藤尧雄.学校管理[M].马晓塘,佟顶力,译.北京:文化教育出版社,1981:2.

理主体。从 2015 年教育部出台的《职业院校管理水平提升行动计划（2015—2018 年）》文件来看，其《职业院校管理工作主要参考点》的"体制机制"栏目要求"中职学校落实校长负责制，公办高职院校落实党委领导下的校长负责制"①。其中强调了高职院校的公办，却未说明中等职业学校的公办。是否表明中等职业学校只有公办，而没有民办？答案显然是否定的。《教育部关于大力发展民办中等职业教育的意见》指出，"建成一批办学规模大、办学条件好、教育质量高、特色鲜明、社会信誉度高的民办中等职业学校；初步形成公办与民办中等职业教育优势互补、共同发展的格局"②。

那么，为什么没有说明中等职业学校的公办？其一是民办中等职业学校的规模过小。以 2014 年为例，民办中等职业学校在校生 189.57 万人，相对于 1755.28 万人③的总量而言，不足 10.8%。其二是民办中等职业学校管理主体公共利益诉求的主动缺位。民办中等职业学校必然成为具体组织或个人利益诉求的"一言堂"，必然影响民办中等职业学校的长远发展。

从公办中等职业学校来看，公办中等职业学校采用的是"校长负责制"④的管理方式，校长是学校管理的管理主体。因此，研究校长就是研究其学校管理的管理主体。从其任命来看，公办中等职业学校的校长受命于具有职业教育行政职能的行政机构，必然成为行政机构的"代言人"，表达的是行政机构的利益诉求；从其发展来看，公办中等职业学校的校长是从教师起步，甚至是普通中小学的教师，对职业教育的认识无异于纸上谈兵。这必然导致利益相关者的利益诉求在管理主体上的缺位，必然导致当前我国中等职业教育学校管理主体的单一化。

2. 管理方式：缺乏协调的控制

"一切规模较大的直接社会劳动或共同劳动，都或多或少地需要指挥，以协调个人的活动，并执行生产总体的运动——不同于这一总体的独立器官的

① 中华人民共和国教育部.教育部关于印发《职业院校管理水平提升行动计划（2015—2018 年）》的通知［EB/OL］.（2015－08－28）［2020－10－23］.http://www.moe.gov.cn/srcsite/A07/moe_950/201509/t20150917_208794.html.
② 中华人民共和国教育部.教育部关于大力发展民办中等职业教育的意见［EB/OL］.（2006－04－25）［2020－10－23］.http://www.moe.gov.cn/srcsite/A07/s7055/200604/t20060425_181878.html.
③ 中华人民共和国教育部.2014 年全国教育事业发展统计公报［EB/OL］.（2015－07－30）［2020－10－23］.http://www.moe.gov.cn/jyb_xwfb/gzdt_gzdt/s5987/201507/t20150730_196698.html.
④ 同①。

运动——所产生的各种一般职能"。通过指挥、协调的管理方式,促使每个个体活动能力的总和起到放大或高倍放大的作用。但是,中等职业学校单一化发展下的管理方式又是什么呢?本书仍然从教育行政和学校管理两个层面进行分析。

从教育行政层面来看,以某职业学校因故而被省教育厅"一票否决"为例,"一票否决"这种不容置疑的方式,实际上反映出教育厅等具有职业教育行政职能的行政机构对职业学校的管理是一种自上而下的控制。而从中等职业教育的专业目录、人才培养方案以及课程教学大纲等教学管理文件事无巨细的标准化,以及在专业设置和各级各类专业评估中不断得到强化的过程中,我们固然能够看到教育行政管理的不断规范化,但这何尝不是教育行政机构对中等职业学校自上而下的控制的不断强化呢?而且这种强化是在单一主体结构下,即在产业、行业和企业等利益相关者缺位下形成的控制,缺乏有效的制衡,必然成为一种绝对化的控制,难免导致封建社会中那种"君要臣死,臣不得不死"的"霸权主义"的滋生,而"将在外,君命有所不受"的权变恐怕难以实现。所谓因地制宜、因时制宜,发展中等职业学校的特色和品质,提升对区域经济社会需求的服务能力,或成为一纸空谈。

从学校管理层面来看,以当前我国中等职业学校教学采用的班级集体授课制为例,何为课堂教学?《中国大百科全书·教育》认为"班级教学有课堂教学和现场教学等具体形式",也就是说,课堂教学是不同于现场教学的班级教学。① 据此,课堂最本质的特征并不是学生集体,而是与现场相对应的一种学习场所,是一种人为建造的"去情境"的学习环境。这种学习场所与知识赖以存在的具体情境没有任何联系,是纯粹的"教与学的场所"。② 那么,在这样封闭的、相同的时空内,发生的"教与学"均来自产业、行业和企业等利益相关者主体缺位下形成的标准化的专业目录、人才培养方案以及课程教学大纲。这是否存在行政机构、学校与其他利益相关者之间的协调?封闭于相同时空内的程式化教学是否存在其他利益相关者、教师与学生之间的协调?显然,这

① 中国大百科全书总编辑委员会《教育》编辑委员会.中国大百科全书·教育[M].北京:中国大百科全书出版社,1985:12.

② 徐国庆.实践导向职业教育课程研究:技术学范式[M].上海:上海教育出版社,2005:93.

可能成为教育行政机构自上而下的绝对控制的延续。而所谓对中等职业学校学生个体之间差异的关照，以及对学生个体发展的促进，或同样成为一纸空谈。

3. 资源配置及其利用：同一优先发展对象的重复计划

管理是对人、财、物、信息、时空的管理。管理工作就是要通过综合运用组织中的这些资源来实现组织的目标。[①] 从教育行政的角度而言，就应该是教育部、教育厅、教育局等具有职业教育行政职能的行政机构，通过综合运用国家和社会中的资源来实现国家和社会对中等职业学校的目标要求。本书将之称为资源配置。从学校管理的角度而言，就应该是学校管理者通过综合运用学校中的这些资源来实现学校的目标。本书将之称为资源利用。那么，当前我国中等职业学校单一化发展下的教育行政资源配置及学校管理资源利用的状况如何，其影响又如何呢？

从教育行政资源配置来看，1.19 万所中等职业学校及其在校生 1755.28 万人[②]的规模与极为有限的教育资源形成了"僧多粥少"的情形。教育部、教育厅、教育局等具有职业教育行政职能的行政机构在优先发展思想的指导下，采用优中选优、持续支持、扶优扶强等原则，逐级分配教育行政资源配置指标，这便是当前中等职业教育在教育行政资源配置中的单一方式。在资源配置中，1.19 万所中等职业学校中的"龙子""长子""幼子"获得更多的倾斜。于是，"在优先发展思想指导下一批优质职业学校获得了更多的政府建设项目及其经费支持，以江苏省为例，部分中等职业学校在获得国家改革发展示范校项目经费支持的同时，又再次获得省高水平现代化中职校的经费支持，而更多的中等职业学校则几无所得。这实际上反映了政府在建设项目及其经费支持中存在均衡性问题"[③]。

政府公共资源对某些职业学校进行集中支持，其结果是实现优先发展还是实现优胜劣汰？如果是优先发展，那么应该通过优先发展带动共同发展，现在却只见富者愈富，穷者愈穷，差距拉大，罕见共同发展的措施与行动；如果是

① 金宝华.论教育管理的伦理基础[D].武汉：华中师范大学，2008：35.
② 中华人民共和国教育部.2014 年全国教育事业发展统计公报[EB/OL].（2015－07－30）[2020－10－23].http://www.moe.gov.cn/jyb_xwfb/gzdt_gzdt/s5987/201507/t20150730_196698.html.
③ 刘炜杰.问题与对策：学校视角下的职业教育政府建设项目[J].职教论坛，2015(15)：38－41.

优胜劣汰,那么,政府在职业学校的优胜劣汰中所扮演的角色是否恰当? 或者,这些通过项目投入的不均衡所实现优先发展的职业学校是否具备了真正意义上的核心竞争力? 通过公共资源的集中支持堆砌出来的某些示范校,或许已经能够"率先发展",或许能够给教育行政机构的政绩抹上一笔鲜艳的亮色,但是绝不足以成为"示范发展"。教育行政资源配置中的逐级计划,缺乏调研、分析的方式。除了形成毫无价值的"凡有的,还要加给他,叫他多余"的马太效应外,实际上背离了党的十八届三中全会提出的"使市场在资源配置中起决定性作用和更好发挥政府作用"[①]的基本原则。

从学校管理资源利用来看,存在两种极端的情形:一是某些学校专业生均设备值逾 50 000 元,或建豪华广场,或重建气派门面;二是某些"在黑板上开机器"的中等职业学校将省政府支持的项目经费中的大部分用于与课程并无直接关联的科普馆、展览馆等建设,或将新购的设备设施长时间地置于室外沐风淋雨。何以如此? 一方面,是教育行政资源配置中的单向度、计划性的进一步延续;另一方面,源于学校管理中的资源利用缺乏有效规划。显然,这样的资源配置及其利用,必然让本应出现的放大作用成为泡影。

4. 组织目标:极不平衡下的整齐划一

按照马克思的论述,乐队演奏出美妙的乐章是其乐队活动的目的,要实现这一目的则需要通过乐队指挥的管理,形成各位乐手统一的行动,因此目的(或者目标)是管理的逻辑起点。那么,中等职业学校的办学目的是什么? 从职业教育的特殊性来看,其办学目的是服务经济发展以及人的就业谋生;从教育的普遍性来看,其办学目的更侧重于服务人的全面发展。

尽管二者并不矛盾,可以相辅相成,但是,"如果人们不去注意事物发展过程中的阶段性,人们就不能适当地处理事物的矛盾"。在古代或近代,经济社会发展极为落后的环境下,人的生存问题没有得到解决,因此片面地强调职业教育对人的就业谋生的特殊性办学目的,符合当时的经济社会需求。在迈向工业化、推进城市化的进程中,需要培养数以千万计合格的一线劳动者,解决大量的"农二代"非农业化后的就业谋生,促进经济社会又好又快发展,因此片面地强调职业教育对服务经济发展以及人的就业谋生的特殊性办学目的,同

---

① 中共中央宣传部.习近平总书记系列重要讲话读本(2016 年版)[M].北京:学习出版社,人民出版社,2016:147.

样是这一阶段的经济社会需求。在以标准化、规模化、稳定性为特征的前工业化中，被固化的中等职业学校形成了单一的办学目的，即服务经济发展以及人的就业谋生。

其问题有：第一，当前我国的经济社会发展已经逐步从以标准化、规模化、稳定性为特征的前工业化进程跨入以全球化、网络化、智能化为特征的知识经济时代，现代产业结构调整的规模、速度、多样性和复杂性，以及在跨文化的交流、碰撞、冲突与融合中不断被刷新的人们的求职和生活观念，远非前工业化进程能够比拟，保持前工业化进程所形成的单一的办学目的的中等职业学校在经济社会的发展中不断落后；第二，我国幅员辽阔，经济社会发展极不平衡，不同区域的产业发展状况极不一样，人们的生活水平也大不相同。甚至有学者指出中国社会处于急剧变迁的背景下，中国的社会结构发生着严重的分化，乃至中国社会正处于"一个国家，四种世界"的社会现状。① 而当前我国中等职业学校却以这样一种单一的办学目的在应对，颇有以不变应万变之势。尽管我们在不断推进课程、教学改革，但是从这个意义上来说，我们仅仅是沿着既有的路径在不断地推进"量"的集聚，却从未有过路径上"质"的突破。如此观之，其危害自是不言而喻。

（二）单一化发展的危害：基于职业技术教育学的视角

尽管我们通过管理学的视角对中等职业学校单一化发展的具体危害进行了分析，但是，作为中等职业教育办学机构的中等职业学校，其单一化发展的危害需要从自身的视角作进一步的分析。因此，研究单一化发展的危害，需要选择职业技术教育的视角作进一步的认识。

1. 中等职业学校单一化发展影响中等职业教育基础性作用的实现

国家要求中等职业教育发挥基础性作用。《国务院关于加快发展现代职业教育的决定》要求"推进中等和高等职业教育紧密衔接，发挥中等职业教育在发展现代职业教育中的基础性作用"②。《现代职业教育体系建设规划（2014—2020 年）》指出"中等职业教育在现代职业教育体系中具有基础作用，

① 万恒.社会分层视野中职业教育价值的再审视［D］.上海：华东师范大学，2009：1.
② 中华人民共和国中央人民政府.国务院关于加快发展现代职业教育的决定［EB/OL］.（2014－05－02）［2020－10－20］.http://www.gov.cn/zhengce/content/2014-06/22/content_8901.htm.

现代职业教育研究丛书

从单一走向多元：我国中等职业学校教育改革的方向与路径

为初高中毕业生开展基础性的知识、技术和技能教育,培养技能人才"①。

那么,何为中等职业教育的基础性作用呢? 第一,中等职业教育成为公共服务体系的重要组成部分,是普及高中阶段教育的重点。从图1-1教育体系基本框架示意图可知,中等职业教育下接初中教育和初等职业教育,横向上与普通高中教育平列。《现代职业教育体系建设规划(2014—2020年)》进一步指出,"中等职业教育是职业教育发展的重点""将普及高中阶段教育重点放在中等职业教育"②。第二,中等职业教育为学生持续发展奠定基础。《现代职业教育体系建设规划(2014—2020年)》同时指出,"拓宽高等职业学校招收中等职业学校毕业生、应用技术类型高等学校招收职业院校毕业生通道,打开职业院校学生的成长空间"③。第三,中等职业教育为产业发展培养技能人才。"为初高中毕业生开展基础性的知识、技术和技能教育,培养技能人才"④,同时开展实用技术技能培训,使学习者获得基本的工作和生活技能。

尽管当前我国中等职业教育已经初步建构起多种发展路径:一是就业路径,即为产业直接培养人才;二是进一步的职业教育路径,即为高等职业学校、应用技术类型高等学校培养生源;三是普通本科教育路径。但是,理想很丰满,现实很骨感。当前我国中等职业学校单一化发展,其中包括专业课程体系的单一化,即其建立于统一的标准化的专业目录、指导性人才培养方案及课程标准之上,其本质是单一化的就业路径,这势必影响中等职业学校为高等职业学校、应用技术类型高等学校培养的生源质量,而所谓普通本科教育路径的问题则更为突出。笔者参与江苏省现代职教体系试点项目调研发现,学生对于本科院校的某些基础学科存在学习力不足的问题。由此可知,中等职业学校单一化发展必然对中等职业教育基础性地位和作用的实现产生严重的阻碍。

2. 中等职业学校单一化发展影响中等职业教育人才培养规格的转型

当前经济社会的飞速发展,尤其是智能化时代的到来,使职业分工发生了根本性的变化,要求职业教育包括中等职业教育的人才培养规格进行转型,但是中等职业学校单一化发展制约着其转型的实现。

① 中华人民共和国教育部.教育部等六部门关于印发《现代职业教育体系建设规划(2014—2020年)》的通知[EB/OL].(2014-06-16)[2020-10-21].http://www.moe.gov.cn/srcsite/A03/moe_1892/moe_630/201406/t20140623_170737.html.

②③④ 同①。

根据生产、工作活动的过程和目标可以大致将社会人才分为以下四类:一是发现和研究客观规律的学术型人才;二是能将客观规律转换成物质形态,通过设计、规划或决策直接创造社会效益的工程型人才;三是通过智力技能将物质形态的设计、规划或决策进一步物质化的技术型人才;四是通过操作技能将物质形态的设计、规划或决策进一步物质化的技能型人才。如图 2-11 所示。图中,确定与不确定是指某项职业任务的重复程度。[①] 最为注重理论的学术型人才的工作任务具有更强的不确定性,而最为注重技能的技能型人才的工作任务具有更强的确定性。一般认为,学术型人才是学术型大学的培养目标,工程型人才是工程型大学的培养目标,技术型人才是高等职业学校和应用技术类型高等学校的培养目标,而中等职业学校培养的是技能型人才。

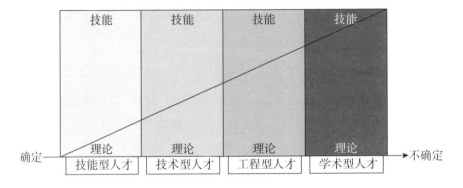

图 2-11　职业带理论示意图

但是,随着以全球化、网络化和智能化为特征的知识经济时代的到来,必然带来职业教育人才培养规格的根本转型,其中也包含中等职业教育人才培养规格的转型。以智能化发展为例,智能化生产的突破性发展体现在:它应用物联网技术将资源、信息、物体以及人员紧密联系在一起,构建一个庞大的信息物理系统,并用智能控制生产过程;它同时运用大数据手段灵活配置生产资源,实现个性化定制生产,进行差异化管理,以替代传统的固定式流水线生产。这种生产系统给技术技能人才工作模式带来以下五方面的根本性影响:一是工作过程去分工化;二是人才结构去分层化;三是技能操作高端化;四是工作方式研究化;五是服务与生产一体化。[②] 有研究者认为,智能化时代下的职业

---

① 徐国庆.职业教育原理[M].上海:上海教育出版社,2007:39.
② 徐国庆.智能化时代职业教育人才培养模式的根本转型[J].教育研究,2016(3):72-78.

不再如以往一般泾渭分明,将出现操作性职业与专业性职业交叉融合,操作性职业之间的交叉融合,各类职业之间的边界变得模糊。[①]

这些变化的影响是,单一化的技能型人才的需求空间不断消减,多元化的复合型、创新性技能技术人才的需求空间不断扩展。这必然要求中等职业学校进行人才培养规格的转型,不能停留于培养单一化的技能型人才,而是要根据智能化时代的需求进行人才培养规格的转型,尤其要积极主动地融入现代职业教育体系,为多元化的复合型、创新性技能技术人才的培养提供基础性支持。显然,当前我国中等职业学校的单一化发展制约着其人才培养规格的转型。

3. 中等职业学校单一化发展影响其培养目标的实现

随着技术的发展和产业的转型升级,中国制造正在成为"中国智造",更多的中国企业正在成为高新技术企业。这不仅要求中等职业教育的人才培养规格进行转型,同时要求其培养目标的内涵提档升级。

《教育部关于进一步深化中等职业教育教学改革的若干意见》指出,"中等职业教育教学思想观念、人才培养模式、教学内容和方法、德育工作的针对性、实效性等方面还不能很好地适应经济社会发展对高素质劳动者和技能型人才培养的要求"[②]。这表明经济社会发展对中等职业教育培养目标的要求,即培养"适应经济社会发展的高素质劳动者和技能型人才"。首先,强调适应经济社会发展;其次,强调高素质;最后,强调技能。尽管这一目标要求实际上具有单一性,单一地强调中等职业学校的特殊性办学目的,但是当前我国中等职业学校的单一化发展仍然限制了这一培养目标的实现。

首先,单一化发展的中等职业学校及其培养目标难以适应经济社会发展。因为在前工业化进程中形成的中等职业学校的培养目标为"在生产、服务一线工作的高素质劳动者和技能型人才"[③],而前工业化进程中的生产、服务一线工

① 徐国庆,伏梦瑶."1+X"是智能化时代职业教育人才培养模式的重要创新[J].教育发展研究,2019(7):21-26.

② 中华人民共和国教育部.教育部关于进一步深化中等职业教育教学改革的若干意见[EB/OL].(2008-12-13)[2020-10-21].http://old.moe.gov.cn/publicfiles/business/htmlfiles/moe/moe_955/201001/xxgk_79148.html.

③ 中华人民共和国教育部.教育部关于制定中等职业学校教学计划的原则意见[EB/OL].(2009-09-16)[2020-10-21].http://old.moe.gov.cn/publicfiles/business/htmlfiles/moe/moe_2643/200902/44508.html.

作具有标准化、规模化、稳定性的特征,这与当前正在转型中的迅猛发展、结构多元的经济社会显然相距甚远。其次,高素质的含义包括三方面的内容:一是职业思想素质,如职业道德、职业情感及职业综合心理素质;二是职业认知水平,如职业的综合文化素养、职业的通识知识水平、特定职业的核心理论;三是职业实践能力,如一般的职业应用能力、与具体职业相关的专门技能、实践中的技术研发和创新能力等。[①] 职业思想素质,需要在职业情境中体会和领悟,即使是职业认知水平、职业实践能力,也只有在职业情境中才能真正形成。现有的单一化发展的中等职业学校教育,正如徐国庆指出,"培养方式过于依靠学校职业教育模式……学校职业教育只能教给学生普通的技术知识,这种技术知识对于维持处于粗放型阶段的企业的运行是可行的,但对定位于高技术的企业来说就远远不够了,对于智能化生产的企业来说就更显无力"[②]。因此,单一化发展的中等职业学校显然难以实现其培养目标的"高素质"。

二、基于实践层面

中等职业学校的办学实践不仅是服务经济社会的发展,同样应当是服务学生的发展,并通过服务二者的发展实现自身的发展。因此,本书选择学生发展、经济社会发展和中等职业学校发展三个视角来解析中等职业学校单一化发展在实践层面所产生的危害。

(一) 单一化发展的危害:基于学生发展的视角

从实践层面来看,学生发展应该包括两层含义:一是基于个人需求的自由个性发展,本书称之为学生个性化发展;二是基于个人潜质和社会需求的可持续发展,本书称之为学生可持续发展。本书将从学生个性化发展和可持续发展两个维度来解析单一化发展所产生的危害。

1. 中等职业学校单一化发展对学生个性化发展的影响

"作为人的自由自觉的活动(创造能力)、社会关系和个性之形成、存在、发展之根据的,说到底,是人的需要,人的需要是什么样的,人的活动(能力)、社会关系和个性就是什么样的。"[③]也就是说,人的个性源于人的需要,不同的

① 邱开金.高素质劳动者和高技能专门人才的诠释[J].职教论坛,2006(9):21-22.
② 徐国庆.智能化时代职业教育人才培养模式的根本转型[J].教育研究,2016(3):72-78.
③ 韩庆祥,亢安毅.马克思开辟的道路——人的全面发展研究[M].北京:人民出版社,2005:106.

需要形成了不同的个性。因此,研究学生的个性化发展必须要分析学生需求的特点。

学生的需求具有差异性,其原因有以下两点。首先从主观上看,作为高中阶段教育和职业教育的双重主体,中等职业学校在党和政府的高度重视下得到了稳定持续的发展,已经形成规模庞大的学生群体。以 2014 年为例,中等职业学校在校生 1755.28 万人,占高中阶段教育在校生总数的 42.09%。[①] 如此庞大的群体中,个体需求的差异性必然非常突出。其次从客观上看,我国"一是高度浓缩了西方 200 多年的工业化进程,工业革命、新技术革命与后工业化革命同步进行,二是工业化与信息化同步进行"[②]的"双重社会转型"[③]拉大了贫富差距,扩大了工农差别、城乡差别以及地区差别。不仅不同区域的经济社会发展极不平衡,即使同一区域内的家庭同样存在巨大的差异性。经济上如此巨大的差异性必然导致个体需求的千差万别。

学生的需求具有多样性,其主要需求有以下四点:一是对经济社会发展较为落后地区的绝大部分学生以及经济社会发展较为发达地区中家庭经济落后的部分学生而言,就业、谋生依然是其首要需要;二是对经济社会发展较为发达地区的绝大部分学生以及经济社会发展较为落后地区中家庭经济良好的部分学生而言,生活水平处于较为宽裕的状态,未来的发展空间日益扩大,就业、谋生将不再是他们的首要需要,部分学生及其家长期望通过中等职业学校获得高等教育的资格,中等职业学校成为他们成长的阶梯;三是部分家庭经济较为富裕的学生及其家长期望通过中等职业学校进一步完善自我,促进成长,能够以更成熟的心智进入社会;四是除此之外,还有个体志趣发展的需要,以江苏省陶都中等专业学校开设的工艺美术专业(紫砂陶艺方向)为例,有不少对此感兴趣的学习者从外地赶来,不少学习者已经成年,甚至已经经历过高等教育,因为志趣要求进入工艺美术专业学习紫砂陶艺。

尽管学生的需求具有差异性和多样性,但是单一化发展的中等职业学校,将 1755.28 万具有不同需求且不断发展的学生个体组成的庞大学生群体,送至

---

① 中华人民共和国教育部.2014 年全国教育事业发展统计公报[EB/OL].(2015－07－30)[2020－10－23].http://www.moe.gov.cn/jyb_xwfb/gzdt_gzdt/s5987/201507/t20150730_196698.html.

② 刘玉照,张敦福,李友梅.社会转型与结构变迁[M].上海:上海人民出版社,2007:7.

③ 万恒.社会分层视野中职业教育价值的再审视[D].上海:华东师范大学,2009:1.

以"生产、服务、技术和管理第一线工作的高素质劳动者和中初级专门人才"①为培养目标的同一条"流水线"上,通过标准化的以技能为中心的课程体系和封闭于课堂教学程式化的教学组织的"加工生产",形成同一规格的标准化"零件"。在这样一种标准化的"流水线""加工生产"中,学生的需求被忽视了,自由被禁锢了,个人的个性被消减甚至泯灭了,所谓基于个人需求的个性化发展最终只能成为一曲"空城计"。如图 2 – 12 所示。

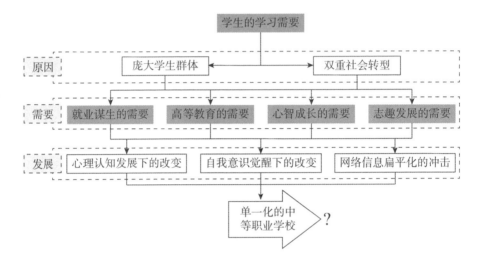

图 2 – 12 中等职业学校单一化发展遏制了学生的个性发展示意图

2. 中等职业学校单一化发展对学生可持续发展的影响

对学生而言,可持续发展应该包括三层含义:一是基于个体潜质的可持续发展,即学生的个体潜质是其可持续发展的物质基础;二是基于社会情境的可持续发展,即社会情境是其可持续发展的客观条件;三是基于个体意愿的可持续发展,即学生的个体意愿是其可持续发展的不竭动力。个体潜质首先源于生物基因遗传。基于生物基因遗传的个体潜质是学生可持续发展的物质基础。

尽管个体潜质在物质上来自基因的遗传,但是即使是同一父母所生、有着同一基因来源的兄弟姐妹同样表现出个体潜质的差异性。那么在 1755.28 万中等职业学校的学生中,其个体潜质的差异性将尤为突出。根据加德纳的多

---

① 中华人民共和国教育部.关于全面推进素质教育、深化中等职业教育教学改革的意见[EB/OL].(2000 – 03 – 21)[2020 – 10 – 21].http://old.moe.gov.cn/publicfiles/business/htmlfiles/moe/moe_405/200412/4725.html.

元智能理论,个体潜质如果用多元智能进行表现的话,有语言表达方面的智能,有数理及逻辑方面的智能,还有视觉空间智能、音乐韵律智能、肢体运动智能、自我认识智能、人际沟通智能及自然观察智能等,这些智能的不同组合及表现构成了每个人的智能结构。那么,1755.28万中等职业学校的学生将有千差万别的智能组合和无一相同的智能结构,甚至"大多数人在某一方面或某几方面的智能可能会高于平均水平"①。个体潜质并不限于智能,也就是说,1755.28万中等职业学校学生的潜质将无一相同,而且存在不同的学生在某些方面的潜质将高于平均水平的可能。但是,单一化发展的中等职业学校同样无视这些千差万别的潜质,以相同的以技能为中心的"流水线"进行"加工生产",由此造成学生的其他智能得不到有效开发和肯定,造成了巨大的智力资源浪费。

学生可持续发展受到社会情境的影响。一是源于生物基因遗传的个体潜质将在社会环境的影响下持续发展。尽管生物基因遗传为个体潜质奠定了物质基础,但是"发展不仅仅是生理驱动的拓展过程,也是从经验中获得基本信息的主动过程"②。也就是说,学生的潜质并不是固定不变的,可能受到学习等外在因素的影响,通过不同情境的学习具有不同的发展可能。由此可知,知识基础暂时相对薄弱的中等职业学校学生其实同样存在难以预测、估量的发展可能。二是社会情境的发展对个体的可持续发展提出了更高的要求。当前,我国经济社会的"双重社会转型"③必将对人的可持续发展产生深刻的影响。一方面,职业岗位不断地分化与综合,甚至消失,犹如万花筒一般,让人目不暇接;另一方面,即使是相对固定的职业岗位,也可能因为技术发展的加速,让人无所适从。但是,单一化发展的中等职业学校无视社会情境的深刻变迁,将学生可持续发展的可能扼杀在课堂教学这一脱离社会情境的封闭时空和这一单向度的、程式化的教学组织之中。

学生的意愿是其可持续发展的不竭动力。吴冠中先生在其自传《我负丹青——吴冠中自传》中这样描述其"误入艺途"的经历:

---

① 沈鸣.基于多元智能理论的校本课程开发——以高中生物学校本课程开发为例[J].教育评论,2014(10):121-123.

② 约翰·D.布兰思福特,等.人是如何学习的:大脑、心理、经验及学校(扩展版)[M].程可拉,孙亚玲,王旭卿,译.上海:华东师范大学出版社,2013:111.

③ 万恒.社会分层视野中职业教育价值的再审视[D].上海:华东师范大学,2009:1.

浙大高级工业职业学校读完一年,全国大学和高中一年级生须利用暑假集中军训三个月。我和国立杭州艺专预科的朱德群被编在同一个连队同一个班,从此朝朝暮暮生活在杭州南星桥军营里,年轻人无话不谈。一个星期天,他带我参观他们艺专。我看到了前所未见的图画和雕塑,强烈遭到异样世界的冲击,也许就像婴儿睁眼初见的光景。我开始面对美,美有如此魅力,她轻易就击中了一颗年轻的心,她捕获许多童贞的俘虏,心甘情愿为她奴役的俘虏。十七岁的我拜倒在她的脚下,一头扑向这神异的美之宇宙,完全忘记自己是一个农家穷孩子,为了日后谋生好不容易考进了浙大高工的电机科。[①]

尽管对出身于农家的吴冠中而言,就业谋生为其首要需求,但是他却因为个人的意愿而转向在当时“没有出路”的美术。一个人满意于职业,就会醉心于工作,职业就会成为他发展的轴心,亦成为他生活美满幸福的源泉。[②] 也就是说,如果一个人的意愿与自己的职业相一致,人就能够在职业中满足自我实现的需要,就能够在职业中体验到精神上的享受与满足,产生幸福感,才能促进人的可持续发展。因此,尽管面临抗战爆发、学校内迁等诸多困难,但正是因为强烈的个人意愿激励着吴冠中在艺途中不断探索、前行,所以他才创作出一幅又一幅传世佳作。个人的意愿有诸多的表现,如志向、兴趣、动机等,或许未必每个人都有吴冠中这般强烈的个人意愿,但是每一个人都会有自己与众不同的意愿,而且其意愿具有发展性,或更强烈,或不断消减,甚至变迁。

但是,单一化发展的中等职业学校通过标准化的人才培养方案,建构起固定“入口”和同一“出口”之间的单一“路径”,将 1755.28 万具有与众不同且在不断发展的个人意愿的中等职业学校学生个体培养成为相同的“生产、服务、技术和管理第一线工作的高素质劳动者和中初级专门人才”。或许存在个人意愿与发展路径的偶合,但是绝非单一化发展的中等职业学校能够主动实现的。那么,学生的可持续发展必然不是单一化发展的中等职业学校所能够激发和支持的。

(二) 单一化发展的危害:基于经济社会发展的视角

从实践层面来看,经济社会发展应该包括以下三层含义:一是从宏观层面而言,是指我国经济社会的转型及其产生的社会结构的变迁;二是从中观层面

---

① 吴冠中.我负丹青——吴冠中自传[M].北京:人民文学出版社,2004:3-4.

② 褚洪启.杜威教育思想引论[M].长沙:湖南教育出版社,1998:70.

而言,是指在宏观经济社会发展下区域经济社会的发展,其中存在着区域差异性;三是从微观层面而言,是指区域经济社会发展下产业、企业的发展,以及相近职业岗位的差异性和技术发展下职业岗位的变迁。中等职业学校单一化发展与当前我国经济社会发展不相适应。

1. 中等职业学校单一化发展与我国宏观经济社会转型相悖逆

当前,我国正处于经济社会的转型期,其特征是:一是转型艰难程度巨大,其中包括计划经济向市场经济的转型和农业社会向工业社会、后工业社会、信息化社会的"双重社会转型"①;二是转型时间极其短暂,"高度浓缩了西方200多年的工业化进程,工业革命、新技术革命与后工业化革命同步进行"②。这一转型带来了我国经济社会的深刻变化,尤其在经济运行和社会结构两方面。

从计划经济向市场经济的转型,其核心是资源配置方式的转变,就是从以习俗、习惯或行政命令为主来配置资源转变为通过市场竞争法则及相关法律保障资源的配置。由于习俗、习惯的变化,我国计划经济向市场经济的转型历经了三个阶段。第一阶段是以计划经济为主体、辅以市场经济的阶段,以1982年至1992年为期。其标志主要有1982年党的十二大提出了"计划经济为主、市场调节为辅"③的原则,1984年《中共中央关于经济体制改革的决定》指出社会主义计划经济"是在公有制基础上的有计划的商品经济"④,1987年党的十三大提出"社会主义有计划商品经济的体制,应该是计划与市场内在统一的体制"⑤。第二阶段是计划经济与市场经济共进的阶段,以1992年至2013年为期。其标志主要有党的十四大、十五大、十六大、十七大、十八大分别提出了"建立社会主义市场经济体制""使市场在国家宏观调控下对资源配置起基础性作用""在更大程度上发挥市场在资源配置中的基础性作用""从制度上更好发挥市场在资源配置中的基础性作用""更大程度更广范围发挥市场在资源

① 万恒.社会分层视野中职业教育价值的再审视[D].上海:华东师范大学,2009:1.
② 刘玉照,张敦福,李友梅.社会转型与结构变迁[M].上海:上海人民出版社,2007:7.
③ 中国共产党历次全国代表大会数据库.胡耀邦在中国共产党第十二次全国代表大会上的报告[EB/OL].(1982-09-08)[2020-10-28].http://cpc.people.com.cn/GB/64162/64168/64565/65448/4526430.html.
④ 中华人民共和国中央人民政府.中共中央关于经济体制改革的决定[EB/OL].(1984-10-20)[2020-10-28].http://www.gov.cn/test/2008-06/26/content_1028140.htm.
⑤ 中国共产党历次全国代表大会数据库.赵紫阳在中国共产党第十三次全国代表大会上的报告[EB/OL].(1982-09-08)[2020-10-28].http://cpc.people.com.cn/GB/64162/64168/64566/65447/4526368.html.

配置中的基础性作用"。第三阶段是市场经济阶段,从 2013 年起,其标志为中共中央十八届三中全会把市场在资源配置中的"基础性作用"修改为"决定性作用"。

从农业社会向工业社会、后工业社会、信息化社会的转型,其核心是生产方式的转变,包括两个阶段。一是以农耕为主的生产方式转变为以机械化工业生产为主的生产方式的前工业化进程。工业化带动了城市化,"2002 年至2011 年,我国城镇化率以平均每年 1.35 个百分点的速度发展,城镇人口平均每年增长 2096 万人。2011 年,城镇人口比重达到 51.27%,我国城镇化率首次突破了 50%,比 2002 年上升了 12.18 个百分点,城镇人口为 69 079 万人,比2002 年增加了 18 867 万人;乡村人口 65 656 万人,减少了 12 585 万人",促进了以农耕为主的生产方式向以机械化工业生产为主的生产方式的转变。二是以机械化工业生产为主的生产方式转变为以智能化工业生产为主的生产方式的后工业化进程。智能化生产就是通过物联网技术将资源、信息、物体以及人员构建成一个庞大的信息物理系统,实现智能控制生产过程。我国经济社会发展极不平衡的表现为:发展相对滞后的地区正处于第一阶段,发展较为领先的地区正向第二阶段迈进。也就是说,这两个阶段在当前我国同时存在。

从时间上对照,我国前工业化进程基本上是以计划经济为主到计划经济与市场经济并存的阶段,而我国后工业化进程基本上是以市场经济起决定性作用的阶段。农耕生产、机械化工业生产与指令性计划的结合,保证了生产的稳定性,推进了生产的规模化,促进了生产的标准化,这种固定的生产方式建构起以"课堂教学"为时空的程式化的教学组织,以技能为中心的标准化的课程体系,以大规模培养"第一线工作的高素质劳动者和中初级专门人才"为办学定位的单一化发展的中等职业学校。而这样的中等职业学校在应对智能化生产与市场经济结合所要求的"运用大数据手段灵活配置生产资源""个性化定制生产""差异化管理"①时显然是力所不逮。

由于我国经济社会不断地向工业化、市场化迈进,新的生产方式和新的资源配置方式建构起新的劳动分工、权威等级、生产关系、制度分配等分化机制,推进了我国社会阶层结构发生结构性的改变,原来的"两个阶级一个阶层"

① 徐国庆.智能化时代职业教育人才培养模式的根本转型[J].教育研究,2016(3):72-78.

（工人阶级、农民阶级、知识分子阶层）的社会结构发生了显著分化，一些新的社会阶层逐步形成，各个阶层之间社会、经济、生活方式及利益认同的差异日益明晰化。[①] 如图 2-13[②] 所示。

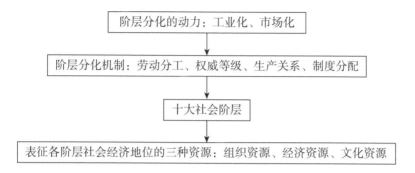

图 2-13　社会分层动力机制示意图

如果以职业分类为基础，辅以组织资源、经济资源和文化资源的占有状况来划分新的社会阶层，那么可以形成十大社会阶层及其社会地位等级，即"国家与社会管理阶层、经理阶层、私营企业主阶层、专业技术人员阶层、办事人员阶层、个体工商户阶层、商业服务人员阶层、产业工人阶层、农业劳动者阶层和城市无业、失业和半失业阶层"[③]，其中国家与社会管理阶层、经理阶层、私营企业主阶层属于"社会上层"，专业技术人员阶层、办事人员阶层、个体工商户阶层属于"社会中上层"，商业服务人员阶层、产业工人阶层属于"社会中中层"，农业劳动者阶层属于"社会中下层"，城市无业、失业和半失业阶层属于"社会底层"。

当然，这十大阶层及其社会地位等级的划分主要针对的是我国的前工业化进程。随着知识经济时代的到来，阶层及其社会地位等级的划分呈现出新的变化。一是既有阶层及其社会地位在转变，又有新的阶层及其社会地位在建立。职业不断地分化与综合，职业岗位的要求日益发生改变；与此同时，组织资源、经济资源和文化资源的占有状况随着生产方式和资源配置方式的改变而发生变化。以"社会中中层"的商业服务人员阶层、产业工人阶层为例，他们被要求向专业技术人员阶层转变。二是阶层之间、社会地位之间的既有壁

① 万恒.社会分层视野中职业教育价值的再审视[D].上海：华东师范大学，2009：41.
② 陆学艺.当代中国社会流动[M].北京：社会科学文献出版社，2004：4.
③ 万恒.社会分层视野中职业教育价值的再审视[D].上海：华东师范大学，2009：42.

垒不断地被消解,新的壁垒正在建立。知识经济时代下,生产方式和资源配置方式的全球化、网络化和智能化在消减阶层之间、社会地位之间的既有壁垒,但是以能力为核心的新的壁垒正在建立,如专业技术人员阶层与经理阶层之间的壁垒正在打通,而商业服务人员阶层、产业工人阶层与专业技术人员阶层之间的以能力为核心的壁垒正在建立。三是阶层之间、社会地位之间的某些既有差距在不断地被消解,而新的差距正在产生甚至拉大。

社会阶层之间合理的社会流动,有助于人的积极性、创造性和开拓进取精神的激发,有助于加强社会整合和缓解社会冲突,有助于促进社会良性运行和协调发展,有助于推动社会生产力的发展和社会结构的优化。以第一线工作的高素质劳动者和中初级专门人才为培养目标的单一化发展的中等职业学校,能够改变在前工业化进程中处于"社会底层"的城乡无业、失业或半失业者的失业状况,使其向着"社会中下层"的农业劳动者和"社会中中层"的产业工人、商业服务人员等流动。但是随着知识经济时代的到来,既有阶层及其社会地位的转变,又有新的阶层及其社会地位的建立,阶层之间、社会地位之间的既有壁垒在不断地被消解,新的壁垒正在建立等,单一化发展的中等职业学校促进社会流动的功能不断地弱化。面对知识经济时代的新要求,当前以第一线工作的高素质劳动者和中初级专门人才为培养目标的单一化发展的中等职业学校只能望洋兴叹。

2. 中等职业学校单一化发展与我国区域经济社会发展相悖逆

我国幅员辽阔,不同区域由于经济发展基础和生产要素分布不同,其经济增长率往往不同,从而呈现出经济发展的不平衡性。[①] 因此,在实现社会经济协调发展的过程中,各区域所采用的策略各不相同,呈现出明显的区域性特点。[②] 近年来,随着市场化的推进和生产方式的转变,区域经济社会的不平衡性及其区域性特点更为凸显。

从全国范围内来看,区域经济社会的不平衡性及其区域性特点主要表现有以下几点。一是在全国范围内形成了不同的区域经济板块,如"东部率先发展、西部大开发、中部崛起、东北振兴四大板块区域经济战略,大珠三角经济圈、海峡经济圈、大长三角经济圈、泛渤海经济圈、中部经济圈、西北经济圈、东

① 胡鞍钢,王绍光,康晓光.中国地区差距报告[M].沈阳:辽宁人民出版社,1995:40.
② 何应林.高职院校技能人才有效培养研究[D].南京:南京师范大学,2014:58.

北经济圈、西南经济圈"八大经济圈。二是不同区域经济板块的发展状况不一,如已经率先发展的东部、正在崛起的中部、亟待振兴的东北和开发之中的西部与相应的经济圈之间存在经济社会发展的明显差异。三是不同区域经济板块的差异性将在未来的发展中进一步扩大。以发展处于前列的长江三角洲地区、珠江三角洲地区、泛渤海地区为例,一方面,它们的发展定位存在差异性,如长江三角洲地区以我国及亚太地区最具活力的经济增长极和最有实力参与世界经济竞争的中心区域为目标,珠江三角洲地区以世界先进制造业和现代服务业基地、全国重要的经济中心为目标,泛渤海地区以我国经济增长和转型升级新引擎为目标;另一方面,规划上产业重点存在差异性,如长江三角洲地区将电子信息产业列在首位,珠江三角洲地区将核电设备、风电设备、输变电重大装备、数控机床及系统、海洋工程设备作为突破的关键领域,泛渤海地区将汽车、船舶、数控机床、轨道交通、煤炭机械、重型成套设备排在前列。

区域经济社会的不平衡性及其区域性特点不仅表现在全国范围内,在同一区域范围内也存在明显的差异性:一是在同一区域范围内同样存在不同的子区域经济板块,以江苏省为例,形成了苏南、苏中和苏北三个板块及其具体的市级行政区经济区域;二是同一区域范围内不同子区域经济板块的发展状况不一,以江苏省为例,苏南处于明显的领先优势,苏中正在积极地追赶,而苏北处于相对的滞后状态;三是同一区域范围内不同子区域经济板块的差异性将在未来的发展中进一步扩大。有相当多的学者对长江三角洲地区的发展进行"问诊把脉",如有学者指出其"在发展规划及主导产业、支柱行业设置上有趋同现象"[①],有学者提出"需要充分发挥市场作用,支持和引导区域产业转移,鼓励和推动优势产业扩张,促进区域产业结构调整和产业布局的优化""伴随着大量的重复建设和过度竞争,产业结构失衡是它们长期以来的典型特征,也是迄今为止最难以解决的问题"[②]。后续的一体化建设必然需要改变这一问题,必然需要推进子区域的整体联动,实现差异化发展。

尽管不同区域及其子区域的经济社会发展表现出极其明显的不平衡性及其区域性特点,但是当前我国单一化发展的中等职业学校却在相同的标准体

① 李方.长三角经济一体化与金融资源配置优化[J].社会科学,2006(8):48-51.
② 邹卫星,周立群.区域经济一体化进程剖析:长三角、珠三角与环渤海[J].改革,2010(10):86-93.

系要求下,以不变的第一线工作的高素质劳动者和中初级专门人才的培养目标应对不同区域及其子区域的经济社会发展的万变,其培养目标的规格在满足东部率先发展的同时,是否能够适合中部崛起? 在适合东北振兴的同时,是否能够满足西部大开发? 而且,在省一级层面具有职业教育行政职能的行政机构的管理下形成的更为细化的标准体系,如制定指导性人才培养方案,推行职业学校学生的学业水平考试以及技能抽测等,将中等职业学校所培养的第一线工作的高素质劳动者和中初级专门人才规格推向标准化、同一化。这样规格标准化、同一化的培养目标在满足处于明显领先优势的子区域 A 的同时,是否适合正在积极追赶的子区域 B 以及处于相对滞后状态的子区域 C? 以不变应万变的单一化发展的中等职业学校,显然只能是顾此失彼,穷于应付。

3. 中等职业学校单一化发展与产业、企业的发展相悖逆

《中等职业教育改革创新行动计划(2010—2012 年)》提出,全面推动中等职业教育随着经济增长方式转变"动",跟着产业结构调整升级"走",围绕企业人才需要"转",适应社会和市场需求"变";着力推进教育与产业、学校与企业、专业设置与职业岗位、课程教材与职业标准、教学过程与生产过程的深度对接,不断增强中等职业教育服务经济社会发展的针对性和实效性。[①] 因此,要研究中等职业教育单一化发展的危害,还是要从更为具体化的产业、企业的维度进行研究。

从产业的角度而言,不仅在不同经济区域、不同省份之间存在显著的区域差异性,即使在同一省份的不同地区之间也存在非常明显的区域差异性。区域产业的差异性主要表现为以下三方面。一是产业结构存在一定的差异性。由于不同区域的产业基础和生产要素分布不同,其产业结构存在趋同性的同时,也存在一定的差异性。以江苏省为例,南通市以建筑业闻名,"2015 年南通市建筑业总产值达到 6100 亿元,继续保持全省第一"[②]。而邻近的盐城市的汽车制造业较为突出,以 2014 年为例,其汽车产业实现开票 1122 亿元,约占

---

① 中华人民共和国教育部.教育部关于印发《中等职业教育改革创新行动计划(2010—2012 年)》的通知[EB/OL].(2010-11-27)[2020-10-21].http://www.moe.gov.cn/srcsite/A07/s7055/201011/t20101127_171574.html.

② 刘树青,沈卫星,陈敏.南通市建筑产业现代化发展对策研究[J].建筑,2016(9):33-35.

全市工业实现开票销售总值的 27.98%。① 二是同一类型的产业发展方向存在差异性。例如江苏省南通市和浙江省绍兴市都以建筑业闻名,但是南通市的建筑业以房屋建筑、市政公用领域为主,而绍兴市的建筑业向公路、港口与航道等工程领域转变。三是同一产业方向的技术发展水平不同。例如在建筑业处于以传统的劳动密集型建筑为主的现状下,绍兴市的建筑业已经"开展新型建筑工业化试点""从劳动密集型向科技密集型转变""从高能耗、高消耗的传统施工向节能、环保的绿色施工转变"②。

从企业及其职业岗位要求的角度而言,其差异性体现在以下三方面。一是同一产业的企业特征不一。例如温州以小型、微型民营企业为主,天津市内的企业大多是科研实力强大的外资企业或者国有大型企业,而深圳成为"连续17 年进出口额排名全国第一位"的城市,其制造业中"90% 以上的企业是外向型的""企业标准都是和国际接轨的"③。二是同一产业中不同特征的企业对职业岗位的需求不一。小型、微型企业实现的是小批量生产或单件生产,难以进行生产组织的分工,要求技术技能兼备的多面手,能够应对不同工艺的生产要求,强调职业岗位的综合性;大型企业实现的是规模生产,必须进行生产组织的分工,要求专而精的技术技能人才,强调职业岗位的配合性;而创新型企业对职业岗位的要求更侧重于创新意识和创新能力。三是企业及其职业岗位要求的差异性随着发展方向的调整、新技术的应用而不断发生变化。

产业在不同经济区域、不同省份以及同一省份的不同地区之间均存在明显的差异性,这一差异性也会随着区域经济社会发展定位的不同以及技术发展的差异性而进一步扩大;同一产业的企业要求因为其特征不一而对职业岗位的要求存在差异性,这一差异性同样随着企业的发展、技术的更新而发生变化;尽管当前我国中等职业学校已经为此作出了积极探索,但这些探索是在基于利益相关者缺位或被动参与下建构的统一标准体系的框架下,如中等职业学校建设指标体系、专业建设及实训基地建设标准和指导性人才培养

① 盐城市统计局.2014 年盐城市经济社会发展情况分析[EB/OL].(2015 - 03 - 02)[2020 - 11 - 02]. http://tjj.yancheng.gov.cn/art/2015/3/2/art_1773_1585819.html.

② 毕保军,孔祥林.向江浙建筑之乡借鉴什么——淄博与南通、绍兴建筑业发展对比分析[J].施工企业管理,2014(9):72 - 74.

③ 黄达人,等.高职的前程[M].北京:商务印书馆,2012:313 - 314.

方案等,往往难以真正顾及区域之间产业结构、产业发展方向及其技术发展水平的差异性,必然形成与区域产业、企业及其职业岗位发展需求的错位。其主要表现为:一是方向的偏斜,即专业结构与区域产业结构不吻合;二是重心的偏距,即主干专业并非对接区域主导产业,或者专业方向偏离产业的发展方向;三是水平的脱节,即课程、资源等专业要素的水平与产业的技术发展水平脱节。单一化发展的中等职业学校如何能够实现"随着经济增长方式转变'动',跟着产业结构调整升级'走',围绕企业人才需要'转',适应社会和市场需求'变'"?

(三) 单一化发展的危害:基于中等职业学校发展的视角

中等职业学校在单一化发展的过程中,其办学目的不断地被简化,其办学机制不断地被桎梏,其办学模式不断地同质化。这使得中等职业学校群体的发展缺乏活力,其中某些后发型的个体必会不断地落伍,或被兼并,或被淘汰。

1. 中等职业学校单一化发展下办学目的的简化

中等职业学校的办学目的是什么? 作为办学机构,中等职业学校的功能是中等职业教育功能的具体化。中等职业教育的功能是"服务经济社会发展和服务人的全面发展"①。那么,"服务经济社会发展和服务人的全面发展"的具体表现是什么? 2002 年颁布的《国务院关于大力推进职业教育改革与发展的决定》指出,"职业学校要实行学历教育与职业培训相结合、全日制与部分时间制相结合、职前教育与职后教育相结合,努力办成面向社会的、开放的、多功能的教育和培训中心"②。如果联系起来,职业学校的功能则是要通过学历教育与职业培训实现服务经济社会发展和服务人的全面发展,职业学校要成为面向社会的、开放的、多功能的教育和培训中心。

在我国经济社会发展的今天,中等职业学校成为面向社会的、开放的、多功能的教育和培训中心具有独特的意义。2005 年颁布的《国务院关于大力发展职业教育的决定》要求"每个县(市、区)都要重点办好一所起骨干示范作用的职教中心(中等职业学校)"③。在此之后,每个县(市、区)逐步缩减中等职

---

① 葛道凯.中国职业教育二十年政策走向[J].课程·教材·教法,2015(12):3-31,81.

② 中华人民共和国中央人民政府.国务院关于大力推进职业教育改革与发展的决定[EB/OL].(2002-08-24)[2020-10-20].http://www.gov.cn/gongbao/content/2002/content_61755.htm.

③ 中华人民共和国中央人民政府.国务院关于大力发展职业教育的决定[EB/OL].(2005-10-28)[2020-10-20].http://www.gov.cn/zhengce/content/2008-03/28/content_5549.htm.

业学校的数量,相当多的县(市、区)以一所办学基础较好的中等职业学校为核心,将辖区内的中等职业学校归并建设,建立了一所具有相当规模和雄厚办学基础的职教中心。如江苏省苏中、苏北的许多县(市、区)集中力量建设一所中等职业学校,其学校房舍建设、设备投入并不亚于苏南各县(市、区)的中等职业学校。其代价是,几乎所有的职业学校、成人学校和培训机构都被缩减。在这种情形下,中等职业学校尤其需要利用良好的基础能力承担起区域内的学历教育与职业培训,实现办学服务功能的综合化。

即使,脱胎于普通中小学的中等职业学校在利益相关者的缺位下,其办学目的实际上窄化为学历教育功能,职业培训功能相对被忽视。在中等职业学校各项评估指标体系中,培养质量一般指向于学历教育,如《关于推进职业学校现代化专业群建设的通知》附件1《江苏省中等职业学校现代化专业群建设标准(三年制中职)》中培养质量的内涵是"毕业生95%以上取得本专业群相应的中级工以上职业资格证书……""开展校级技能大赛、创新创业大赛,本专业群学生参赛率100%……""毕业生就业质量高、起薪较高,就业满意度较高……""在校学生对专业的满意度90%以上……"[①],其主体均为在校学生,并没有对职业培训的质量提出具体要求。而其社会服务所要求的是"参与行业企业技术项目研发与服务,取得良好的经济效益和社会效益,实际到账资金20万元以上""利用专业群的设施、设备、师资等资源,承担本地区行业部门或职业学校技能大赛、职业资格鉴定,开展校企合作、校校合作,发挥示范和引领作用",无一指向职业培训。作为具有引领作用的评价体系尚且如此,那么,实然状态的中等职业学校又是如何呢?显然不容乐观。由此可知,中等职业学校办学目的的简化。

即使在学历教育功能上,中等职业学校依然存在两种不同的简化倾向。一是片面地强调对产业、企业的服务功能,将中等职业学校的学历教育等同于培训机构的职业技能培训。部分中等职业学校为了实现与职业岗位的零距离对接,片面地选择单一的、机械的操作技能作为课程的主要内容,并将学生送到某些仅需要重复简单操作的劳动密集型企业,甚至在与人才培养计划相悖的情形下将高一年级的学生送到企业做代工,美其名曰"工学交替""工学结

第二章 当前我国中等职业学校单一化发展的表征及危害

---

① 江苏省教育厅.关于推进职业学校现代化专业群建设的通知[EB/OL].(2015-12-28)[2020-11-02].http://jyt.jiangsu.gov.cn/art/2016/1/20/art_55511_7556625.html.

合"，全然不顾学生未来的生涯发展。二是片面地强化中等职业学校的升学功能，将中等职业学校的学历教育等同于普通高中教育。中等职业学校的升学功能是指通过单独考试和单独招生，帮助中等职业学校学生升入高一级的高等职业学校、应用技术类型高等学校。某些中等职业学校为了实现升学功能，强化基础知识和基本技能的教学，美其名曰"服务人的全面发展"，以其本科上线率作为办学成就，将学校窄化为普通高中，完全忽视其作为职业学校的特殊性办学目的，对于区域产业、企业的发展几乎没有人力资源的支持。

在单一化发展思想的指引下，中等职业学校本应极为丰富的办学目的被简化为学历教育，进而又将学历教育简化为职业技能培训或升学教育。这一不断被简化的办学目的，如何能承担起经济社会发展和人的全面发展赋予中等职业学校的重任？这一狭隘的办学思想如何能使中等职业学校有所作为？没有作为的中等职业学校如何能够有地位？没有地位的中等职业学校要如何发展？倘若如此，不久的将来中等职业学校将被职业技能培训机构和普通高中所替代。

2. 中等职业学校单一化发展下办学机制的僵化

机制，原指机器的构造和工作原理，以及机体的构造、功能和相互关系，现泛指一个工作系统的组织或部分之间相互作用的过程和方式。[①] 机器的构造和工作原理、有机体的构造、工作系统的组织或部分之间相互作用的过程和方式都是为了实现机器、有机体和工作系统的功能。也就是说，功能决定了机制，机制的建构是为了实现功能。那么，要成为面向社会的、开放的、多功能的教育和培训中心的中等职业学校，其办学机制应当如何呢？

2002 年颁布的《国务院关于大力推进职业教育改革与发展的决定》提出，中等职业学校办学机制较为理想的状态：一是在举办方式上，"形成政府主导、依靠企业、充分发挥行业作用、社会力量积极参与的多元办学格局"[②]；二是在运行机制上，"扩大职业学校的办学自主权，增强其自主办学和自主发展的能力。要依法保障职业学校在专业设置、招生规模确定、学籍管理、教师聘用及

---

① 中国社会科学院语言研究所词典编辑室.现代汉语词典（第 6 版）[M].北京：商务印书馆，2012：597.
② 中华人民共和国中央人民政府.国务院关于大力推进职业教育改革与发展的决定[EB/OL].（2002－08－24）[2020－10－20].http://www.gov.cn/gongbao/content/2002/content_61755.htm.

经费使用等方面享有充分的自主权"①；三是在治理结构上，"职业学校要建立由企业、行业等社会各界人士参加的咨询委员会或理事会，为学校重大问题提供咨询或参与决策"②；四是在教学管理上，"要根据不同专业、不同教育培训项目和学习者的实际需要，实行灵活的学制和学习方式，推行学分制等弹性学习制度，为学生半工半读、工学交替、分阶段完成学业等创造条件"③。随着经济社会的发展，人们对自身发展的诉求日益丰富，对生活品质的追求日益提升。作为面向社会的、开放的、多功能的教育和培训中心的中等职业学校，办学目的需要进一步丰富和发展，办学机制也需要形成相应的变革。

单一化发展的中等职业学校的实际办学机制如何呢？一是从举办方式来看，中等职业学校办学仍然是政府的独角戏，偶见配角粉墨登场，却鲜见政府公共资源的同等支持，任凭它在市场中沉浮。二是从运行机制来看，尽管中等职业学校已经获得一定的办学自主权，但是其中最为关键的人权、财权、物权依旧被限制。如新增专业以及骨干专业的专业教师紧缺，却受限于统一的人事管理体制；事业功能需要进一步拓展，却受限于与中小学类同的绩效工资；专业设备的采供，往往受限于统一采购的管理办法。三是从治理结构来看，尽管某些中等职业学校建立了管理委员会或理事会，但是缺乏相应的赋权设置，只是纸面意义上的管理委员会或理事会。四是从教学管理来看，中等职业学校依旧停留于封闭空间的课堂教学，即使出现工学交替、工学结合，却没有与人才培养方案相匹配的课程方案和学习制度。在这种办学机制下，中等职业学校想要实现办学目的的拓展和教学质量的提升，恐怕也很难。

3. 单一化发展下后发型中等职业学校的"落伍"

中等职业学校的发展呈现出两个相悖的特征：一是同质化，二是差距化。同质化是指单一化发展的中等职业学校不但在办学目的、办学模式上相差无几，而且其开设的专业和培养规格更为类同。如江苏省"十一五"期间共建设中等职业学校示范专业454个，其中机电技术应用、计算机及应用和电子技术

---

① 中华人民共和国中央人民政府.国务院关于大力推进职业教育改革与发展的决定［EB/OL］.（2002－08－24）［2020－10－20］.http://www.gov.cn/gongbao/content/2002/content_61755.htm.

②③ 同①。

应用等专业 194 个,仅 3 个专业约占全省中等职业学校示范专业的 42.7%,其专业培养规格在指导性人才培养方案的制约下趋于一致。差距化是指由于地域条件的差异,尤其是公共资源支持的差异,导致同质化的中等职业学校在发展中不断地被拉开差距,形成了两类学校:一是在优先发展的思想指导下,极少数发展相对超前的中等职业学校获得了公共资源的集中支持,实现了某些方面的跨越式发展,成为区域内的示范性中等职业学校;二是一大批发展滞后、资源相对缺乏的中等职业学校则自谋生存,在示范性中等职业学校一骑绝尘的衬托下成为后发型中等职业学校。

全国教育事业发展统计公报显示:2016 年共有中等职业学校 1.09 万所,比上年减少 309 所;[1]2017 年共有中等职业学校 1.07 万所,比上年减少 222 所;[2]2018 年共有中等职业学校 1.02 万所,比上年减少 442 所。[3] 自 2016 年至 2018 年,共计减少 973 所中等职业学校。也就是说,在中等职业教育稳定持续发展的背景下,作为具体的办学机构,中等职业学校依旧面临着生存危机。尽管这些示范性中等职业学校具有这种外在的支持与标签,但并不能够表明其均已由此建构起自组织机制,从而形成抵御风险的生存能力;在公共资源的集中支持下,其远远领先于后发型中等职业学校的发展。因此在竞争的劣势中,首先消亡的只能是蹒跚中前行的后发型中等职业学校。后发型中等职业学校的变革势在必行。

后发型中等职业学校如何进行变革?尽管示范性中等职业学校以示范性为名,但是游离在公共资源视线边缘甚至之外的后发型中等职业学校,显然不能够以获得公共资源集中支持而迅猛发展的示范性中等职业学校为发展之"范"、变革之"范"。后发型中等职业学校要从同类学校中突围而出,甚至超越示范性中等职业学校,必须走差异化、特色化发展道路:一是突破已有办学目标和发展定位的桎梏,建构契合发展需求、具有竞争优势和自我特色的新的办学目标和发展定位;二是要根据新的办学目标和发展定位,建构职能清晰、

① 中华人民共和国教育部.2016 年全国教育事业发展统计公报[EB/OL].(2017-07-10)[2021-06-22].http://www.moe.gov.cn/jyb_sjzl/sjzl_fztjgb/201707/t20170710_309042.html.

② 中华人民共和国教育部.2017 年全国教育事业发展统计公报[EB/OL].(2018-07-19)[2021-06-22].http://www.moe.gov.cn/jyb_sjzl/sjzl_fztjgb/201807/t20180719_343508.html.

③ 中华人民共和国教育部.2018 年全国教育事业发展统计公报[EB/OL].(2019-07-24)[2021-06-22].http://www.moe.gov.cn/jyb_sjzl/sjzl_fztjgb/201907/t20190724_392041.html.

效能精干的组织架构;三是要根据新的办学目标和发展定位,建立更具针对性、高能效的管理机制,尤其是教师的发展机制。这些变革显然突破了单一化发展的中等职业学校的架构。也就是说,中等职业学校单一化发展下的后发型中等职业学校必将逐一"落伍",甚至走向消亡。

第三章

当前我国中等职业学校
多元化发展的现实需求

通过前文的分析，我们认识到中等职业学校发展困境源自其单一化发展，并认识到中等职业学校单一化发展的危害；但是，形成多元化发展是对当前我国中等职业学校教育改革必然走向的认识，我们还必须进一步分析当前我国中等职业学校多元化发展的现实需求。本书主要从当前我国经济社会转型及社会转型下人的发展两个角度来分析其对中等职业学校多元化发展的需求。

第一节　中等职业学校多元化发展的经济社会转型需求

"研究事物发展过程中的各个发展阶段上的矛盾的特殊性……研究所有这些矛盾的特性，都不能带主观随意性，必须对它们实行具体的分析"。这就是说，我国经济社会发展的不同阶段有其矛盾的特殊性，那么，这必然对中等职业学校的发展提出具体的要求。本书以供给侧结构性改革和"中国制造2025"为例，分析当前我国经济社会的"双重社会转型"对于中等职业学校教育改革的要求。

一、基于供给侧结构性改革的需求

本书将以供给侧结构性改革的目的是什么，供给侧结构性改革具有怎样的特征以及对教育提出了怎样的要求，供给侧结构性改革下中等职业学校如何进行教育改革为主要逻辑进行分析。

（一）供给侧结构性改革的目的

《中华人民共和国国民经济和社会发展第十三个五年规划纲要》指出，"贯彻落实新发展理念、适应把握引领经济发展新常态，必须在适度扩大总需求的同时，着力推进供给侧结构性改革，使供给能力满足广大人民日益增长、不断升级和个性化的物质文化和生态环境需要"①。所谓供给侧,是指在一定时期、一定价值水平上,生产者愿意且能够提供的商品或服务。② 所谓供给侧结构性改革,是指从提高供给质量出发,用改革的办法推进结构调整,矫正要素配置扭曲,扩大有效供给,提高供给结构对需求变化的适应性和灵活性,提高全要素生产率,更好满足广大人民群众的需要,促进经济社会持续健康发展。③

尽管改革开放以来,我国经济持续高速增长,成功步入中等收入国家的行列,已经成为名副其实的经济大国。但是,我国在从经济大国迈向经济强国的过程中,面临着"刘易斯转折点"下经济高速发展模式的制约,低收入经济体和高收入经济体"双向挤压"下的"中等收入陷阱"风险,市场起决定性作用的新常态下日益突出的体制机制障碍,以及世界经济格局深刻调整下的严峻挑战,我国经济发展正在进入新常态。供给侧结构性改革是我国应对人口红利的衰减、"中等收入陷阱"风险和国际经济格局深刻调整等一系列问题的重大改革举措,是我国经济社会转型升级的关键。

供给侧结构性改革的提出主要是源自解决新常态下我国供给体系存在的突出问题。一是中低端产品过剩。以消费品为例,供给规模有余而品质不足,导致人们要出国买奶粉、买马桶盖,甚至买药品、牙膏。中国旅游研究院估计2018 年中国旅客达 1200 亿美元的境外消费。④ 二是高端产品不足。例如平板玻璃严重过剩,但是高端的电子用的平板玻璃等却还不能生产。三是传统产业产能过剩。以钢铁行业例,在国民经济对钢铁需求不断下降的情况下,有可能引发新一轮的产能过剩。⑤ 四是结构性的有效供给不足。以消费领域为例,如今国人出国几乎满载而归,各种海淘、代购比比皆是,涌向海外市场的现实购买力达到万亿元,但是目前我国所提供的产品及其种类、质量均与人们的

①　中华人民共和国中央人民政府.中华人民共和国国民经济和社会发展第十三个五年规划纲要[EB/OL].（2016 - 03 - 17）[2021 - 01 - 21].http://www.gov.cn/xinwen/2016-03/17/content_5054992.htm.

②　关晶.当前职业教育改革的关键点在供给侧吗[J].江苏教育,2016(24):1.

③　赵玲玲.供给侧改革加速国企清退"僵尸企业"[N/OL].中国企业报,2015 - 12 - 08(31)[2021 - 01 - 21].http://epaper.zqcn.com.cn/content/2015-12/08/content_29252.htm.

④　中国新闻网.我国游客出境游大数据报告:人均消费约 800 美元[EB/OL].（2019 - 03 - 14）[2021 - 06 - 22].http://www.ce.cn/xwzx/gnsz/gdxw/201903/14/t20190314_31682666.shtml.

⑤　中国经济网.上半年中钢协会员钢铁企业实现利润总额 1065 亿元[EB/OL].（2019 - 07 - 29）[2020 - 10 - 20].http://www.ce.cn/xwzx/gnsz/gdxw/201907/29/t20190729_32753670.shtml.

需求不相匹配。

（二）供给侧结构性改革的需求

围绕优化土地、自然资源和资本配置这条供给侧结构性改革主线,我国不仅推出了"一带一路"以及长三角经济圈、环渤海经济圈等区域经济发展战略,还有针对性地推出去产能、去杠杆、降成本等改革政策,这必然引起产业结构的深刻变革。一是新兴产业不断涌现,新兴企业先后崛起,需要大量的新型人才;二是部分企业转型升级,或从原有核心领域转移到新领域,或提升原有核心技术,同样需要新型人才的支撑;三是部分企业将被淘汰,员工需要下岗再就业。由此出现新型人才短缺和传统人才数量过剩并存的局面。

供给侧结构性改革对教育提出了新的要求。从经济发展的角度而言,供给侧结构性改革需要教育解决新型人才短缺的问题。那么,何为新型人才?简而言之,一是新兴产业所需要的人才,二是企业转型升级所需要的人才。从新兴产业的人才需求来看,新兴产业包括现代农业、现代制造业和现代服务业等,其中包括现代高端制造业、现代生产性服务业等不同的产业类型及其具体产业,因此,新兴产业所需的新型人才是新的专业类型的人才,其技术、知识要求明显不同于传统农业、传统制造业和传统服务业,并包含不同层次的需求;从企业转型的人才需求来看,转型是企业从原有核心领域转移到新领域,需要根据新领域的要求选择不同类型、层次的专业人才;从企业升级的人才需求来看,升级是企业对原有核心技术或经验领域的提升,需要更高要求的专业人才。

从个体就业的角度而言,供给侧结构性改革需要教育解决传统人才数量过剩的问题。所谓传统人才,主要是指传统农业、传统制造业和传统服务业下的从业者。传统人才为何数量过剩? 一是传统产业的结构调整,如传统加工业比重下降,第三产业中消费性服务业比重下降,以及钢铁、煤炭行业产能过剩的化解,必然导致其从业者的过剩;二是传统产业的升级,如生产模式从高能耗、高污染、低产出、低效能转向绿色化、循环化、低碳化,以及生产型制造业向服务型制造业转变,必然导致既有生产模式下从业者的过剩;三是企业转型升级中原有核心领域从业者的过剩。传统人才的技术、知识与新兴产业、企业转型升级的要求不相匹配。

（三）供给侧结构性改革下中等职业学校的教育改革

由于供给侧结构性改革所产生的新型人才短缺和传统人才数量过剩并存的问题，构成了对教育培养不同类型、不同层次的新型人才和培训传统人才的需要；中等职业教育作为现代职业教育体系框架中的基石和高中阶段教育中的半壁江山，在供给侧结构性改革对教育的需求中必然具有不可或缺的地位。这些需求同时构成了中等职业学校的需求侧，如图3-1所示。

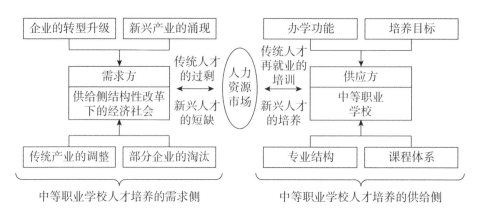

图3-1　中等职业学校的需求侧与供给侧

但是，中等职业学校供给侧存在的问题有很多。一是不同的中等职业学校的专业结构趋同，而且传统专业过剩。何为传统专业？即与传统产业对接的专业，培养传统产业的从业者或企业转型升级中既有生产模式和原有核心领域的从业者。以江苏省为例，在"十一五"期间，江苏省建设的454个中等职业学校示范专业中，基于传统制造业而设置的机电技术应用、电子技术应用和计算机及应用专业分别为74个、70个和50个，约占42.7%。而这些示范专业又构成了"十二五"期间江苏省中等职业学校品牌特色专业的班底。由此可知，即使在中等职业教育较为发达的江苏省，不同的中等职业学校的专业结构趋同、传统专业过剩的现象依然不容乐观。二是不同的中等职业学校的专业培养目标、课程体系趋同，缺乏与人的发展需求、区域经济社会发展需求的有效对接。当前我国不同的中等职业学校依然仅仅以培养"生产、服务、技术和管理第一线工作的高素质劳动者和中初级专门人才"①为目标，在指导性人才

---

①　中华人民共和国教育部.关于全面推进素质教育、深化中等职业教育教学改革的意见［EB/OL］.（2000-03-21）［2020-10-21］.http://old.moe.gov.cn/publicfiles/business/htmlfiles/moe/moe_405/200412/4725.html.

培养方案、课程标准等一系列专业教学标准的统领下,其专业培养目标、课程体系不断走向趋同,与人的发展需求、区域经济社会发展需求渐行渐远。三是办学目的单一,侧重于学历教育而忽视职业培训,难以承担传统人才再就业的培训需求。因此,中等职业学校的供给侧结构性改革势在必行。

要解决上述问题,供给侧结构性改革下中等职业学校教育改革的关键在于以下三点。一是推进专业结构的供给改革。根据不同区域的不同新兴产业设置不同的特色专业,根据不同区域中传统产业转型升级的不同需求淘汰、转型或升级传统专业,形成不同的专业特色,化解过剩的传统产业,消除"僵尸"专业,优化专业的供给结构。二是推进培养目标及其课程结构的供给改革。根据高层次人才培养需求与高等职业专科院校、应用技术本科学校形成纵向联合的办学形式,建立高层次人才的成长通道;根据新型技术技能人才的培养需求与行业、企业以及相近职业学校形成横向融通的办学形式,实现资源的共享与互补,建立技术技能人才能力的提升通道,从而优化课程的供给结构。三是推进功能结构的供给改革。根据传统人才再就业的需要,以中等职业学校学历教育为主体,形成多形式、多层次的学历教育并存甚至并重的办学形式,建立学习者"学习—工作—再学习"的递进通道,进一步拓展非学历教育的事业规模,形成学历教育和非学历教育并重的办学形式,建立基于不同需求的"工作(生活)—培训—新工作(生活)"的发展通道,优化功能的供给结构。

从专业结构的供给改革来看,其中的特色专业建设和专业特色建设实际上构成了中等职业学校专业建设的多元化发展;从课程结构的供给改革来看,其中的高层次人才的成长通道和技术技能人才能力的提升通道实际上构成了中等职业学校培养目标及其课程建设的多元化发展;从功能结构的供给改革来看,其中的学习者"学习—工作—再学习"的递进通道和"工作(生活)—培训—新工作(生活)"的发展通道实际上构成了中等职业学校办学目的的多元化发展。由此可知,当前我国的供给侧结构性改革要求中等职业学校的多元化发展。

二、基于"中国制造2025"的需求

本章将以"中国制造2025"的目的是什么以及具有怎样的特征,"中国制

造2025"的人才需求,"中国制造2025"下中等职业学校如何进行教育改革为主要逻辑进行分析。

（一）"中国制造2025"的目的

尽管我国制造业已经形成门类齐全、独立完整的制造体系,成为支撑我国经济社会发展的重要基石和促进世界经济发展的重要力量,但是在新的科技革命和产业革命以及在发达国家和新兴经济体双向挤压下,其问题日益突出,具体如下:自主创新能力弱,关键核心技术与高端装备对外依存度高,以企业为主体的制造业创新体系不完善;产品档次不高,缺乏世界知名品牌;资源能源利用效率低,环境污染问题较为突出;产业结构不合理,高端装备制造业和生产性服务业发展滞后;信息化水平不高,与工业化融合深度不够;产业国际化程度不高,企业全球经营能力不足。[1]

为应对"新一轮科技革命和产业变革与我国加快转变经济发展方式形成历史性交汇,国际产业分工格局正在重塑"的这一重大历史机遇,为破解当前我国制造业发展中的存在问题,推进制造业的转型升级,全面提高发展质量和核心竞争力,实现制造强国战略目标,我国提出"中国制造2025"。《中国制造2025》,是我国实施制造强国战略第一个十年的行动纲领。[2] "中国制造2025"提出九大战略任务和重点:一是提高国家制造业创新能力;二是推进信息化与工业化的深度融合;三是强化工业基础能力;四是加强质量品牌建设;五是全面推行绿色制造;六是大力推动重点领域突破发展;七是深入推进制造业结构调整;八是积极发展服务型制造和生产性服务业;九是提高制造业国际化发展水平。

"中国制造2025"的主要特征是:一是创新驱动,在跨领域、跨行业协同创新中突破一批重点领域关键共性技术,促进制造业数字化、网络化和智能化,实现创新驱动发展;二是智能制造,着力发展智能装备和智能产品,推进生产过程和生产方式的智能化;三是绿色制造,加快制造业绿色改造升级,推进低碳化、循环化和集约化的资源利用,积极构建绿色制造体系;四是高端制造,瞄准新一代信息技术等优势和战略产业,实现重点领域的突破发展,以及推动传统产业向中高端迈进;五是品牌制造,提升质量控制技术,完善质量管理机制,

现代职业教育研究丛书

从单一走向多元：我国中等职业学校教育改革的方向与路径

① 中国制造2025[M].北京:人民出版社,2015:6.
② 中国制造2025[M].北京:人民出版社,2015:3.

夯实质量发展基础,优化质量发展环境。

(二)"中国制造2025"的人才需求

"中国制造2025"对于人才的基本要求是:一是创新意识和创新能力,创新驱动要求人才具有创新意识和创新能力;二是信息化与工业化的融合能力,智能制造要求人才具有信息化与工业化的融合能力;三是绿色制造的意识和能力,绿色制造要求人才具有绿色制造的意识和能力;四是质量品牌意识,制造业的自主知识产权、企业品牌价值和卓越品质要求人才具有质量品牌意识。

除了基本要求外,"中国制造2025"进一步提出了"加快培养制造业发展急需的专业技术人才、经营管理人才、技能人才"的需求。那么,何为专业技术人才、经营管理人才和技能人才呢?从"中国制造2025"提出的"加大专业技术人才、经营管理人才和技能人才的培养力度,完善从研发、转化、生产到管理的人才培养体系"[①]等保障措施来看,专业技术人才、经营管理人才和技能人才对应着制造业的研发、转化、生产到管理等环节,其能力需求可以在战略任务的各个环节中进行粗略的解析。

何为专业技术人才?从其基本任务来看,显然应该以制造业的研发为主,兼顾研发成果的转化。从具体任务来看,其能力要求的特征如下:一是高层次,能够瞄准国家重大战略需求和未来产业发展制高点,研发对产业竞争力整体提升具有全局性影响、带动性强的关键核心技术;二是创新型,能在传统制造业、战略性新兴产业、现代服务业等重点领域进行创新设计;三是紧缺型,能进行智能装备和产品的研发,能进行影响核心基础部件性能和稳定性的关键共性技术的研发等。

何为经营管理人才?从其基本任务来看,显然应该以制造业的管理为主,兼顾研发成果的转化,包括具有现代经营管理能力的优秀企业家和高水平经营管理人才。从具体任务来看,其能力要求如下:一是智能化管理,熟悉基于互联网的新型制造模式,能进行基于消费需求动态感知的智能化管理;二是现代化管理,能运用现代化生产管理模式和方法进行生产管理;三是集成化管理,能应用产品全生命周期管理、客户关系管理、供应链管理系统,进行集团管控、设计与制造、产供销一体、业务和财务衔接等关键环节的集成化管理。

---

① 中国制造2025[M].北京:人民出版社,2015:47.

何为技能人才？从其基本任务来看,显然应该以制造业的生产为主。"中国制造2025"不仅要求技能人才"门类齐全、技艺精湛",更有从"基本实现工业化"到"两化(工业化和信息化)融合迈上新台阶"的层次需求。① 从技能人才高层次的能力来看,应该是技能和技术的融合,其特征如下:一是智能型,能应用智能技术和智能装备进行生产;二是复合型,具有新一代信息技术与制造技术的融合能力;三是创新型,能够参与先进成型、加工等关键制造工艺的攻关和创新。

（三）"中国制造2025"愿景下中等职业学校的教育改革

健全多层次人才培养体系是"中国制造2025"的重要战略支撑与保障,而作为现代职业教育体系框架中的基石和高中阶段教育中的半壁江山,中等职业教育必然成为多层次人才培养体系中的重要组成部分。那么,其办学机构中等职业学校在"中国制造2025"中可以有怎样的作为呢?

1. "中国制造2025"下中等职业学校的教育可能

根据"中国制造2025"提出的"加快培养制造业发展急需的专业技术人才、经营管理人才、技能人才"的需求,笔者将对中等职业学校在培养专业技术人才、经营管理人才和技能人才的教育可能进行分析。

从专业技术人才来看,其高层次的能力要求,如进行关键核心技术、关键共性技术的研发和重点领域的创新设计等,绝非中等职业学校能够实现的,必定是高等教育的培养目标。但是,专业技术人才的培养并不是一蹴而就的,由职业教育类型的专业学位研究生教育、应用技术本科教育和高等职业专科等应用型高等教育培养的应用型专业技术人才,同样可以由中等职业学校为其奠基。

经营管理人才主要有优秀企业家和高水平经营管理人才两类。从企业家来看,由于企业可以进行不同的分类,而且具有不同的发展可能,任何教育既难将企业家作为其培养目标,也有可能由此培养出企业家。因此,不同教育类型、层次应该为企业家的成长提供丰沃的土壤,中等职业学校也不例外。从高水平经营管理人才来看,尽管其高水平的要求并非中等职业学校能够培养的,但作为应用型人才,同样可以在中等职业学校奠基,并在与高等职业教育的衔接中联合培养这类人才。

① 中国制造2025[M].北京:人民出版社,2015:47,10-11.

技能人才是职业教育的培养目标。但是，与以往的中国制造相比，"中国制造2025"对技能人才提出了新的要求：一是从机械制造转向智能制造；二是从高耗制造转向绿色制造；三是从低端制造转向高端制造；四是从普通制造转向品牌制造；五是从制造转向创新或者参与创新。那么，作为现代职业教育体系具有基础地位的中等职业学校，同样要满足以上要求。

2."中国制造2025"下中等职业学校的教育改革

从适应的角度来看，从以往的中国制造到"中国制造2025"的转变，可以视作中等职业学校所面临的环境变化，因此，中等职业学校必须推进与之相适应的教育改革。笔者将从培养目标、培养方式和培养内容三个基本维度，来解析中等职业学校在"中国制造2025"下的教育改革。

其一是培养目标的品质提升与发展分层。"中国制造2025"不仅要求中等职业学校丰富培养目标的类型，培养"门类齐全、技艺精湛的技术技能人才"[1]，更要求中等职业学校的培养目标在"生产、服务、技术和管理第一线工作的高素质劳动者和中初级专门人才"[2]的中低端定位的基础上进行提升，推进发展定位的层次多元化。一是培养具有品牌质量和技术创新的主动意识、绿色制造和智能制造的基本素养、工业化和信息化的融合能力的复合型技能人才；二是为更高能力层次的技术技能人才的成长奠基；三是为高层次应用型专业技术人才和高水平经营管理人才的成长奠基。

其二是培养方式的校企融合与纵向联通。"中国制造2025"所需要的以智能型、创新型、复合型为能力特征的技能人才，需要中等职业学校跨越单向度的学校教育，在校企融合中通过跨界培养来实现。"中国制造2025"所需要的高层次应用型专业技术人才、高水平经营管理人才和更高能力层次的技术技能人才，需要中等职业学校在与高等职业专科教育、应用技术本科教育等高等职业教育的衔接中形成多种纵向联通的路径，为高层次应用型专业技术人才、高水平经营管理人才和更高能力层次的技术技能人才成长提供可能。

其三是培养内容的多维融合和多元组合。以"一技在手，就业无忧"为培

---

① 中国制造2025[M].北京：人民出版社，2015：47.

② 中华人民共和国教育部.关于全面推进素质教育、深化中等职业教育教学改革的意见[EB/OL].（2000－03－21）[2020－10－21].http://old.moe.gov.cn/publicfiles/business/htmlfiles/moe/moe_405/200412/4725.html.

养理念的中等职业学校将培养内容理解为以技能为主,这或许能应对以往的机械制造、高耗制造、低端制造和普通制造,而"中国制造2025"的要求是:一是智能制造要求中等职业学校的培养内容应该是实现信息化与工业化的融合;二是智能制造、高端制造、绿色制造、品牌制造和创新制造要求中等职业学校的培养内容应该是超越技能的职业能力,更要求实现绿色理念、工匠精神和创新意识等职业素养的融合;三是"三步走"的长远规划要求中等职业学校的培养内容不仅要立足于当前就业岗位的职业能力和职业素养,更要着眼于未来的岗位变迁和职业发展,实现岗位能力和发展能力的融合。

从培养目标的品质提升与发展分层来看,其中的中低端培养目标、复合型技能人才以及更高能力层次的技术技能人才、高层次应用型专业技术人才、高水平经营管理人才实际上构成了中等职业学校培养目标的多元化发展;从培养方式的校企融合与纵向联通来看,其中的校企融合跨界培养和中职高职联通培养实际上构成了中等职业学校培养方式的多元化发展;从培养内容的多维融合和多元组合来看,培养内容所要求的信息化与工业化的融合、超越技能之上的能力和素养的融合以及岗位能力和发展能力的融合实际上构成了中等职业学校培养内容的多元化发展。综上所述,"中国制造2025"要求中等职业学校实现多元化发展。

第二节 中等职业学校多元化发展的人的发展需求

中国特色社会主义进入新时代,我国社会主要矛盾已经转化为人民日益增长的美好生活需要和不平衡不充分的发展之间的矛盾。我国稳定解决了十几亿人的温饱问题,总体上实现小康,不久将全面建成小康社会,人民美好生活需要日益广泛,不仅对物质文化生活提出了更高要求,而且在民主、法治、公平、正义、安全、环境等方面的要求日益增长。[①] 因此,人们对中等职业学校多元化发展的需求日益突出。本节将以人的生涯发展和人的幸福生活为维度,

---

① 中华人民共和国中央人民政府.习近平:决胜全面建成小康社会 夺取新时代中国特色社会主义伟大胜利——在中国共产党第十九次全国代表大会上的报告[EB/OL].(2017-10-27)[2021-01-21].http://www.gov.cn/zhuanti/2017-10/27/content_5234876.htm.

分析当前人的发展对于中等职业学校教育改革的要求。

一、基于人的生涯发展的需要

人的生涯发展不只是个人发展的自我追求,更是个人在当前我国经济社会"双重社会转型"中的必然际遇。人的生涯发展要求着职业教育体系"使劳动者能够在职业发展的不同阶段通过多次选择、多种方式灵活接受职业教育和培训"①,这同样对作为现代职业教育体系框架基石的中等职业学校提出了崭新的要求。

(一) 生涯发展的特点和影响因素

生涯(career)是一个多面的概念,一般来说是指工作经历,即职业生涯。它涉及的可能是有关目的和方向的含义和意义,也包含了在工作和个人层面上的进取和发展。这样,它不仅涵盖了技能的发展,也包括了终身学习的理念。它还和人们的未来相关——他们想要获得的技能,他们在工作上和作为个人想要取得的成绩,以及他们在日新月异的劳动市场上需要具备的未来就业能力。新的生涯概念认识到生涯具有主观成分,如人们如何认识自己的职业生涯,包括他们的个人历史、技能、态度和信念。一个新的、更具包容性的职业生涯模型是,"不仅认识到已变化了的客观现实——所有的职业生涯在这种现实中不断发展,而且认识到一种普遍性——人们紧密地融入职业生涯的主观方面中"②。

由此可知,生涯发展的特点主要有三点。一是终身性。有研究者指出,生涯发展伴随着人的生命历程,涵盖着职业发展的各个阶段,是一个跨越过去、现在和未来的概念。它不仅涵盖整个在职历程的职位转换和工作阶段,还包括进入工作岗位之前的生涯预备阶段和离开工作岗位之后的生涯消退阶段。③ 二是阶段性。随着对自我和社会认识的不断深入,以及当前我国"双重社会转型"下自我发展机会的增加,人们会根据自身的兴趣、专长调整职业发

① 中华人民共和国教育部.教育部等六部门关于印发《现代职业教育体系建设规划(2014—2020年)》的通知[EB/OL].(2014-06-16)[2020-10-21].http://www.moe.gov.cn/srcsite/A03/moe_1892/moe_630/201406/t20140623_170737.html.

② Arnold J, Jackson C. The new career: Issues and challenges[J]. British Journal of Guidance and Counselling,1997(4):427-433.

③ 蒋玉梅.大学英语女教师的职业生涯发展研究[D].南京:南京大学,2011:5.

展的方向,重新选择职业岗位,这就形成了生涯发展中的不同阶段。三是综合性。从纵向来看,随着职业发展方向的调整和职业岗位的重新选择,生涯发展并不局限于某一阶段特定的职业,而是指人生中所有职业的综合;从横向来看,生涯发展并不局限于事业上的发展,还包括职业之外的家庭生活和个人追求。

影响生涯发展的因素主要有三方面。一是生涯发展的个人主体性因素。个人主体性因素包括个人客观的能力特质和个人主观的向往与追求。一般来说,客观的能力特质是个人的显性天赋,如语文智能、内省智能等。有语文智能、内省智能等能力特质的学习者更可能在客户经理这一职业岗位上获得发展。相比之下,源自个人兴趣和价值观的主观的向往与追求是个人的隐性天赋。正是因为兴趣和价值观的存在,才可能在选择中进行取舍,才可能在某一方面持续地投入,并由此形成个人的生涯发展。二是生涯发展的社会情境性因素。社会情境性因素是指生涯发展赖以生存的社会情境,包括各种政治、经济、文化因素。社会情境不仅提供着生涯发展的各种可能,还影响着个人主体性因素。有研究者指出,生涯发展只有在个人追求的时候才会存在,离不开人的主动觉察和塑造。[①] 但是,个人追求中蕴含的价值观以及个人进行主动觉察和塑造所需要的认识正是在赖以生存的社会情境实践中建构的。三是教育的影响。教育不仅促进个人客观能力特质的提升,也改变着社会情境对个体的影响。个人主体、社会情境和教育对个人生涯发展的影响及其关系如图3-2所示。

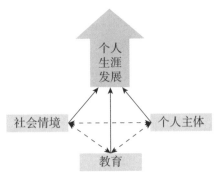

图3-2 个人主体、社会情境和教育对个人生涯发展的影响及其关系

① 徐改.成功职业女性的生涯发展与性别建构[D].上海:华东师范大学,2007:15.

（二）生涯发展的需要

在当前我国经济社会"双重社会转型"的际遇中,人的生涯发展面临的挑战主要来自三方面。一是纵向连续性的技术变革和产业变革。我国经济社会的供给侧结构性改革必然推进传统产业的淘汰、转型和升级,这是一种具有纵向连续性的技术变革和产业变革。二是纵向非连续性的技术变革和产业变革。供给侧结构性改革不只有传统产业的淘汰、转型和升级,还有新兴技术和新兴产业的不断涌现,以"三步走"的制造强国战略目标为例,我国制造业要在30年时间内,实现从尚未完成基本工业化到进入世界制造强国前列的跨越,这"高度浓缩了西方200多年的工业化进程"①,其中的纵向非连续性的技术变革和产业变革不可估量。三是横向区域经济社会巨大的不平衡性。以制造业为例,"中国制造业必须走工业2.0补课、工业3.0普及和工业4.0示范的并联式发展道路"②,这实际上反映出制造业发展的不均衡性。

由此可知,要在当前我国经济社会"双重社会转型"中获得个人生涯发展,必然要面临以下问题。一是作为传统产业的从业者,如何在纵向连续性的技术变革和产业变革下不断更新自身的技术和知识,以保持个人生涯发展?二是相比于纵向连续性的技术变革和产业变革,纵向非连续性的技术变革和产业变革对于从业者的要求更高。技术和知识的发展与更新不仅具有不确定性,而且存在颠覆性。从业者如何在纵向非连续性的技术变革和产业变革中获得个人生涯发展?三是在人口频繁流动的现代社会中,从业者因为个人主观的向往与追求,或者为了更好地发挥个人客观的能力特质,或者因为其他客观原因的存在,个人生涯发展可能进行地理位置的迁移。那么,如何在发展极不均衡的经济社会中实现极具跨越性的职业或职位转换,以获得个人生涯的新发展?

从以上问题来看,人的生涯发展有三方面的需要。一是更新技术和知识的需要。产业转型是产业从原有核心领域到新的核心领域的转换,新兴产业则对应着新领域,而新的核心领域意味着新的技术和知识。因此,传统产业的转型、新兴产业的涌现必然要求从业者更新技术和知识。二是获得更高层次、更为专业的技术和知识的需要。产业升级是对原有核心技术或

---

① 万恒.社会分层视野中职业教育价值的再审视[D].上海:华东师范大学,2009:1.
② 石勇.中国制造必须补好工业2.0这一课[J].智慧中国,2016(2):47-48.

经验领域的提升,提升意味着更高层次、更为专业的技术和知识。因此,传统产业的升级要求从业者具有更为专业的技术和知识。三是发展软技能的需要。何谓软技能?石伟平认为,软技能是指从事任何工作所需要的通用技能,如认真负责、爱岗敬业、人际沟通、团队合作、信息素养、时间管理、质量意识等。软技能是人们应对瞬息万变的工作世界的必备技能。面对职业或职位转换以及经济社会超常规的发展速度,从业者需要发展软技能。

(三) 生涯发展需求下中等职业学校的教育改革

人的生涯发展需求从另一个角度建构起中等职业学校人才培养的需求侧,要求中等职业学校人才培养的供给侧不仅要从经济社会发展的角度进行教育改革,同时要在此基础上根据人的生涯发展需求进行相应的教育改革。为何要在经济社会发展的基础上根据人的生涯发展需求进行教育改革?首先是由中等职业学校的办学目的所决定的,其次是由于人的生涯发展受制于当前"双重社会转型"产生的诸多限制。

从更新技术和知识的需要来看,中等职业学校要进行的教育改革主要包括专业课程的更新和办学目的的拓展两方面。专业课程的更新实际上包含三个层次。一是专业课程内容的增减。如果产业发展前后所需的技术和知识具有连贯性,那么中等职业学校专业课程应该根据新的发展在既有基础上对其内容进行增减。二是专业课程的调整。如果产业转型前后所需的技术和知识存在一定的关联性,那么中等职业学校专业课程应该根据关联性进行专业课程的调整。三是专业课程体系的重建。新兴产业和核心领域发生根本性转型的传统产业必然要求中等职业学校重建其专业课程体系。办学目的的拓展实际上是要求中等职业学校在全日制学历教育的基础上,根据区域产业发展下技术和知识的更新要求,开设更为多元的职业培训,以满足人的生涯发展对于更新技术和知识的需要。

从获得更高层次、更为专业的技术和知识的需要来看,中等职业学校需要进行的教育改革主要有以下三点。一是在现有基础上发展中等职业学校培养目标的层级。尽管中等职业学校在现代职业教育体系中处于基础性地位,但是要在可能的基础上,根据产业升级的需要进行培养目标定位的适度调整,形成适合不同需求的差异化的培养目标系列,改变当前培养"生产、服务、技术和管理第一线工作的高素质劳动者和中初级专门人才"①的单一定位。二是根据培养目标的发展升级专业课程体系,实现与更高层次、更为专业的技术和知识的对接。三是如果产业升级所需要的更高层次、更为专业的技术和知识超越了中等职业学校的可能,那么,可以在与高等职业专科教育、应用技术本科教育等高等职业教育的衔接中为学习者提供获得更高层次、更为专业的技术和知识的路径。

从发展软技能的需要来看,中等职业学校需要进行的教育改革主要有以下四点。一是改造现有的公共基础课程。斯克莱本纳的牛奶品种回忆实验中,不同职业者回忆牛奶品种的方式是不一致的,这实际上表明了能力的情境性特征。因此,建立于符号之上的公共基础课程显然难以培养计算能力、读写能力以及在此基础上的学习能力等软技能。要发展学习者的软技能,现有公共基础课程的改造势在必行。二是建设隐性课程。有研究者认为,隐性课程是学生在课堂内外无意间习得的由教师以特定方式呈现的文化序列。② 隐性课程在学校以及班级生活中向学生传递着隐蔽的知识、规范、价值观和情感态度,③其中就可能包含认真负责、爱岗敬业、人际沟通、团队合作、信息素养、时间管理、质量意识等软技能。但是,隐性课程的建设并未能引起中等职业学校足够的重视。三是开发第二课堂。第二课堂蕴含着人际沟通、团队合作、信息素养、时间管理等软技能。但是,当前中等职业学校第二课堂的时空极为狭窄。四是完善顶岗实习。顶岗实习是工作本位学习,工作本位学习是培养工匠精神、职业伦理等软技能的重要路径,但是现有的顶岗实习更关注学习者岗位技能的掌握,忽略了软技能的培养。

就内在的本质而言,无论是更新技术和知识所需要的专业课程的更新和办学目的的拓展,还是获得更高层次、更为专业的技术和知识所需要的中等职业学校培养目标层级的发展、课程体系在原有基础上的升级以及与高等职业教育的对接,还是发展软技能所需要的对现有公共基础课程的改造、隐性课程的建设、第二课堂的开发和顶岗实习的完善,都是中等职业学校的多元化发

---

① 中华人民共和国教育部.关于全面推进素质教育、深化中等职业教育教学改革的意见[EB/OL].(2000-03-21)[2020-10-21].http://old.moe.gov.cn/publicfiles/business/htmlfiles/moe/moe_405/200412/4725.html.

② 傅建明."隐性课程"辨析[J].课程·教材·教法,2000(8):55-59.

③ 叶飞.学校制度生活与公民品质的培育[J].教育发展研究,2016(8):27-32.

展。由此可知,人的生涯发展的需要要求中等职业学校的多元化发展。

二、基于人的幸福生活的需要

习近平指出:"人民对美好生活的向往,就是我们的奋斗目标。"[①]从个人的角度而言,人民对美好生活的向往也就是人的幸福生活的需要。人的幸福生活要求"教育不仅仅是为了给经济界提供人才,它不是把人作为经济工具而是作为发展的目的加以对待的"[②],"而且要引导他们去思考拼搏和竞争对于自己存在和人类存在的真正意义"[③]。这同样对中等职业学校提出了崭新的要求。

(一) 幸福生活的意义和内涵

幸福首先是指"使人心情舒畅的境遇和生活"[④]。每一个人的具体境遇是不可能相同的,尤其是在当前我国经济社会的"双重社会转型"中。但是,从哲学层面而言,人的生活环境具有一致性。杨进认为,每一个人是在互相关联的五种环境中生活着的:一是个人生存环境中的生活——作为一个有自我意识、本真和具有能动性的人;二是私人和社交环境中与家庭成员、朋友和他人在一起的生活——作为人群中的一员;三是社会和公共环境中的生活——作为一个积极的公民;四是在工作环境中的生活——作为一个雇员、工会成员或雇主;五是在一个学习型社会中的生活——作为一个终身学习者。[⑤] 因此,人的幸福是指五种环境中心情舒畅的境遇和生活。

幸福其次是指"(生活、境遇)称心如意"[⑥]。因此,幸福情感是产生于主客体的内在统一过程,这个过程也就是主体通过客体的主体化不断扩展自己、超越自己的过程。[⑦] 其中包含两层含义。一是主客体的内在统一。所谓主客体的内在统一,是指个体主观意愿与其生活、境遇的匹配。职业在一个人的生活

① 中共中央宣传部.习近平总书记系列重要讲话读本(2016年版)[M].北京:学习出版社,人民出版社,2016:212.

② 联合国教科文组织.教育——财富蕴藏其中[M].联合国教科文组织总部中文科,译.北京:教育科学出版社,2017:70.

③ 石中英.知识转型与教育改革[M].北京:教育科学出版社,2001:117.

④ 中国社会科学院语言研究所词典编辑室.现代汉语词典(第6版)[M].北京:商务印书馆,2012:1460.

⑤ 杨进.终身教育视角下学习的本质与职业技术教育质量[J].职教通讯,2016(1):77-78.

⑥ 同④。

⑦ 刘次林.幸福教育论[M].南京:南京师范大学出版社,1999:20-25.

中居于举足轻重的地位,①结合本书的需要,因此这里是指个体主观意愿与其职业的匹配。二是不断扩展自己、超越自己。所谓不断扩展自己、超越自己,是指个体的自我实现的过程。自我实现不是名利、金钱、地位和物质的获得,而是从生活中体验到精神上的享受和满足。自我实现意味着充分地、活跃地、忘我地、集中全力地、全神贯注地体验生活。

（二）幸福生活的需要

尽管个人的具体境遇在当前我国经济社会的"双重社会转型"中错综复杂,无一相同,难以考量,但是每一个人必然生活在互相关联的五种环境中。人的幸福生活的需要可以从这五种环境中进行考量:一是从个人生存环境中的生活来看,人的幸福生活需要发展人的自我意识、本真和能动性;二是从私人和社交环境中的生活来看,人的幸福生活需要发展与家庭成员、朋友和他人在一起生活中的情绪控制和他人情绪认知及处理能力;三是从社会和公共环境中的生活来看,人的幸福生活需要发展人的公民意识和能力;四是从工作环境中的生活来看,人的幸福生活需要发展人作为雇员的职业素养,作为工会成员维护共同权益的意识和能力,作为雇主的能力和意识,尤其是在"双重社会转型"中的洞察力以及企业转型升级中的判断力;五是从学习型社会中的生活来看,人的幸福生活存在终身学习的需要。

幸福情感产生于主客体的内在统一过程,而主客体的内在统一尤其要求个体主观意愿与其职业的匹配。尽管一个人有了满意的职业并不能说他的生活一定是幸福的,但一个人没有满意的职业,则他的生活肯定是不幸福的。一个人满意于职业,就会醉心于工作,职业就会成为他发展的轴心,亦成为他生活美满幸福的源泉。② 要实现个体主观意愿与其职业的匹配,存在以下两方面的需要。一是认识自我主观意愿的需要。从初中毕业后直接进入中等职业学校学习的学生一般在 16—19 岁之间,这一年龄段的青少年在应试教育的指挥棒下未能形成对自我主观意愿的清晰认识,所谓与职业的匹配也就无从谈起,因此他们存在认识自我主观意愿的需要,尽管他们未必认识到这一需要。二是选择的需要。从缺乏对自我主观意愿的认识到自我主观意愿的确立,是一个不断

① 褚洪启.杜威教育思想引论[M].长沙:湖南教育出版社,1998:70.
② 同①。

认识、不断试误的过程。那么，在这一过程中就会存在选择的需求。

（三）幸福生活需求下中等职业学校的教育改革

尽管人的生涯发展需求已经建构起中等职业学校关于人的发展的需求侧，但是人的幸福生活需求相比于人的生涯发展需求，更关注人的内在需求，而且人的内在需求随着经济社会的发展将日益突出。因此，人的幸福生活需求不仅丰富了中等职业学校关于人的发展的需求侧，而且其重要性将日益凸显。

那么，从发展人的自我意识、本真和能动性的需求来看，中等职业学校的教育改革主要有：一是改变课堂教学中单向度的传授模式，要"从独白的世界走向对话的世界"，建构以学生为主体的"同他人对话，同自己对话"的多维对话课堂；二是完善公共基础课程中的思政课程、心理健康教育课程和公共艺术课程，帮助中等职业学校学生摆脱应试教育失败者的心态，学会认识自我、悦纳自我，培养高雅品位，提升人文素养；三是拓展中等职业学校的时空，通过建设隐性课程，开发第二课堂，完善顶岗实习等举措，帮助学生从现有单一的课堂时空走向"同客观世界的对话"①；四是改变学习评价方式，从单一的以文化成绩为标准的评价转向关注发展的、多维度的和主体参与的评价。

从生活情绪控制、他人情绪认知及处理等能力发展的需求来看，中等职业学校的教育改革主要有以下四点。一是建立学校与家庭、社区的合作机制，关心学生的家庭生活，在了解家庭教育中存在问题的基础上形成对策，形成学校教育和家庭教育、社区教育的合力。家庭教育的问题是影响学生生活情绪控制、他人情绪认知及处理等能力发展的重要因素。二是完善心理健康教育课程及其教学，帮助学生学会认识自我和自我控制，学会体谅和关心他人。三是建构班级、学生群团组织等非正式的、更为多元的成长共同体，引导学生在交流和分享中学会体谅和关心他人。四是改变学习评价方式。引入私人和社交环境中的生活作为学生道德成长的评价内容，注重积极评价和协商评价。

从发展人的公民意识和能力的需求来看，中等职业学校的教育改革主要

① 佐藤学.学习的快乐——走向对话[M].钟启泉，译.北京:教育科学出版社,2004:中译本序.

现代职业教育研究丛书

从单一走向多元：我国中等职业学校教育改革的方向与路径

有三点。一是根据区域实际建立相应的社区问题课程,开展社区志愿者服务等活动,完善思政课程中的公民教育。中等职业学校现有德育课程中的公民教育主要有《职业道德与法律》之《弘扬法治精神,当好国家公民》、《经济政治与社会》之《拥护社会主义政治制度》和《参与政治生活》等内容,这些内容"重点放在政府的法律—政治结构上⋯⋯是社会制度方面的正规知识",其缺陷是"强化了公民的被动性"①,对人的公民意识和能力的发展缺乏实质性意义。二是建立更为开放的时空,完善学生作为利益相关者的身份参与学校管理的机制,让学生在主动参与学校管理中发展公民意识和能力。三是改变学习评价方式。避免量化评价,注重公开鼓励与私下反馈的结合。

从发展人作为雇员的职业素养、作为工会成员维护共同权益的意识和能力、作为雇主的能力和意识的需求来看,中等职业学校的教育改革主要有:一是改革思政课程,将其中的职业道德教育从符号化的知识拓展到与职业情境联系的职业素养的感悟,从基本的职业素养拓展到与专业培养目标要求的具体职业素养,将培养工会成员维护共同权益的意识和能力作为公民教育的教学目标之一;二是改革专业课程教学及其评价,将其从技术和知识的教学及评价拓展到职业素养的教学及评价;三是完善顶岗实习,在顶岗实习的工作本位学习中培养职业素养以及维护自身权益、共同权益的意识和能力;四是根据实际建设创业课程,引导学生进行系统的创业实践。

人的终身学习的实现必然要求主客体的内在统一,因此人的终身学习的需求包含着人的自我主观意愿发展的需求和选择的需求。那么,从人的终身学习的需求来看,中等职业学校的教育改革主要有:一是改革思政课程中的职业生涯教育,帮助学生认识自我和职业,规划职业生涯,进行职业实践;二是改造人才培养方案,提供差异化的培养目标和可选择的课程方案,实现个人发展规划及其培养方案的私人订制,其中包括中等职业学校与高等职业教育衔接的发展路径,以及连续性学制和间断性学制的自主选择;三是根据不同需求提供多元化的培训项目。

综上所述,人的幸福生活需求包含着从人的自我意识、本真和能动性的发展需求到生活情绪控制、他人情绪认知及处理等能力发展的需求,从人的公民

① 周金浪.教育学[M].上海:上海教育出版社,2006:292.

意识和能力的发展需求到人作为雇员的职业素养、作为工会成员维护共同权益的意识和能力、作为雇主的能力和意识的发展需求，以及终身学习的需求等，从更细微的角度建构着中等职业学校的多元化的需求侧，这必然要求中等职业学校的多元化发展。

第四章

中等职业学校多元化发展的理论基础

通过前文的研究,我们已经认识到从单一化走向多元化是中等职业学校教育改革的必然方向。但是,中等职业学校多元化发展的本质是什么? 这是建构中等职业学校多元化发展架构之前首先必须回答的问题。淮南为橘,淮北为枳,其本质是对环境变化的适应。那么,中等职业学校多元化发展同样可以视为对当前我国经济社会转型的适应。由此,首先要讨论一下什么是适应性。

第一节　多元化发展的生物学基础

生物的多元化发展在本质上是对环境的适应。适应(adaptation)本是一个生物生态学的术语,但是随着学术的发展,适应的内涵得到了进一步的延展。在后续的延展中使用适应一词之前,我们还是要回到其原始培养基之中,厘清其本来的形式和内容。

一、适应性的传统定义

(一) 生物的适应

适应是一种现象,在大自然中有许多经典的例子,例如变色龙的肤色能够随着环境的变化而改变,以逃避天敌的侵犯和接近自己的猎物;蛇的颊窝能够觉察到周围环境中的温血动物,以追踪和袭击该动物;许多澳大利亚的兰花能够模仿雌性昆虫的气味、颜色和形状,以吸引雄性昆虫为其传授花粉。

那么,何为适应呢? 一般认为,适应是指生物的形态结构(包括分子、细胞、组织、器官,乃至由个体组成的群体等)和生理机能(包括行为、习性等)与其赖以生存的一定环境条件相适合的现象,它包括已经适应的状态和正在迈向适应的过程。[①]　其中包含两个基本要素:生物和环境。

---

① Brandon R N. Adaptation and evolutionary theory[J].Studies in History and Philosophy of Science Part A,1978(3):181 - 206.

对于生物适应的方式,有两种不同的基本观点:一是强调自然选择。如达尔文认为,生物在剧烈的生存斗争中,凡是具有适应环境的有利变异个体在选择中被保存,而适应较差的个体则被淘汰。二是强调适者生存。如斯宾塞认为,"有机体能适合外界环境条件的改变,调整内部生理机构和机能,而与之相适应"①。前者是生物个体在生存斗争中的被动选择,后者是生物对环境刺激的主动适应。

(二) 生物的适应性

生物的这种主动适应的特性,是生物普遍具有的一种属性。任何一种生物都能对周围的环境变化作出相应的反应,甚至因而引起其形态、结构、机能和生活习性的永久性改变。生物的这种合理性和合乎目的的特性在生态学中被称为适应性。由此可知,适应是自然界中的现象,可能是生存斗争中的被动选择,或被淘汰,或被保存,也可能是环境刺激下的主动适应及其形成的新的内部生理机构和机能。而适应性是生物体的一种固有属性,是生物面对环境变化的主动适应能力。

对于生物适应性的解释有以下三个层面。一是从个体的角度来看,生物的适应性是通过它对环境的感应性而实现的。生物控制论认为,任何一种生物体都具有感应性,在生活中由于这种感应性就能以合理的方式回答外界条件的刺激和影响。②二是从系统的角度来看,这种越来越复杂的适应性表现为生物与环境之间的联系。巴甫洛夫认为,"适应的事实本来是什么呢?——正如我们所见到的,就是复杂系统的各个要素彼此间的精确联系以及它们整个集团与四周环境的精确联系"③。三是从发展的角度来看,生物的适应性是一个不断发展的过程,表现为生物的反应与环境的变化之间的平衡性。巴甫洛夫指出,"高等生物和低等生物有机体的巨大复杂性,只有在所有各部门彼此间以及和周围条件精细准确地联系或平衡时,才能成为整体而存在"④。

(三) 适应与适应性的生物生态学界定

综上所述,生物的适应是一种现象,如图4-1所示。这一现象既表现为一个过程,也表现为一种结果。其过程的表现是:一是环境的变化使得生物与

现代职业教育研究丛书

从单一走向多元:我国中等职业学校教育改革的方向与路径

① 转引自冯德雄.企业适应性成长研究[D].武汉:武汉理工大学,2003:15-16.
②③④ 转引自冯德雄.企业适应性成长研究[D].武汉:武汉理工大学,2003:16.

环境之间既有的稳定联系发生失衡;二是联系的失衡对生物产生刺激或压力;三是面对失衡所产生的刺激或压力,生物形成相应的反应,以取得与变化的环境的新平衡。除了生物的反应外,适应的结果可能表现为三类。一是生物在持续的反应中形成的新的内部生理机构和机能。二是新的生物。内部生理机构和机能的根本性改变表明生物发生了变异,形成了新的生物。三是生物的多元化。生物的变异产生新的生物类型,促进了生物的多元化。

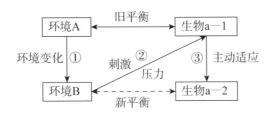

图4-1 生物适应性发展的示意图

在适应的过程和结果中,生物所表现出来的能力就是生物的适应性,其中有三种内涵:一是从静态的角度而言,适应性是生物的感应性及其形成的反应能力;二是从动态的角度而言,适应性是生物发展的一种运动属性,即通过适应性,生物在长期的生存斗争中与环境形成和谐、协调的关系,实现了自身的延续和发展;三是从系统的角度而言,生物的多元化是生物适应性的必然结果,生物的多元化能够促进生物与环境平衡性的提升。进而言之,生物的多元化提升了自然系统的平衡性和适应性。

二、本书对适应性的界定

(一)界定参照的可行性

研究中等职业学校的适应现象及其适应性自然需要对其进行界定。那么,中等职业学校的适应现象及其适应性是否可以参照生物生态学对生物适应性的界定呢?生物生态学对生物适应性的界定是相对生物与其环境的互动而言的。如果中等职业学校的适应现象及其适应性要参照生物生态学对生物适应性的界定,那么需要解决三个问题:一是中等职业学校与生物具有可比性吗?二是中等职业学校的生存环境与生物的生存环境具有可比性吗?三是两类可比性是在同一维度进行的吗?

作为"自然界中所有具有生长、发育、繁殖等能力的物体"①，生物具有三个特征。一是其基本构成单元具有活性和结构。所谓活质，是指最基本的有生命的物质，有细胞结构和非细胞结构两种。二是生物的不同构成部分具有不同功能。生物的生长、发育、繁殖等需要交换系统、循环系统、生殖系统等不同的功能部分来实现。三是由不同功能部分构成的生物是一个相互协调、不可分割的有机体。

如果要对中等职业学校与生物进行类比，就是要分析中等职业学校是否具有类似的特征。依照同样的方式进行分析，中等职业学校的特征主要有以下三点。一是中等职业学校由教育活动单元构成，而活动单元由"教育者和受教育者、教育内容、教育观念"②等基本因素构成。学习者和教师的活性毋庸赘言，而所谓因材施教、教无定法，实际上表现的就是教育内容、教育观念的活性。因此，中等职业学校有基本构成单元，其基本构成单元具有活性和结构。二是中等职业学校同样由不同功能的不同部分构成，如课程体系、课程资源、师资队伍等。三是以培养目标为核心，由课程体系、课程资源、师资队伍等部分组成的中等职业学校是一个社会有机体。由此可知，中等职业学校与生物具有类似的特征。

生物能通过新陈代谢作用跟周围环境进行物质交换。那么，生物的生存环境具有以下特征。一是具有结构和功能的生态系统。生物的生存环境是由许多生物和非生物构成的生态系统，它们具有各自的功能，建构着系统的生态平衡。二是能对生物产生刺激和压力。生物的生存环境不是一成不变的，而是在运动中给予生物以刺激和压力。刺激可能促进生物的发展，压力可能成为生物消亡的根源。三是受到生物的影响。生物的发展或者消亡都可能对其生存环境的平衡产生影响。

那么，中等职业学校的生存环境如何呢？一是中等职业学校处于经济社会之中。经济社会同样是一个由不同单元组成的生态系统，不同的单元具有不同的功能，建构着经济社会系统的生态平衡。二是经济社会的发展是一个运动的过程，对中等职业学校产生了刺激和压力。经济社会的影响可能成为

---

① 中国社会科学院语言研究所词典编辑室.现代汉语词典（第6版）[M].北京：商务印书馆，2012：1163.

② 周金浪.教育学[M].上海：上海教育出版社，2006：28.

刺激,促进中等职业学校的壮大,也可能表现为压力,抑制中等职业学校的发展。三是中等职业学校的发展同样对经济社会的发展产生影响,可以促进经济社会的协调发展,也可能导致经济社会发展的不协调。由此可知,中等职业学校的生存环境与生物的生存环境具有类似的特征。

生物的特征分析是从生物生态学的视野进行的,而中等职业学校的特征分析是从经济社会学的视野进行的,因此,要进行中等职业学校与生物的类比,必须从生物生态学的视野跨越到经济社会学的视野。生物的生存环境是自然环境、自然系统,而中等职业学校的生存环境是社会环境、社会系统,因此,要进行两者生存环境的类比,必须从自然环境、自然系统跨越到社会环境、社会系统。由此看来,这两类可比性是在同一纬度进行的,如表4-1所示。综上所述,中等职业学校的适应现象及其适应性可以参照生物生态学对生物适应性的界定进行界定。

表4-1 生物适应性对中等职业学校适应性的界定的可参照性比较

比较维度		生物(生物生态学)	中等职业学校(经济社会学)	共同特征
本身	单元	活质	教学活动单元	活性、结构
	部分	交换系统、循环系统等	课程体系、课程资源等	不同的功能性
	整体	生物有机体	社会有机体	整体性、有机体
生存环境	整体	自然界	经济社会	生态性、系统性
	作用	发展或者消亡	壮大或者萎缩	相互影响 相互作用
	反作用	平衡或者失衡	协调或者不协调	

（二）中等职业学校的适应

参照生物生态学对生物适应的界定,中等职业学校的适应可以表述为:中等职业学校的办学理念、办学目的、形态结构(包括教学、课程、资源、组织等)和运行机制等与其赖以生存的一定社会经济条件相适合的现象,它包括已经适应的状态和正在迈向适应的过程。中等职业学校适应的过程表现为:一是经济社会的变化使得中等职业学校与经济社会之间既有的稳定联系发生失衡,而且由于不同区域的经济社会发展的状况不同,其失衡的程度也不同;二是联系的失衡对中等职业学校产生刺激或压力,刺激或压力的强度由于不同区域的经济社会发展的不同而不同;三是面对失衡所产生的刺激或压力,中等职业学校形成相应的感应、解析、行动、学习、创新、发展等操作,以取得与变化的经济社会的新平衡,如图 4 - 2 所示。

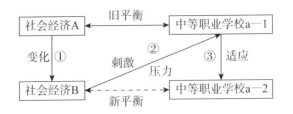

图 4 - 2　中等职业教育适应性发展的示意图

中等职业学校适应的结果表现为以下方面。一是办学理念的更新。经济社会的发展必然蕴含着价值观的发展,价值观的发展必然带来办学理念的更新。二是办学目的侧重的调整或者发展新的办学目的。不同的经济社会发展状况要求中等职业学校进行办学目的侧重的调整,甚至要求发展新的办学目的。三是形态结构的调整或变革。中等职业学校办学目的侧重的调整,甚至新的办学目的的发展,必然要求进行形态结构的调整或变革。四是运行机制的调整或者建立新的运行机制。

由此看来,适应的结果必然促进中等职业学校的多元化发展,这就进一步印证了前文所述的"多元化源自适应"的观点。中等职业学校的多元化发展是对当前我国错综复杂的经济社会的适应,也就是说,只有多元化发展的中等职业学校才能建构起新的平衡,才能促进经济社会的协调发展。

（三）中等职业学校的适应性

参照生物生态学对生物适应性的界定,中等职业学校的适应性可以表述为:在适应的过程和结果中,中等职业学校对经济社会发展形成的能够正确作出反应的能力,与经济社会发展相协调、相和谐的属性,就是中等职业学校的适应性。但是,中等职业学校不同于生物的是,生物是以生存为目标,其适应性是其生存的需要,而当前我国的中等职业学校是以服务人的全面发展、经济社会的发展为目标。以协调、和谐为要素的中等职业学校的适应性发展是可持续发展,可持续发展的核心是人的发展。因此,中等职业学校的适应性发展的核心是人的适应性发展,中等职业学校的适应性的核心是人的适应性。

作为中等职业学校适应性的核心,人的适应性具有主动性,能够主动地在感应中进行解析、行动、学习、创新等操作。这里所谓的主动,其含义有:一是"不待外力推动而行动(跟'被动'相对)";二是"能够造成有利局面,使事物按照自己的意图进行(跟'被动'相对)"①。尽管相对自然选择的方式,适者生存是生物的主动适应,但是生物的主动适应是建立在本能反应基础上的适应,相对于人的主动就处于被动的情形。因此,本书将人和以人为核心的中等职业学校的适应性划分为两类:一是被动适应性,本书称之为自发适应性,是面对刺激或压力时的本能反应,与生物的适应性相同;二是主动适应性,本书称之为自觉适应性,是人和以人为核心的中等职业学校在面对问题的刺激或者困难的压力时主动地在感应中进行解析、行动、反思、学习、创新等操作,以解决问题和克服困难的能力。这些操作是有目的性、选择性的行动,这与一般生物只能依靠本能反应的被动适应有着根本性的区别。

对中等职业学校自发适应性和自觉适应性的概念划分具有认识论和方法论等三重意义:一是使我们认识到中等职业学校适应性的界定源于生物适应性,但是在生物适应性的基础上有了进一步的发展;二是为中等职业学校多元化发展的理论建构和实践探索奠定理论基础,为研究进一步展开起到了梳理作用;三是由于本研究属于破解中等职业学校发展"黑箱"的范畴,这样的划分使我们找到了打开中等职业学校发展"黑箱"、探索中等职业学校主动发展模式的"新钥匙"。

(四) 中等职业学校的多元适应性

从生物生态学的视野来看,生存环境的变化推进了生物的变异,生物的变异在与环境的变化建构着动态平衡的同时,促进了生物物种的多元化。从系统的角度而言,生物物种的多元化促进了生物与生存环境平衡性的提升。那么,从经济社会学的视野来看,经济社会是一个复杂系统,而当前我国经济社会发展的不平衡性更是进一步加剧了这一系统的复杂性,这就要求中等职业学校在自发的基础上进一步进行自觉的适应。这种在自发的基础上的自觉的适应必然推动着中等职业学校的多元化发展。从系统的角度而言,中等职业学校的多元化发展促进了中等职业学校与经济社会平衡性的提升,也就是促进了经济社会的和谐、协调发展。因此,多元适应性就是在多元化的个体(或个类)适应性基础上建构的群体(或群类)适应性。对系统而言,多元适应性更具有意义。多元适应性为从个体(或个类)适应性到系统的平衡性、协调性

---

① 中国社会科学院语言研究所词典编辑室.现代汉语词典(第6版)[M].北京:商务印书馆,2012:1699.

之间的研究建构了支架。

对中等职业学校而言，多元适应性的意义还在于其构成。一是学习者的适应性。学习者构成了中等职业学校培养目标的载体，中等职业学校的适应性最终表现为培养目标在技术发展、岗位变迁下的适应性，也就是学习者的适应性。二是教师、管理者的适应性。学习者的适应性要成为自觉适应性，源自有目的、有计划的教育活动。而在经济社会转型下中等职业学校教育活动的效率、效能、效益如何提升，以及中等职业学校如何实现主动发展，关键取决于教师、管理者的自觉适应性。三是课程、教学以及中等职业学校的适应性。中等职业学校主要通过中等职业学校及其课程、教学来实现其有目的、有计划的教育活动，因此，教师、管理者的自觉适应性必须通过中等职业学校及其课程、教学的适应性来展现，学习者的自觉适应性必须通过中等职业学校及其课程、教学的适应性来实现。

第二节　多元化发展的教育学基础

多元化发展的本质是适应。之所以以教育学为基础来建构中等职业学校的多元化发展，其原因主要有：第一，人是中等职业学校的核心，人的适应性是中等职业学校适应性的核心；第二，学习者是中等职业学校的培养对象，学习者的适应性是中等职业学校适应性的最终体现；第三，学习者作为人区别于生物本能反应的有目的、有计划地主动应对的自觉适应性，给予了教育学分析的空间。从教育学分析中等职业学校的多元适应性，主要是关注学习者的多元适应性，而与学习者多元适应性相关的理论主要有多元智能理论、大脑适应性发展的教育可能和时代背景下适应性的能力观。

一、多元智能理论

随着经济社会的不断发展，社会对于不同类型人才的需求日益突出，传统的以语言能力和逻辑数学能力为核心的整合的智能认识观的局限性日益显现。美国发展心理学家加德纳在研究的基础上提出了多元智能理论，一种全新的人类智能结构的理论。

（一）基本思想

多元智能理论对智能的定义和认识与传统的智能观是不同的。加德纳将智能定义为"在某种社会或文化环境的价值标准下，个体用以解决自己遇到的真正难题或生产及创造出有效产品所需要的能力"。这一概念充分强调了智能的多元性以及社会文化和教育对智能发展的决定作用。加德纳指出，"……生物的本能还必须与这一领域的文化教育相结合。如语言是人类共同拥有的技能，但在不同的文化中可以以写作、演讲和颠倒字母的文字游戏等不同的形式出现"[①]。

在加德纳的多元智能框架中，人的智能至少包括以下方面：语文智能（verbal-linguistic intelligence），主要是指听、说、读、写的智能；逻辑数学智能（logical-mathematical intelligence），主要是指运算和推理的智能；音乐智能（musical-rhythmic intelligence），主要是指感受、辨别、记忆、改变和表达音乐的智能；视觉空间智能（visual-spatial intelligence），主要是指感受、辨别、记忆、改变物体的空间关系并借此表达思想和情感的智能；肢体运动智能（bodily-kinesthetic intelligence），主要是指运用四肢和躯干的智能；内省智能（intrapersonal intelligence），主要是指认识、洞察和反省自身的智能；人际智能（interpersonal intelligence），主要是指人与人相处和交往的智能；自然观察者智能（naturalist intelligence），主要是指能够高度辨识动植物，对自然界分门别类的能力。由此可知，智能不是一种能力而是一组能力，智能不是以整合的方式存在的而是以相互独立的方式存在的。

（二）对多元适应性的诠释

从智能本质的角度而言，多元智能理论能够诠释适应性。多元智能是"个体用以解决自己遇到的真正难题或生产及创造出有效产品所需要的能力"，而且多元智能"解决问题的每一种技能都与生物本能有关"[②]。因此，从本质上来看，多元智能解决问题的根本能力来自生物的本能。而这与源自生物本能反应、"在面对问题的刺激或者困难的压力时主动地解决问题和克服困难的能力"的适应性显然并无差异。

从智能差异的角度而言，多元智能理论诠释了多元适应性。一是多元智

---

① Gardner H. Multiple intelligence：The theory in practice[M]. New York：Basic Books，1993：15 - 16.

② Gardner H. Multiple intelligence：The theory in practice[M]. New York：Basic Books，1993：7,15.

能理论认为,每个人的智能都有独特的表现方式,每一种智能又都有多种表现方式。从个体的角度而言,人的智能结构具有多元性,即由多种发展方向和程度的多元智能所构成。这就构成了个体意义上的人的多元适应性。二是多元智能理论认为,影响人的智能发展的因素有三种,即先天的资质、个人的成长经历和个人生存的历史文化背景。不同的人具有不同的先天资质、成长经历和其生存的历史文化背景,必然导致人的智能结构的差异性。这就形成了群体意义上的人的多元适应性。

加德纳指出,"时代已经不同,我们对才华的定义应该扩大"。如果将时代看作环境的话,那么"时代已经不同",实际上就是指环境发生了变化;如果将才华理解为智能的话,那么"我们对才华的定义应该扩大",可以理解为智能的多元化。智能在本质上与适应性并无区别,那么"时代已经不同,我们对才华的定义应该扩大"实际上就隐含着环境的变化要求着适应性的多元化。适应性的多元化是环境变化的必然结果,与时代发展建构起协调发展的平衡。

（三）基于多元智能理论下的中等职业学校适应性发展

多元智能理论改变中等职业学校现有的目标观。加德纳认为,"学校教育的宗旨应该是开发多种智能并帮助学生发现适合其智能特点的职业和业余爱好"[1]。他认为教育的目标并不只是培养学生的智能或基本学科内容和技巧,最终的目的必须是能够增加人类理解。他再三强调,只有建立这样的前提目标,才能清楚学校应该教什么和为什么要教那些课程。他说:"大家或许注意到我所提出的目标并不包括阅读写作能力的获取、基本事实的学习、基本技能的培养、精通那个学科的思考方式;对我而言,那些成就都应该算是方法而不是最终的目的……我们应该把它们当作一种工具,经由这些工具才能让我们对一些真正重要的问题、论点和议题达到进一步的了解。"[2]显然,当前我国中等职业学校以基础性的知识、技术和技能教育为内容的培养目标与多元智能的目标观存在明显的差距,中等职业学校现有的目标观需要进一步更新。

多元智能理论改变中等职业学校现有的课程观。一是中等职业学校要建

① Gardner H. Multiple intelligence:The theory in practice[M]. New York:Basic Books,1993:9.

② 霍华德·加德纳.再建多元智慧:21世纪的发展前景与实际应用[M].李心莹,译.台北:远流出版事业股份有限公司,2000:207-208.

构多元化的发展路径,形成个人化、自主性的人才培养方案。"个体之间的显著差异,使人有理由怀疑是否应该让所有的人学习相同的课程""如果我们忽略这些差异,坚持要所有的学生用同样的方法学习相同的内容,就破坏了多元智能理论的全部基础"[①]。二是中等职业学校要进一步推进课程的情境化和系统化建设。"智能是取决于个体所存在的文化背景中已被认识或尚未被认识的潜能或取向"[②]"智能分布于其他有关的人、工具、技术和符号系统之中""一个人所真正拥有的经验或技能,均来自分布着的智能的环境。只不过随着时间的进程渐渐内化或自动化为个人的经验或技能"[③]。三是中等职业学校要改进现有的标准化的课程评价模式。多元智能理论主张进行与学习过程相一致的情境化评估,对现有的机械性的评价方式而言,这一开放性和动态性的评价方式同样是一种颠覆性的革命。

多元智能理论改变中等职业学校现有的教学观。一是多元智能的教学强调教学过程中学生学习的主动性,反对来自教师外部强加的"制式"的教学。加德纳说:"我所提倡的,仅仅是为学生准备范围更广的可供选择的课程。"[④]二是多元智能的教学强调教学的情境性。加德纳建议学校教育吸收非学校模式,即"师徒模式"和"博物馆式的社会场景化学习过程和学习环境"的有效成分。三是多元智能的教学强调教学过程的生成性。加德纳提出,在多元智能理论的基础上要建立理解的课堂教学,而这种理解的课堂教学就是"重在理解的建构主义者的课堂教学","关键取决于每个学生在自己头脑中建构的模型"[⑤]。

二、大脑适应性发展的教育可能

在本质上,适应性与多元智能并无差异。加德纳在解释这一定义时指出,"解决问题的每一种技能都与生物本能有关,多元智能理论就是由这些生物本能构建而成的"[⑥]。那么,适应性或者多元智能是如何在生物的本能上建构的?

① Gardner H. Multiple intelligence:The theory in practice[M]. New York:Basic Books,1993:170,202.

② Gardner H. Multiple intelligence:The theory in practice[M]. New York:Basic Books,1993:221.

③ Gardner H. Multiple intelligence:The theory in practice[M]. New York:Basic Books,1993:224.

④ Gardner H. Multiple intelligence:The theory in practice[M]. New York:Basic Books,1993:182.

⑤ 曾晓洁.多元智能理论的教学新视野[J].比较教育研究,2001(12):25-29.

⑥ Gardner H. Multiple intelligence:The theory in practice[M]. New York:Basic Books,1993:7,15.

是否具有进一步发展的可能？这便是教育学的意义所在。

（一）大脑适应性发展的物质基础

从神经科学的视角来看，教与学是儿童大脑和心理发展的重要部分。大脑和心理发展与儿童和外部环境的不断互动有关——更准确地说，是从个体细胞外延到最显著的皮肤临界的环境层级。对于这种交互过程的本质的理解导致诸如"多大程度上取决于遗传，而多大程度上取决于环境"等问题。① 如果延伸至本研究，则可以产生"人的适应性多大程度上来自自发适应性以及多大程度来自自觉适应性"等问题。

在人的大脑中有许多神经元（即神经细胞），神经元之间进行信息传递的结合点被称为突触。突触具有刺激和抑制的属性。神经元整合源自突触的信息，然后决定输出。突触发展过程一般有三个阶段：未出生时，人脑仅拥有万亿个突触中的很少一部分；出生时，人脑的突触增至成人的三分之一；剩下的突触在出生后形成，这一进程部分受到经验的指引。

突触的形成具有两种方法。一是突触产出过剩，然后选择性消失。突触产出过剩和消失是大脑用以吸收经验信息的基本机制，通常出现在发展早期。在研究视觉反常的人的过程中，神经学家发现这样一种现象：如果在发展早期剥夺了一只眼睛的正常视觉经验，那么它便会永久性地失去把视觉信息传送到中枢神经的能力。在对猴子进行类似的实验中发现，正常的眼睛捕获到高于平均数的神经元，而有障碍的眼睛相应地失去了那些连接。二是现有突触的修正和全新突触的增添。不同于突触的过剩和消失的是，突触的修正和增添是终身的过程，由经验驱动。②

作为大脑用以吸收经验信息的基本机制，突触产出过剩和消失源自本能反应，可以视为人的自发适应性的表现。而现有突触的修正和全新突触的增添，构成了大脑吸收、处理经验信息的新机制。区别于大脑基本机制的特征是，新机制源自经验的驱动。也就是说，根据经验信息吸收和处理的需要，大脑在主动地建构更为通畅的接收渠道和更为强大的处理能力。这可能仍然是

① Eisenberg L. The social construction of the human brain[J]. American Journal of Psychiatry, 1995（11）: 1563b – 1575.

② 约翰·D.布兰思福特，等.人是如何学习的：大脑、心理、经验及学校（扩展版）[M].程可拉，冯亚玲，王旭卿，译.上海：华东师范大学出版社，2013：102 – 104.

一种自发适应性,但是已经为自觉适应性的萌芽和发展奠定了物质基础。

(二) 教学对大脑适应性发展的促进

对于动物的研究显示,在复杂环境中生活的动物,它们视觉皮质中每个神经元的突触拥有量比在标准笼子里圈养的动物高出 20% 到 25%。[1] 例如在大笼子里圈养的断奶老鼠,因为这些笼子里放进了一组供其玩耍和探究的不断变换的物体和其他一些诱发玩耍和探究行为的老鼠,在完成各种各样的问题解决任务时,这些老鼠比在标准的实验笼子里饲养的老鼠表现得更出色。[2] 有趣的是,在社会群体中相互接触以及与环境保持直接的物质接触是非常重要的。在丰富环境中独处的动物没有多少好处,在大环境中关在小笼子里圈养的动物情况也一样。[3] 这充分说明社会情境中学习的意义。显然,当动物学习时,它们给大脑添加了新的连接——一种不局限于早期发展的现象。[4] 在经验的驱动下,突触的形成是大脑适应性的重要形式。

这些脑结构的变化是大脑功能组织变化的基础。语言学习为教学提供了组织大脑功能的特别显著的例证。例如学习手语的聋人正是通过应用视觉系统替代听觉系统来学习交际。手语的感知取决于形状、相应的空间位置和手动的平行视觉感知——一种有别于口语的听觉感知的感知类型。当聋人用手语学习交际时,不同的神经系统加工替代了正常情况下用于语言加工的神经系统——这是一个重大突破。在使用手语和不使用手语的聋人的大脑中存在着明显的差异,可能是因为他们拥有不同的语言经验。在使用手语但听觉正常的人和使用手语的聋人之间存在着许多共性。[5] 这就是说,具体类型的教学可以修改大脑,使大脑能够通过选择性地感知输入来完成适应性任务。突触产出过剩和消失、现有突触的修正和全新突触的增添是大脑适应性的表现。

① Turner A M,Greenough W T. Differential rearing effects on rat visual cortex synapses. I. Synaptic and neuronal density and synapses per neuron[J]. Brain Research,1985(1):195-203.

② Rosenzweig M R,Bennett E L. Experiential influences on brain anatomy and brain chemistry in rodents[J]. Studies on the Development of Behavior and the Nervous System,1978(4):289-327.

③ Rosenzweig M R,Bennett E L. Cerebral changes in rats exposed individually to an enriched environment[J]. Journal of Comparative and Physiological Psychology,1972(2):304-313.

④ Greenough W T,Juraska J M,Volkmar F R. Maze training effects on dendritic branching in occipital cortex of adult rats[J]. Behavioral and Neural Biology,1979(3):287-297.

⑤ Friedman S L,Cocking R R. Instructional influences on cognition and on the brain[M]// Friedman S L,Klivington K A,Peterson R W. The brain,cognition,and education. Orando,FL:Academic Press,1986:319-343.

突触在指导性学习和通过个体经验来学习中进行修正和增添表明大脑具有适应性发展的可能。大脑能够根据具体类型的教学,通过选择性地感知输入来完成适应性任务,表明大脑的适应性具有多元化发展的可能。

教学对于大脑的发展可能有以下两点。一是教学能够促进大脑适应性的发展。教学促使大脑进行选择性的感知,大脑在选择性的感知中发生功能组织的改变,这表明大脑的适应性在教学中得到了发展。二是教学能够促进大脑适应性的多元化发展。不同类型的教学促使大脑进行不同的选择性的感知,大脑在不同的选择性的感知中发生不同功能组织的改变,这表明大脑的适应性在不同类型的教学中发生不一样的改变。也就是说,教学能够促进大脑的适应性向着多元化方向发展。

三、时代背景下适应性的能力观

知识经济时代下,在货物与资本的跨国流动基础上形成的跨文化交流、碰撞、冲突与融合,在计算机和各种通信工具、传播媒介连接基础上形成的十方世界的互联互通,以及在物质世界数据化基础上形成的生活方式、学习方式和工作方式的转变等,给予我们的严峻挑战是,如何适应这一频繁互动且具有不确定性的智能化环境? 这也就是要求人们获得不断自我更新的适应性发展,这便是时代背景下适应性的能力观。笔者主要从以下两个维度分析该能力。

（一） 普遍性意义上的适应性的能力

普遍性意义上对适应性的能力的认识较为典型的有:欧洲经济合作与发展组织(Organization for Economic Co-operation and Development,简称 OECD)、欧盟委员会和欧盟理事会提出的关键能力,美国国家研究理事会(National Research Council,简称 NRC)提出的"21 世纪能力",以及我国学者对未来"新人"素养的认识。

OECD 早就意识到这个问题,提出教育要培养"有关学生在主要学科领域应用知识和技能的能力,分析、推理和有效交流的能力,以及在不同情境中解决问题和解释问题的能力"[①]。与此相一致的是,欧盟委员会和欧盟理事会在

① 吴刚.奔走在迷津中的课程改革[J].北京大学教育评论,2013(4):20 - 50.

现代职业教育研究丛书

从单一走向多元：我国中等职业学校教育改革的方向与路径

2004 年对关键能力提出了指导意见,主张每个人应该能获取关键能力,未来学习成功都取决于关键能力。① OECD 进一步提出了终身学习的关键能力的构想,认为关键能力是要精心考虑个人成功生活和社会良好运作的社会心理先决条件,并不是随意决定需要什么样的个人品质和认知技能。OECD 提出的八项关键能力是:母语交流能力、外语交流能力、数学能力和基本的科学技术能力、数字化能力、学会学习的能力、社会与公民能力、创业精神、文化欣赏与表达的能力。② 该框架的深层根基是反思性思考和行动(reflective thought and action)。按照 OECD 表达的教育期望,教育是为学生的未来生活和工作做准备,所以需要一种前瞻性的思考,并用动态化的关键能力加以要求。

与 OECD 的能力观相似的是 NRC 提出的"21 世纪能力"。2012 年,NRC 发表《面向生活与工作的教育:发展 21 世纪可迁移的知识与技能》的报告③中提出了"21 世纪能力"的概念,其中包括认知的(cognitive)、内省的(intrapersonal)及人际的(interpersonal)三大胜任力领域。认知领域包含三类能力——认知过程及认知策略、知识、创造力,内省领域也包括三类能力——理智的开放性、职业道德及责任心、积极的核心自我评价,人际领域包括团队合作与领导两类能力。

国内的学者对此同样有着深刻的认识。叶澜充满激情地呼吁教育要培养"能在多样、变幻的社会风浪中把握自己的命运、保持自己追求的人,需要靠这样的新人来创造未来"④。她还把"新人"的素养概括为三方面。一是认知能力:具有捕捉、判断和处理信息的学习和创造能力,自我认识和自我调控的能力,立体、动态、多元统一的综合思维能力,以及体会人生与生命的内省思维能力。二是道德风貌:在积极向上的人生价值观指导下,形成热爱祖国和中华民族的崇高感情,具有社会公德和作为公民的责任感,成为既有理想和抱负,又能处理好个人与群体关系,愿为中国特色社会主义现代化事业作出贡献的未

①　Rychen D S,Salganik L H,滕梅芳,盛群力.勾勒关键能力,打造优质生活——OECD 关键能力框架概述[J].远程教育杂志,2007(5):24-32.

②　European Communities. Key competences for lifelong learning:European reference framework[R]. Luxembourg:Publications Office of the European Union,2007.

③　Pellegrino J W,Hilton M L. Education for life and work:Developing transferable knowledge and skills in the 21st century[M]. Washington,DC:The National Academies Press,2012:4-6.

④　叶澜.时代精神与新基础教育理想的构建——关于我国基础教育改革的跨世纪思考[J].教育研究,1994(10):3-8.

来新人。三是精神力量:自信、自强,有迎接挑战的冲动与勇气,有承受挫折、战胜危机的顽强精神,热爱生命,能在改变和完善外部世界的过程中,不断完善和超越自己,实现终身学习和终身发展。①

(二) 职业教育意义上的适应性的能力

从职业教育的特殊性意义上对适应性的能力的认识是基于对能力本位教育的还原主义的能力观的批判上建构的能力观,主要有两种不同类型:一是普适性的一般素质导向的能力观;二是一般素质与具体情境联系起来的整合的能力观。

在实用主义思想的引导下,职业教育强调"实用之知能"②,能力本位教育(Competency Based Education,简称 CBE)在此基础上形成了职业教育课程开发的范式,即"建立在对某一职业岗位所需能力的鉴别和陈述的基础上……一般是以特定的行为化目标来陈述所鉴别出来的操作技能。随后,就按照从简单到复杂的顺序来排列这些目标,以此作为教学顺序以帮助学生掌握这些行为目标……"③。能力本位教育的这一还原主义的能力观受到了研究者的批判,石伟平指出,"以具体任务来分解能力必然是琐碎和不完整的,它忽视了作为操作性任务技能之基础的基本素质的重要性;它忽视了团体合作对个体操作行为的影响;它忽视了在真实的职业世界中人们工作表现的复杂性以及在智能性操作中专业判断力所起的重要作用……它也许适用于针对性较强的技能培训,但对于专业性教育的适应性却值得怀疑"④。

技术发展下技术知识半衰期的急剧缩短,具体职业知识技能老化的加速及其造成的各行业间劳动力流动和适应性问题,以及经济界对劳动力需求和教育界对劳动力培养之间的协调问题日益突出,为此联合国教科文组织在1999 年第二届国际职业技术教育大会提出一种新的能力观,既要为从事现有的工作做准备,又要培养一种对尚未想象出来的工作的适应能力。这实际上就是要求"在职业教育与培训中,除了要培养学生具备针对具体岗位所需要的

① 叶澜."新基础教育"探索性研究报告集[M].上海:上海三联书店,1999:9-10.
② 中华职业教育社.黄炎培教育文选[M].上海:上海教育出版社,1985:44.
③ Burns R W,Klingstedt J L. Competency-based education:An introduction[M]. Englewood Cliffs,NJ:Educational Technology Publications,1973:7.
④ 石伟平.比较职业技术教育[M].上海:华东师范大学出版社,2001:298-299.

职业能力外,还要培养学生的关键能力(key competencies)"①。澳大利亚教育审议会迈耶委员会指出,"现代社会中的工作性质与工作组织结构发生了很大变化,这种变化体现为人们的工作角色更加复杂,在工作组织中要求个体更多地承担计划与决策的责任。这样,个体的一般素质,诸如创造力、想象力、事业心、批判性思维能力等,在提高工作绩效中就被赋予了更高的价值"。尽管关键能力在不同的国家有着不同的术语,但都是指可迁移、促进性、一般性的技能,也就是说,这一能力是具有普适性的一般能力。

但是人们进一步发现,脱离具体工作情境的普适性的一般能力是缺乏意义的,因此又提出了将一般素质与具体情境联系起来整合的能力观。1975 年,美国学者盖力和波尔提出,"能力是与职位或工作角色联系在一起的,胜任一定工作角色所必需的知识、技能、判断力、态度和价值观的整合就是能力"。英国在其 1984 年颁布的《走向能力本位体制》文件中这样表述能力:"能力不仅包括就业与工作的其他方面的技能,也包括扮演各种角色时表现出的成熟度与责任感,还包括作为能力要素的经验。"1992 年,澳大利亚国家培训不再局限于琐碎的任务技能,从广义上理解能力,他们认为,"能力包括:一是能完成特定任务(任务技能);二是能在工作范围内处理纷繁复杂的不同任务(任务管理技能);三是能处理日常工作中的故障与突发事件(应急处理能力);四是与人共事时能正确处理个人责任和个人期望(角色或环境技能)"②。

第三节 多元化发展的管理学基础

学生的适应性是中等职业学校适应性的表现,教师的适应性是中等职业学校适应性的关键,课程、教学的适应性是中等职业学校适应性的核心。要通过教师及其课程、教学的适应性来促进学生适应性的发展,必然离不开管理。与中等职业学校多元化发展相关的管理学理论主要有复杂性理论、自组织理论和组织变革理论。

---

① 石伟平.比较职业技术教育[M].上海:华东师范大学出版社,2001:296.

② Harris R M,Guthrie H,Hobart R B,Lundberg D. Competency-based education and training:Between a rock and a whirlpool[M]. South Melbourne:Macmillan Education,1995:20.

一、复杂性理论

经济社会是一个极其复杂的系统,而我国经济社会的"双重社会转型"①,更是从无序到无序中的有序,从复杂到复杂中的复杂的过程。想要从总体上把握我国经济社会发展中的复杂现象,寻求当前我国中等职业学校多元适应性的发展规律,必须借助复杂性理论。

（一）复杂性理论的基本内涵

复杂性理论并不是一门具体的学科理论,复杂性是简单性和复杂性的统一;它是进行选择、层次化、分离和化归的简化过程与进行沟通即连接那些被分离和被区别的方面的反过程的统一;因此它既反对只见部分的还原主义思想,又反对只见全体的整体主义思想,而表现为它们的结合②。复杂性理论通过非还原论的、综合的、整体主义的研究方法论来界定复杂性科学及其研究对象,打破了传统理性主义、自然科学的线性思维模式、机械还原论以及学科分化所带来的弊端,其基本特征如下。

其一,非线性、整体性与动态生成性。复杂性理论研究的是非线性系统,在研究中只能从整体把握而不能采用叠加的方式。复杂系统的演化有时间变量的参与,具有动态生成性。复杂系统由多要素、多层次共同组成,并且各要素彼此影响,相互耦合,一个变量的微小变化对其他变量乃至整个复杂系统都有着不成比例的、巨大的影响。这正如尼科里斯和普利高津指出的"在一个线性系统里,两个不同因素的组合作用只是每个因素单独作用的简单叠加。但在非线性系统中,一个微小的因素能导致用它的幅值无法衡量的戏剧性效果"③。

其二,混沌。洛伦兹在用计算机模拟地球气候变化时,发现初始条件十分微小的变化经过不断放大,对其未来状态将造成巨大的差别,他将这一现象称为混沌。他这样比喻:"一只南美洲亚马孙河流域热带雨林中的蝴蝶,偶尔扇动几下翅膀,可以在两周以后引起美国得克萨斯州的一场龙卷风。"混沌是复

① 万恒.社会分层视野中职业教育价值的再审视[D].上海:华东师范大学,2009:1.

② 转引自陈一壮.论法国哲学家埃德加·莫兰的"复杂思想"[J].中南大学学报(社会科学版),2004(1):11-15.

③ G.尼科里斯,I.普利高津.探索复杂性[M].罗久里,陈奎宁,译.成都:四川教育出版社,1986:64.

杂系统在演化过程中的表现，"一个有序与无序统一的世界，一个完全性与不完全性统一的世界，一个自相似与非相似统一的世界，一个遵循辩证法规律的世界"①。

其三，涌现。涌现是"复杂系统中子系统或基本单元之间的局部交互，经过一定的时间之后在整体上演化出一些独特的、新的性质"②的现象。如霍兰所指出的行为主体的"相互作用和不断适应的过程，造成了个体向不同方向发展演化，从而形成了个体类型的多样性。而从整体上讲，这事实上是一种分工。如果与前面所讲的聚集结合起来看，这就是系统从宏观尺度上看到的'结构'的'涌现'"③。涌现是复杂系统演化的内在特性，表明系统的性质和功能不是由组分的性质和功能叠加而成的，而是在组分的相互作用的基础上产生出的新性质和功能。④ 在每一个阶段，先形成的结构都会形成和产生新的突然出现的行为表现。我们面临的挑战，也就是如何发现涌现的基本法则。⑤ 复杂系统突现的平衡点是一个经常变换在停滞与无政府两种状态之间的战区，这便是复杂系统能够自发地调整和存活的地带。⑥

其四，非还原性和不可逆性。非还原性是指"对各因素、各层次的分析研究不能取代对整体的研究，整体的性状也不会在部分中体现出来""这是因为由多因素、多层次组成的复杂系统在经过了突现之后，已产生了不同于各因素、各层次的新的性态"⑦。不可逆性是指"系统新质一旦生成，就不可能再通过对系统进行分解、通过对其要素性能的了解而达到对系统新质的完全把握""若一个系统在进化的过程中可以通过逆过程一步步分解，那么这个系统就是确定的，就不具有复杂性"⑧。

（二）复杂性理论的分析框架

以复杂性研究为中心议题的圣菲研究所聚集了一批来自不同学科、勇于

---

① 转引自吴东方.复杂性理论观照下的教育之思[D].西安:陕西师范大学,2009:34.
② 宋娟.基于复杂性理论的技术联盟知识转移影响因素研究[D].长沙:中南大学,2011:28.
③ 转引自冯德雄.企业适应性成长研究[D].武汉:武汉理工大学,2003:60.
④ 吴东方.复杂性理论观照下的教育之思[D].西安:陕西师范大学,2009:34.
⑤ 同①.
⑥ G.尼科里斯,I.普利高津.探索复杂性[M].罗久里,陈奎宁,译.成都:四川教育出版社,1986:83.
⑦ 同④.
⑧ 宋娟.基于复杂性理论的技术联盟知识转移影响因素研究[D].长沙:中南大学,2011:30.

探索这一新领域的科学家。他们形成了复杂性理论研究的框架,如图 4-3 所示[①]。一是复杂性的根源:适应性的行为主体;二是动力机制:竞争与协同、多样化和定型化;三是控制参数:外部控制参数(物资、能量和信息的流通水平)、行为主体的关联程度(竞争和协同)、行为主体模式的差异水平;四是演化的图景:混沌边缘的系统相变、分形和自相似、总会有许多小生境;五是混沌边缘:一个系统中的各个因素从无真正静止在某一个状态,但也没有动荡至解体的那个地方。

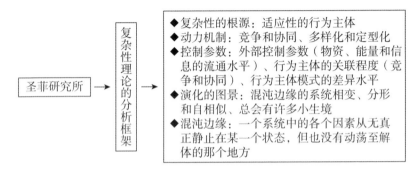

圣菲研究所 → 复杂性理论的分析框架 →

◆复杂性的根源:适应性的行为主体
◆动力机制:竞争和协同、多样化和定型化
◆控制参数:外部控制参数(物资、能量和信息的流通水平)、行为主体的关联程度(竞争和协同)、行为主体模式的差异水平
◆演化的图景:混沌边缘的系统相变、分形和自相似、总会有许多小生境
◆混沌边缘:一个系统中的各个因素从无真正静止在某一个状态,但也没有动荡至解体的那个地方

图 4-3 复杂性理论的分析框架

行为主体不仅可以改变自己的行为模式适应环境,还可以通过自己的行为改变系统行为模式,这也是复杂性的根源。一是系统是由互动的行为主体组成的网络,行为主体相互作用、相互影响,并在进化中影响其他子系统行为主体的进化;二是行为主体的集聚和相互作用实现整体上的涌现,形成一种新的有序结构,出现新的规律和特征,形成错综复杂的多层次组织;三是行为主体都拥有一定的智能,即具有主动性和适应能力,使得复杂系统的运行特征难以预测;四是行为主体都会预期将来,可以在特定的情况下被激活,进入运行状态,在系统中产生行为效果。[②]

(三) 基于复杂性理论的中等职业学校多元适应性

从复杂性理论的角度来看,中等职业学校多元适应性是经济社会这一复杂系统协调发展的必然要求,其首先表现为行为主体的多元化:一是基本单元,学生、教师和职工是构成行为主体的基本单元;二是功能单元,即在聚合中形成的具有功能性的新的行为主体,如班级、系部、教研组以及行政管理机构、

① 转引自冯德雄.企业适应性成长研究[D].武汉:武汉理工大学,2003:58.
② 冯德雄.企业适应性成长研究[D].武汉:武汉理工大学,2003:58-60.

研究机构等;三是系统单元,即在进一步聚合中形成的行为主体的系统单元,如中等职业学校等。

中等职业学校多元适应性还表现为行为主体发展的多元化:一是基本单元在进化中的分化,如教师和职工工作岗位要求分化,学生的分专业及其成长中的能力差异等;二是功能单元在进化中的分解、重组以及职能的转换、新增,如中等职业学校中管理机构的调整等;三是系统单元在进化中的发展,如中等职业学校办学目的的升级和转型等。

要推进中等职业学校多元适应性的发展,复杂性理论给予的基本启示有:一是行为主体主动性和适应能力的解放与培育是中等职业学校适应当前我国经济社会转型的基础;二是竞争和协同、多样化和定型化的发展机制的建构是中等职业学校多元适应性的保障;三是要从整体、系统的角度推进中等职业学校多元适应性的发展。

二、自组织理论

中等职业学校要适应我国经济社会从无序到无序中的有序、从复杂到复杂中的复杂的"双重社会转型"[①],其组织结构与功能必然需要在这一过程中实现相同组织层次上从简单到复杂的水平增长,由从有特定干预下的演化到无特定自演化的发展,这需要研究自组织理论。

(一) 自组织理论的基本内涵

自组织作为一个哲学概念由康德提出。康德认为,自组织的自然事物具有这样一些特征:它的各部分既是由其他部分的作用而存在,又是为了其他部分、为了整体而存在;各部分交互作用,彼此产生,并由于它们间的因果联结而产生整体,只有在这些条件下且按照这些规定,一个产物才能是一个有组织的且是自组织的物,而作为这样的物,才称为一个自然目的。他举例说,钟表是有组织的却不是自组织系统,因为它的部分不能自产生、自繁殖、自修复,而要依赖于外在的钟表匠。[②]

哈肯提出学界公认的自组织概念:如果一个体系在获得空间的、时间的或

① 万恒.社会分层视野中职业教育价值的再审视[D].上海:华东师范大学,2009:1.
② Kant I. Critique of judgment[M]. Pluhar W S, trans. London: Hackett Publishing Company, 1987: 253.

功能的结构过程中,没有外界的特定干涉,我们便说该体系是自组织的。这里的"特定"一词是指那种结构或功能并非外界强加给体系的,而且外界是以非特定的方式作用于体系的。

吴彤认为,作为一种过程演化的哲学上的概念抽象,自组织概念包含三类过程:第一,由非组织到组织的过程演化;第二,由组织程度低到组织程度高的过程演化;第三,在相同组织层次上由简单到复杂的过程演化。他进一步指出,第一个过程是从非组织到组织、从混乱的无序状态到有序状态的演化,需要研究的是组织起点和临界问题;第二个过程是一个组织层次跃升的过程,是有序程度通过跃升得以提升的过程,是另一种类的革命,研究的是组织复杂性问题;第三个过程标志着组织结构与功能在相同组织层次上从简单到复杂的水平增长。这三个过程形成了组织化的连续统一体。①

(二) 自组织理论的分析框架

自组织理论以一切自组织现象为研究对象,关注的是开放系统中自组织结构如何产生、演化,以及由系统内在演化机制而导致的系统外部表现。系统的概念取自热力学与统计物理,其中有三种类型:一是同外界既没有能量交换也没有物质交换的孤立系统;二是同外界只有能量交换而无物质交换的封闭系统;三是同外界既有物质交换又有能量交换的开放系统。社会科学领域内引入开放系统时进行了概念泛化,是指与外界有物质、能量和信息交换的系统。② 其理论的分析框架如图4-4所示③。

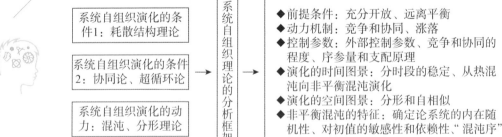

图4-4 系统自组织理论的分析框架

① 吴彤.自组织方法论研究[M].北京:清华大学出版社,2001:10.
② 刘菊,戴军,解月光.自组织理论及其教育研究应用前景探析[J].远程教育杂志,2012(1):37-45.
③ 冯德雄.企业适应性成长研究[D].武汉:武汉理工大学,2003:68.

在耗散结构理论中,自组织结构指的就是耗散结构:一个远离平衡状态的开放系统,通过不断地与外界交换物质和能量,在外界条件的变化达到一定的阈值时,可能从原有的混沌无序的混乱状态,转变为一种在时间、空间或功能上的有序状态,这种在远离平衡情况下所形成的新的有序结构,即为耗散结构。① 耗散结构理论被视为自组织理论的核心,它不仅探查出耗散结构形成的条件,更揭示了耗散结构演化的机制。一个耗散结构由许多元素通过非线性相互作用而形成,这些元素的运动是永恒、随机的。一个耗散结构在任一时间点上的存在状态都是不同的,同时每个存在状态都要受到系统内部元素随机运动带来的局部微小扰动。如果系统处于接近平衡态的线性平衡区,这种扰动至多产生暂时的失稳后被系统耗散而衰落直至消失,系统恢复稳定状态;如果系统处于远离平衡态的非线性区,此时来自系统内部的一个随机的微小扰动都足以通过相互作用被放大,成为一个系统整体的、宏观上壮大的"巨涨落",导致系统进入不稳定状态,再跃迁生成新的稳定有序的耗散结构。②

协同学不同于耗散结构理论从摸索耗散结构形成条件的角度研究系统的演进,它是围绕着协同和竞争两种系统运作机制研究系统各部分怎样合作并通过自组织来产生空间、时间或功能结构的。③ 对于开放系统的演化机制,哈肯认为,自组织系统演化的动力来自系统内部的两种相互作用:竞争和协同。子系统的竞争使系统趋于非平衡,而这正是系统自组织的首要条件,子系统之间的协同则在非平衡条件下使子系统中的某些运动趋势联合起来并加以放大,从而使之占据优势地位,支配系统整体的演化。协同学中还有另外两个中心概念不可忽视:序参量和伺服。序参量和系统内部大量子系统运动状态的相互作用过程就是伺服过程,即大量子系统的相互作用产生序参量,而大量子系统又伺服于序参量的过程。④

突变论以稳定性理论为基础,着重考查动态过程,依靠一定的数学法则得出运动变化的规律和特点,其主要任务是建立突变现象的定性、定量

① 湛垦华,沈小峰,等.普利高津与耗散结构理论[M].西安:陕西科学技术出版社,1998:编者前言.
② 沈小峰,湛垦华.耗散结构理论和自然辩证法[J].自然辩证法通讯,1980(2):37－43.
③ 刘菊,戴军,解月光.自组织理论及其教育研究应用前景探析[J].远程教育杂志,2012(1):37－45.
④ 吴彤.自组织方法论研究[M].北京:清华大学出版社,2001.

模型,为现实世界的形成变化问题中的突变理象提供了数学框架和工具,这是耗散结构理论和协同学的数学工具和基础。突变与渐变的本质区别在于变化率在变化点附近变化的性质是否不连续。突变表示变化的间断,而渐变则是原来变化的延续。变化的过程及其前后的状态是突变论的研究重点。在一切事物的所有状态中,稳定态和非稳定态总是交替存在的。稳定态和非稳定态的区别在于受到微小扰动影响的情况下,系统能否保持原来的状态。事物从非稳定态向稳定态变化,是客观世界运动变化的一种普遍趋势。

（三）基于自组织理论的中等职业学校多元适应性

发轫于物理、化学研究的自组织理论,已经应用于生物学、医学、农学、工程技术,甚至在社会经济、管理、文化等各个领域,探索其中的自组织现象,分析自组织结构的形成条件、演化机制等问题,自组织理论为自然科学、社会科学研究者们带来了一场深刻、彻底的科学研究范式的转换。对中等职业学校多元适应性而言,其意义可以从三方面认识:一是从教学的角度而言,推进一种协同学意义上的教学关系构建和教学结构变革,建构表现为协同和竞争的学习机制,实现学习的自组织;二是从课程的角度而言,应根据中等职业学校学生的发展规律和已有经验,建构具有开放性的、远离平衡态的、协调的、非线性地相互作用着的经验,以帮助变化的、复杂的、鲜活的学生获得经验的扩充和扩展,实现课程的自组织;三是从组织管理的角度而言,应根据经济社会转型以及区域经济社会发展的要求,建构具有开放性的结构和机制,推进中等职业学校及其发展的自组织。

三、组织变革理论

知识经济时代下,产业的转型升级和技术的更新换代已经势不可当,市场环境变化日趋加剧,企业赖以生存的环境的不确定性日益增强,企业的战略转型和组织变革已经成为其适应性发展的"新常态"。企业的战略转型和组织变革必然要求着中等职业学校作出相匹配的回应。由此可知,组织变革理论对于中等职业学校多元适应性的分析有着极为重要的意义。

（一）组织变革理论的基本内涵

组织变革与组织的历史一样悠久。[①] 从某种意义来看,任何组织的决策都可以视作组织变革的某种形式,是组织对于环境变化的适应。对于组织变革,有以下三种认识:一是组织结构的变革,即组织结构有计划的改变,包括职位的增加、任务的重新安排、现职人员的更迭和预算的增减等;二是包括组织结构、知识技能、组织沟通、组织文化的变革,即一种能够促进组织结构、过程(如人际关系或角色等)、人员(如风格、技能等)和技术等的变革和发展方法;[②]三是系统性的组织变革,其中主要包括个体、群体和组织等三个层次的变革。

组织变革最为经典的认识莫过于"解冻—变革—再冻结"[③]的组织变革三段论:解冻是指设立组织变革的激励或动机,即鼓励员工改变原有的行为模式或工作态度,并采取新的适应组织战略需要的行为模式或态度。在此基础上的变革成为关键环节,通过这一环节形成新的观念、信息、行为模式或态度。再冻结是指在变革之后,组织通过各种手段和方法,使这些新的行为模式或态度稳固下来,从而达成组织新的平衡状态。很明显,再冻结是对变革成果的巩固,是变革成功的保障。[④] 之后的研究者在此基础上有所发展,对组织变革的复杂性有着更为深刻的认识。

转型不同于一般性的变革,转型是企业在急剧转型的经济社会、日趋激烈的市场竞争下,面临原有产业已难以提供足够的成长空间的困境时的必然选择。利维等认为,转型是指组织在不能像以前那样正常运转时所作出的一种反应,是组织为了继续生存而在各个领域进行的激烈改组。转型是一种彻底、全面的变革,它需要解决组织的核心流程、精神、意识、创新能力和进化等方面的问题。[⑤] 沙欣认为,转型是整个组织在价值、形态、态度、技巧和行为上的转移,使组织更有弹性,能及时反映环境的各种变化。[⑥] 科宁等认为,组织转型可

① Burke W W. Organization change:Theory and practice[M]. Thousand Oaks,CA:Sage Publications, 2011.

② Friedlander F,Brown L D. Organization development[J]. Annual Review of Psychology,1974,25: 313 – 341.

③ Lewin K. Field-theory in social science[M]. New York:Harper and Row,1951.

④ 唐琳琳.组织变革领导力的概念模型及其效能机制研究:基于 ASD 理论的视角[D].杭州:浙江大学,2009:4.

⑤ Levy A,Merry U. Organizational transformation:Approaches,strategies,theories[M]. New York: Praeger,1986.

⑥ Shaheen G T. Approach to transformation[J]. Chieh Executive,1994(3):2 – 5.

以从两个维度来定义：一是通过组织逻辑的根本性变化来实现组织行为的根本性变革；二是通过组织行为的根本性变化来实现组织逻辑的根本性变革。①

相比于一般的变革，转型是一个全方位、整体性的组织变革：一是在新思想、新机会、新观念的驱动下对具体企业战略和管理过程的变革；二是涉及整个组织，是全方位的而不仅仅是局部的改良；三是转型必须触动企业深层次的内容，如企业信念和行为等，并努力促使其转变；四是需要构筑和培育一个面向新愿景的能力结构、业务结构和竞争战略，以确保新目标的实现；五是必须构筑一个新的管理系统和运营系统，包含业绩评估、激励、员工职业生涯规划管理以及生产发展和运营等。②

从转型和升级之间的比较来看，转型通常指向超越原有核心技术或经验领域，而升级则是在原有核心技术或经验领域基础上的提升。升级可以看作企业的专业化程度，即企业最大、单一、核心产品的比重；而转型则是超越原有核心技术或经验领域，进而创造新市场的过程，也就是从原有核心领域转换到新领域的过程。

（二）组织变革的 ASD 模型

王重鸣结合中国文化背景，在施耐德提出的个体与组织匹配的"吸引—选拔—退出（Attraction-Selection-Attrition，简称 ASA）"模型的基础上提出了适合中国国情的"吸引—选择—发展（Attraction-Selection-Development，简称 ASD）"模型，即 ASD 成长模型。王重鸣又在 ASD 成长模型的基础上，进一步提出了修正后的应用于组织水平的"适应—选择—发展"的 ASD 成长模型。"适应—选择—发展"的 ASD 成长模型是从组织层面看待企业的成长，认为其发展战略是差异化的。适应阶段是指组织对其内部或外部环境的感知和接受，是对机会和风险的识别；选择阶段是指组织面临环境的变化时所作出的战略选择、调整或变革；发展阶段是组织成长的阶段，是在组织适应和选择的前提和基础上，确保整个组织的未来成长趋势和方向。③

---

① Muzyka D, Koning A D, Churchill N. On transformation and adaptation: Building the entrepreneurial corporation[J]. European Management Journal, 1995(4): 346－362.

② Prahalad C K, Oosterveld J P. Transforming internal governance: The challenge for multinationals [J]. Sloan Management Review, 1999(3): 31－39.

③ 唐琳琳.组织变革领导力的概念模型及其效能机制研究：基于 ASD 理论的视角[D].杭州：浙江大学,2009:10.

组织的持续竞争优势来自组织对环境变化的适应。组织适应是指组织通过创新来实现技术改造和流程改进,从而适应目标市场和组织内部的变化,并且在提高绩效增长的同时,不断降低运营成本。组织的生存与成长需要依赖组织适应力所带来的独特优势。影响组织适应的因素具体如下:一是在组织变革的适应阶段,技术和资源积累成为影响组织适应的关键要素。有研究者指出,企业资源和能力充当着企业未来战略的认知驱动力,[①]组织资源能力的积累和改进机制是组织适应的基础性问题。[②] 二是异质性知识或互补性知识对组织适应具有重要作用。有研究者认为,企业异质性知识资源是提高组织柔性和组织适应的途径之一,[③]或认为互补性知识资产能够为企业带来竞争优势,降低组织刚性,这些互补性资产都可以提高组织的适应能力。[④] 三是新知识的创造、利用和再发展对组织适应具有显著影响。有研究者认为,随着新知识的创造、利用和再发展,组织对外部环境变化的适应不断增强,从而可以创造和扩大新的市场,对企业资源进行重新分配,而资源的重新配置会进一步增强企业的成长活力,进而迅速适应新的市场环境。

(三) 基于组织变革理论的中等职业学校多元适应性

对中等职业学校尤其是后发型中等职业学校而言,其组织变革不仅是企业的战略转型和组织变革的要求,更是其面临同类学校竞争、自身生存发展的要求。组织变革理论给予了学校组织变革三方面的指导:一是通过对外部环境和内部组织的分析,认识学校的发展机会和存在风险;二是根据地方产业、企业和学习者的发展需求和学校的实际情况,拓展办学目的,发展专业建设特色,形成差异化发展战略;三是根据办学目的和专业建设需要,调整资源配置,推进机制建设,增强学校发展适应性。

① Itami H, Numagami T. Dynamic interaction between strategy and technology[J]. Strategic Management Journal,1992(S2):119 – 135.

② Teece D J, Shuen P A. Dynamic capabilities and strategic management[J]. Strategic Management Journal,1997(7):509 – 533.

③ Kogut B, Zander U. Knowledge of the firm, combinative capabilities, and the replication of technology [J]. Organization Science,1992(3):383 – 397.

④ Teece D J. Profiting from technological innovation: Implications for integration, collaboration, licensing and public policy[J]. Research Policy,1986(6):285 – 305.

.

第五章

中等职业学校多元化
发展的基本框架

通过前文的分析,我们已经认识到从单一化走向多元化是中等职业学校教育改革的必然方向,也已经认识到中等职业学校多元化发展在本质上是对当前我国经济社会转型的适应。但是,中等职业学校如何才能实现从单一化走向多元化,本章将从培养目标、课程和教学等维度来建构中等职业学校多元化发展的基本框架。

第一节　中等职业学校多元化培养目标的建构

教育目的决定了教育活动,由此而言,作为具体教育类型的特殊的教育目的,中等职业学校的培养目标是其课程体系、教学活动建构的基本依据。因此,建构多元化发展的中等职业学校首先要建构其多元化的培养目标。然而要建构中等职业学校多元化培养目标,就要研究其基本规格和基本原则,更要在此基础上研究其主要类型和建构路径,以便于学校教育改革的实践。

一、多元化培养目标的基本规格

认识中等职业学校多元化培养目标的基本规格,首先要理解基本规格的内涵,其次要认识其在培养目标多元化下的意义,再次要把握中等职业学校培养目标基本规格的界限,最后要建构中等职业学校培养目标基本规格的框架。

(一) 基本规格的内涵

所谓规格,是指具体的、可测量的质量标准,具有确定性。培养目标的规格不仅保证了中等职业学校培养目标与其他教育类型、层次培养目标的差异性,还保证了中等职业学校中不同专业培养目标的差异性,实现中等职业学校培养目标与特定职业活动所需要的职业能力的吻合。但是,作为具体的、可测量的质量标准的规格并不能涵盖宏观层面的中等职业学校人才培养质量的全部,其原因如下:一是具体的、可测量的质量标准不足以应对不同区域经济社会发展中的不平衡性;二是具体的、可测量的质量标准不足以应对人的多元化的潜质可能;三是具体的、可测量的质量标准无法衡量中等职业学校人才培养质量中不可测量的隐性部分。而所谓基本规格,一是指向通用的、共有的质量标准,期望能够涵盖中等职业学校人才培养质量中可测量的显性部分,而非局限于某一或某些具体的质量指标。从这一意义上看,基本规格具有一定的确定性。二是指向超越具体意义的本质要求,期望能够涵盖中等职业学校人才培养质量中不可测量的隐性部分,而非为具象的质量指标所限制。从这一意义上看,基本规格还存在不确定性。

（二）基本规格的意义

有研究者认为,培养目标的多元化与培养目标的基本规格是相互矛盾的存在,培养目标的多元化是一种发展的自由,但是基本规格的存在则限制了这种自由。如果把培养目标的多元化看作在空中自由翱翔的风筝的话,那么培养目标的基本规格就应该是那根系着风筝的线。鲍曼指出,如果确定性中没有注入自由,最终将证明是很不确定的确定性。如果自由中没有确定性的注入,最终证明只能是极不自由的自由。[①] 也就是说,只有存在基本规格的确定性,才有培养目标多元化的依据。建构中等职业学校培养目标的基本规格,期望能够把握中等职业学校质量的指向;建构中等职业学校培养目标的某种确定性,为中等职业学校培养目标的多元化发展提供基本依据。只有存在基本规格的不确定性,才有培养目标多元化的可能。建构中等职业学校培养目标的基本规格,关键在于把握中等职业学校质量的指向,保存基本规格中的不确定性,为中等职业学校培养目标的多元化发展提供可能性。

（三）基本规格的界限

作为确定性的基本规格,一定存在某一界限,这一界限来自以下三方面。一是中等职业学校的特殊性办学目的。中等职业学校的特殊性办学目的体现在职业教育的特殊性上,即"服务于个体就业与经济发展需要"[②]。职业教育的逻辑起点是职业活动。让学员获得特定职业活动所需的职业能力是任何时期、任何国家、任何院校职业教育的核心目标。[③] 那么,作为职业教育类型的中

① 齐格蒙特·鲍曼.共同体[M].欧阳景根,译.南京:江苏人民出版社,2003:18.
② 徐国庆.职业教育课程论(第二版)[M].上海:华东师范大学出版社,2015:83.
③ 匡瑛.究竟什么是职业能力——基于比较分析的角度[J].江苏高教,2010(1):131-133,136.

等职业学校,同样不能例外。因此,其培养目标的基本规格必须以培养特定职业活动所需要的职业能力为依据,形成通用的、共有的限定。这构成了中等职业学校培养目标基本规格的边界。二是中等职业学校培养目标的入学基础。当前我国中等职业学校的学习者一般是初中毕业生,年龄在16—19岁之间。初中教育培养目标的基本规格以及16岁青少年身心发展的状况,就构成了中等职业学校培养目标基本规格的基础。三是中等职业学校的培养时限。中等职业学校的培养时限是指学习者接受中等职业学校教育的时间长度。当前我国中等职业学校的学制通常情况下为三年,按每周40学时、每学期20周计算,三年的有效学习时间为4800学时。那么,中等职业学校培养目标的基本规格必须考虑4800学时下培养目标发展的可能。

（四）基本规格的框架

《现代职业教育体系建设规划(2014—2020年)》中的《教育体系基本框架示意图》显示,中等职业学校横向上与普通高中教育并列为高中阶段教育,纵向上与应用技术本科教育和高等职业专科教育对接。那么,作为指向通用的、共有的质量标准,中等职业学校培养目标的基本规格应该与普通高中教育培养目标、高等职业专科教育培养目标和应用技术本科教育培养目标既存在相关性,又存在差异性。从这个意义上讲,中等职业学校培养目标的基本规格不是一个独立的存在,而是教育体系培养目标系统中的一个组成部分。因此,单独思考中等职业学校培养目标的基本规格难免成为一种自言自语。尽管如此,我们仍然可以为中等职业学校培养目标的基本规格设计如下框架。一是技术技能人才。培养技术技能人才是中等职业学校特殊性办学目的的必然体现。不仅如此,基本规格要在以当前职业岗位的技术技能需求为基本立足点的同时,也关注到人的职业发展所需要的"软技能",如从顺从到质疑,从文字素养到数字素养、信息素养、艺术素养、设计思维、创新思维等,这是知识经济时代,尤其是当前我国经济社会"双重社会转型"的必需品。二是现代公民。作为16—19岁的青少年,应当通过中等职业学校成长为思想成熟、身心健康、热爱生活的现代公民。作为确定性和不确定性的矛盾统一体,基本规格的建构极富意义却也极具挑战,需要在实践的检验中不断完善。

二、多元化培养目标的建构原则

尽管基本规格为中等职业学校培养目标的多元化建构了内核,但是中等职业学校培养目标的多元化依旧是一个创造、创新的过程。要使中等职业学校多元化的培养目标具有科学性、系统性、可行性,必须遵循以下原则。

（一）　与经济社会的对接

中等职业学校培养目标与经济社会的对接是其作为职业教育的特殊性办学目的的必然需求,已经毋庸置疑。但现实问题还有很多,具体如下。一是刻舟求剑。我国经济社会正以"高度浓缩了西方200多年的工业化进程"的速度实现着"双重社会转型",然而当前我国中等职业学校培养目标却依旧"牵手"渐已浪花淘尽的前工业化进程中的经济社会,无视这一"滚滚向前的历史车轮"。故此,有毕业生这样评论:"我们拿到的书很少有跟社会接轨的,学的都是些陈芝麻烂谷子。"与经济社会的这种对接方式,无异于刻舟求剑。二是以一概全。我国幅员辽阔,经济社会发展极不平衡,然而当前我国中等职业学校培养目标无视这一巨大的差异性,却以一种单一的培养目标应对发展中的千姿百态。由此来看,中等职业学校培养目标与经济社会的对接应该是:一是动态地对接,要根据经济社会的发展不断修正、不断完善中等职业学校的培养目标;二是具体地对接,要根据区域经济社会发展的现状调整中等职业学校的培养目标。

（二）　与高职教育的衔接

中等职业学校培养目标与高等职业教育进行衔接,已经成为社会共识。《国务院关于加快发展现代职业教育的决定》故此要求"推进中等和高等职业教育紧密衔接,发挥中等职业学校在发展现代职业教育中的基础性作用"[①]。在实践中,中等职业学校培养目标与高等职业教育的衔接也形成若干模式,但需要追问的是:中等职业学校培养目标与高等职业教育的衔接培养是否超越了普通高中教育起点的高等职业教育人才培养质量? 显然难以作出响亮的回答。从这个意义上讲,中等职业学校培养目标与高等职业教育进行衔接或许还停留于文件层面和认识层面,未能真正进入实践层面,更勿论理论层面了。由此而知,当前所谓的衔接,其实并未能实现有效的衔接。要实现真正有效的衔接,中等职业学校培养目标要在现代职业教育体系的框架内进行设计,形成与高等职业教育培养目标的联通。这样的中等职业学校培养目标才能真正满

①　中华人民共和国中央人民政府.国务院关于加快发展现代职业教育的决定［EB/OL］.（2014 - 05 - 02）［2020 - 10 - 20］.http://www.gov.cn/zhengce/content/2014-06/22/content_8901.htm.

足人的多元化发展需要,也才能更为有效地培养出"双重社会转型"需要的层次要求更高的专业技术人才和经营管理人才,以及技术含量更高的技能人才。

(三) 与普通教育的沟通

中等职业学校培养目标与普通教育的沟通,主要考虑以下两方面。一是与初中教育的沟通,这是中等职业学校培养目标多元化发展的基础。由于缺乏与初中教育的沟通,以至于初中毕业生进入中等职业学校时对专业选择、生涯规划等方面的知识一无所知,在专业选择、生涯规划中往往随大流或者屈从父母的意见。当他们对自我认识、专业认识和生涯规划逐渐清晰时,可能已经历了一个较长的时间段。现有的单一的中等职业学校人才培养模式又难以提供灵活的选择方案,即使能改变选择,既浪费了已修课程的学习资源,又浪费了极其宝贵的学习时间。二是与普通高中教育的沟通,这是"为学生多样化选择、多路径成才搭建'立交桥'"①。尽管中等职业学校与普通高中教育同列为高中阶段教育,但是在培养目标之间同样也缺乏沟通。以江苏省为例,普通高中教育与中等职业学校同时组成学生的学业水平测试,因此学业水平测试是衡量培养目标达成的重要手段。如果中等职业学校培养目标与普通高中教育培养目标之间存在沟通,那么二者的学业水平测试之间必然存在沟通以及成绩的互认,但是二者之间相应的有效机制显然未能建立。中等职业学校与普通高中教育在培养目标方面的沟通,应该在现代教育体系的框架内进行重建。

(四) 与职业技能等级证书的融合

中等职业学校培养目标与职业技能等级证书的融合,存在三点意义。一是有助于学生的就业。职业技能等级证书更直接、更准确地反映了特定职业的实际工作要求和操作规范,与职业技能等级证书的融合表明培养目标达到从事该职业所需的实际工作能力水平,必然有助于学生的就业。二是有助于培养目标的多元化发展。职业技能等级证书是对从事某一职业所必备的学识、技术和素养的基本要求,职业资格为培养目标的多元化发展提供了某种程度的质量保证。三是有助于终身学习的发展。推动终身学习发展的一个重要条件是个人的能力水平能够在不同层次、类型的教育中获得承认。中等职业

① 中华人民共和国中央人民政府.国务院关于加快发展现代职业教育的决定[EB/OL].(2014 - 05 - 02)[2020 - 10 - 20].http://www.gov.cn/zhengce/content/2014-06/22/content_8901.htm.

学校培养目标与职业技能等级证书的融合,以及培养目标体系与职业资格框架的融合,将为终身学习的发展提供支持。但现实的问题如下:一是职业技能等级证书的开发难以一蹴而就,但是技术技能的发展却在不断迭代升级,职业技能等级证书内容的更新速度如何跟上经济社会的发展速度;二是在政府的"放、管、服"改革下,职业技能等级证书的开发必然由更多的社会化机构来承接,那么,如何保证职业技能等级证书的质量;三是职业技能等级证书一旦政出多门,种类繁杂,那么,如何遴选出更能代表专业技术技能水平、更有利于毕业生就业的职业技能等级证书进行融合。

三、多元化培养目标的主要类型

中等职业学校在具体的办学实践中要根据区域经济社会和当地人民群众的发展需求,要实现"实施学历教育、技术推广、扶贫开发、劳动力转移培训和社会生活教育"[①]等功能,那么,其培养目标主要有以下几种类型。

（一）全日制学历教育培养目标

中等职业学校的培养目标必然应当以中等职业学校的全日制学历教育为主体,其原因是《现代职业教育体系建设规划(2014—2020年)》指出"中等职业教育是公共服务体系的重要组成部分",并要求"中等职业教育是职业教育发展的重点""将普及高中阶段教育重点放在中等职业教育"[②]。当前我国中等职业学校主要为全日制学历教育,学制一般为三年,其培养目标处于高中阶段教育的培养档次。从"中等职业教育在现代职业教育体系中具有基础作用,为初高中毕业生开展基础性的知识、技术和技能教育,培养技能人才"[③]的描述来看,其培养目标为培养具有基础性的知识、技术和技能的技能人才。

但是,随着经济社会的发展,这一培养目标显然难以满足产业转型升级、新兴产业日益兴起以及人的多元化发展的需要。中等职业学校不仅要为就业服务,还要通过"健全'文化素质+职业技能'、单独招生、综合评价招生和技能

① 中华人民共和国中央人民政府.国务院关于加快发展现代职业教育的决定[EB/OL].(2014-05-02)[2020-10-20].http://www.gov.cn/zhengce/content/2014-06/22/content_8901.htm.

② 中华人民共和国教育部.教育部等六部门关于印发《现代职业教育体系建设规划(2014—2020年)》的通知[EB/OL].(2014-06-16)[2020-10-21].http://www.moe.gov.cn/srcsite/A03/moe_1892/moe_630/201406/t20140623_170737.html.

③ 同②。

拔尖人才免试等考试招生办法，为学生接受不同层次高等职业教育提供多种机会"，这实际指出了三年制中等职业教育培养目标的两大基本方向。不仅如此，"在学前教育、护理、健康服务、社区服务等领域，健全对初中毕业生实行中高职贯通培养的考试招生办法"①，也就是说，要根据某些特殊领域人才培养的需要开设中高职贯通培养课程，如五年一贯制高等职业教育。中等职业学校的培养目标由此跨入高等职业教育行列。

（二）成人学历教育培养目标

实现"实施学历教育、技术推广、扶贫开发、劳动力转移培训和社会生活教育"等功能，不能只停留于以中等职业教育全日制学历教育为主体的学历教育，中等职业学校尤其是县级职教中心应充分挖掘自身潜能，与城市院校、科研机构对口合作，面向更大范围的学习者开设成人学历教育。成人学历教育包括专科起点升本科（简称专升本）、高中起点升本科（简称高起本）和高中起点升专科（简称高起专）三个层次。随着经济社会发展对技术技能人才专门化要求的提高，成人学历教育成为人们进一步实现自我发展的有效途径。

设立专升本、高起本和高起专三类成人学历教育培养目标，不仅为更大范围的学习者提供了实现自我发展的有效途径，还为区域经济社会发展提供了更为有力的人力资源支持，更在这一过程中丰富和提升了中等职业学校自身的办学目的，取得了良好的经济效益和社会效益，促进了事业的发展。但现实的问题如下。一是目前成人学历教育并未得到中等职业学校的重视。一方面，学校未能将成人学历教育作为学校事业发展的重要组成部分，相应的机制并未跟上成人学历教育事业的发展需求；另一方面，成人学历教育规范性不够，培养目标的质量有待提升。二是成人学历教育目前并未得到中等职业学校主管部门的重视，在对中等职业学校的绩效评估中几乎未见相应的要求。

（三）社会培训培养目标

社会培训包括职业培训和社会生活教育。随着知识经济时代的到来，科学技术不断更新换代，不仅导致职业岗位不断分化与综合，还对从业者的职业素质和能力要求不断提升。周期长的全日制学历教育和成人学历教育显然难以跟上科学技术日益加速的发展节奏，因此，灵活、快捷的职业培训已经成为

①　中华人民共和国中央人民政府.国务院关于加快发展现代职业教育的决定［EB/OL］.（2014－05－02）［2020－10－20］.http://www.gov.cn/zhengce/content/2014-06/22/content_8901.htm.

人们实现自我提升更便捷、有效的途径。此外,随着生活水平的提高,人们对生活品质的要求日益提升,期望得到更多的社会生活教育,因此满足人们特定精神文化需要的社会培训日益兴盛。各种各样的社会培训受到人们的欢迎。相关研究指出,2010 年中国社会培训市场规模达 3000 亿元人民币①,2012 年则发展到 9600 亿元。规模的增长足以反映我国社会培训市场呈现出欣欣向荣的发展势头。

但是中等职业学校的社会培训与成人学历教育存在着相似的问题:一是尽管社会培训事实上成为中等职业学校事业的重要组成部分,但是更多的学校依旧仅把社会培训作为事业的一个附属,重视程度不够,尤其对社会生活教育不够重视,在认识上存在误区;二是由于机制的限制,中等职业学校的社会培训往往停留于以往职能部门的范畴,未能建立起真正实现市场化运作的社会培训机构;三是在社会培训中缺少社会各界尤其是企业的深度参与,未能建立具有较大影响力的培训项目,未能形成具有辐射力的品牌效应,社会培训的竞争力不强。从主管部门对中等职业学校的绩效评估来看,也只是对社会培训提出一些基本的要求,其质量水平并未纳入考核之中。

从价值取向来看,中等职业学校多元化培养目标可以分为:一是以就业为导向的培养目标,包括这一价值取向下的全日制学历教育培养目标、成人学历教育培养目标和职业培训培养目标;二是以升学为导向的培养目标,主要指以此为价值取向的全日制学历教育培养目标;三是以兴趣为导向的培养目标,主要指不同专业类型培养目标之间的复合、超越以及社会生活教育培养目标。从建构方式来看,中等职业学校多元化培养目标必须以中等职业教育的全日制学历教育培养目标为基础,一方面由此向上建构成人学历教育培养目标,另一方面以其中的课程目标为基础开发社会培训的培养目标。

四、多元化培养目标的建构路径

从中等职业学校培养目标多元化的基本原则到中等职业学校培养目标多元化的路径,其中包含两个层次的深入:一是从普遍意义的中等职业学校到个体意义的中等职业学校;二是从理论层面的基本原则到实践层面的操作路径。

① 许勤,曾青云.中国社会培训教育发展现状与策略[J].中国成人教育,2013(11):7-10.

因此,这一过程仍然需要创新、创造的探索,这是一个极富挑战性的工作。

（一）基于差异化区域经济社会的多元化

作为个体意义的中等职业学校培养目标,并非一般意义上的培养目标,应该在一般意义的基础上指向具体的、特定的职业活动。其基本路径如下。首先,形成国家层面的中等职业教育培养目标的基本规格。中等职业教育培养目标的基本规格是中等职业学校培养目标具体化、多元化的依据和核心,中等职业学校培养目标必须达到中等职业教育通用的、共有的质量标准和超越具体意义的本质要求。其次,根据与经济社会的对接、与高职教育的衔接、与普通教育的沟通、与职业技能等级证书的融合等基本原则,制定或完善省、直辖市等层面的指导性培养目标。指导性培养目标立足省、直辖市等层面的区域经济社会发展的总体水平和要求,在基本规格的基础上发展而来,对中等职业学校的培养目标不仅具有指导性,还具有一定的约束力。最后,中等职业学校根据具体的、特定的职业活动,在指导性培养目标的基础上进一步具体化,形成具有差异性、多元化等学校层面的实施性培养目标。具体如图5-1所示。

图5-1　中等职业学校培养目标基本路径示意图

中等职业学校培养目标要指向具体的、特定的职业活动,其主要路径如下。一是根据区域经济社会的产业结构建构相应专业类型的培养目标,如随着智能工厂、智能车间的出现,必须建立与工业机器人、智能机械臂相关专业的培养目标;根据绿色制造的要求,建立与环保节能、清洁能源、安全生产相关专业的培养目标。二是根据区域经济社会的产业发展方向设置培养目标的专业方向,如在智能工厂、智能车间中,传统的一线操作人员大大减少,而机械臂安装、调试、维护、维修人员会大量增加,数控技术应用专业的专业方向则需要有所调整。三是根据区域经济社会的产业技术发展水平设置培养目标的价值取向和培养层次,如随着智能制造技术的发展,工业机器人安装、调试、维护、维修要求大量具有较高的知识层次、较强的创新能力和熟练的心智技能的"灰领"人才。这一方面要求中等职业学校教育的价值取向从就业导向转向升学导向，另一方面要求中等职业学校开设中高职贯通培养课程，构建如五年一贯制高等职业教育等更高层次的培养目标。

（二）基于人的个性化发展的多元化

从人的个性化发展的需要来看，中等职业学校培养目标有两个层次：一是基本素养，二是职业素养。素养是指平日的修养。修养包括两方面的含义：一是理论、知识、艺术、思想等方面的一定水平；二是养成的正确的待人处事的态度。其中，水平还包含能力要素。无论是基本素养还是职业素养，都应该包括这两方面的含义。

基本素养是个体适应终身发展和社会发展需要的基本态度和能力，其中包括核心素养和文化素养。核心素养是人的素养中的核心部分，是最关键、最根本的态度和能力。那么，最关键、最根本的态度和能力究竟是什么呢？态度是"对于事情的看法或采取的行动"①，能力是"能胜任某项工作或事务的主观条件"②。获得对"事情的看法"的结论取决于看待事情的方式，"胜任某项任务"的结果取决于行动的方式，而行动的方式取决于看待事情的方式。看待事情的方式实际上是指人的认知方式，是人的"脑海中持有的各种形象假设和故事"③，也就是彼得·圣吉认为的心智模式。由此来看，核心素养中最为核心的部分实际上是人的认知方式，或者称之为心智模式。

北京师范大学《中国学生发展核心素养》课题组提出关于"中国学生发展核心素养"的研究成果。他们认为，核心素养分为文化基础、自主发展、社会参与三方面，综合表现为人文底蕴、科学精神、学会学习、健康生活、责任担当、实践创新六大素养，具体细化为国家认同、社会责任、乐学善学、人文积淀等十八个基本要点。应该说，这一研究成果将对课程改革的系统推进极具指导意义。但是，核心素养的具象化意味着其隐性化内容的丧失，而且这一研究成果泛化

① 中国社会科学院语言研究所词典编辑室.现代汉语词典（第6版）[M].北京：商务印书馆，2012：1258.

② 中国社会科学院语言研究所词典编辑室.现代汉语词典（第6版）[M].北京：商务印书馆，2012：941－942.

③ 彼得·圣吉，等.第五项修炼·实践篇——创建学习型组织的战略和方法[M].张兴，等译.北京：东方出版社，2006：184.

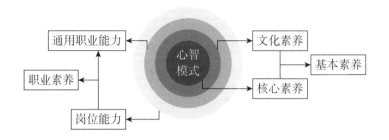

了作为最关键、最根本的态度和能力的核心素养。北京师范大学《中国学生发展核心素养》课题组提出的"中国学生发展核心素养",实际上更多地指向通过文学、艺术、教育、历史、科学等方面的学习所获得的态度和能力,也就是文化素养。

职业素养是指个体适应职业发展所需要的态度和能力,主要包括主专业素质和岗位能力。所谓主专业素质是指相近产业群或相关产业链共同需要的通用职业能力。虽然"基础性的知识、技术和技能教育"[①]不仅仅包括主专业素质,但是从中等职业学校层面而言,主专业素质一定是指"基础性的知识、技术和技能教育"。从学校层面而言,主专业素质比"基础性的知识、技术和技能教育"有着更具体、清晰的指向。岗位能力是指从事某一特定职业活动所需要的技能、知识和态度。从学校层面而言,岗位能力不能停留于"基础性的知识、技术和技能教育"。

由此而言,从人的发展的需要来看,中等职业学校培养目标的发展路径为:首先,建构核心素养,即形成认知方式或心智模式;其次,发展处于内层的文化素养,核心素养和文化素养构成了个体适应终身发展和社会发展需要的基本素养;再次,建构主专业素质,即适应相近产业群或相关产业链的通用职业能力;最后,培养特定职业活动所需要的岗位能力。如图 5-2 所示。以上构成了基于人的发展的中等职业学校培养目标的基本模型。但是从人的个性化发展来看,除此之外,还应该发展学生的个性特长。岗位能力是促进人就业的"硬技能",而通用职业能力、基本素养则是促进人发展的"软技能"。

图 5-2 基于人的发展的中等职业学校培养目标基本结构图

① 中华人民共和国教育部.教育部等六部门关于印发《现代职业教育体系建设规划(2014—2020年)》的通知[EB/OL].(2014-06-16)[2020-10-21].http://www.moe.gov.cn/srcsite/A03/moe_1892/moe_630/201406/t20140623_170737.html.

基于人的个性化发展的中等职业学校培养目标的多元化,并非脱离基于差异化区域经济社会的多元化培养目标,而是在差异化区域经济社会的多元化培养目标的基础上,建构更加丰富多元的、促进人的个性化发展的培养目标。同时,基于人的个性化发展的中等职业学校培养目标的多元化更要为学生或学习者建构选择和调整选择的路径:一是帮助学生或学习者认识自我,认知职业,厘清个人愿景;二是建构选择和调整选择的可能,实现符合个人发展愿景的培养目标。相对而言,灵活、快捷的社会培训更容易实现基于人的个性化发展的中等职业学校培养目标的多元化,而周期长的全日制学历教育和成人学历教育则较为困难。但是,对以16—19岁的青少年为学生主体的中等职业学校而言,可选择、调整的中等职业学校全日制学历教育培养目标更具现实意义。

第二节　中等职业学校多元化课程的建构

课程集中体现了教育思想和教育观念,是实施培养目标的施工蓝图,是组织教育教学活动的主要依据。[①] 那么,要实现中等职业学校培养目标的多元化,就要实现中等职业学校课程及其管理的多元化。要建构多元化的中等职业学校课程,首先要塑建结构模型,其次要研究开发路径,最后要探索课程管理。

一、多元化课程的基本模型

课程多元化不应该停留于某种终极的、静止的形态和结构。课程多元化应该是一个基于基本规格、多元化目标不断创新、创造、丰富的过程,是一个为不断细化的目标客户群(主要指学习者和企业)提供更为个性化、更贴切的服务的过程。鉴于此,笔者在此仅使用"模型"一词,并探索其建构方式、主要类型和基本结构,为后续的研究及模型建构提供借鉴。

(一) 课程模型的建构方式

如果把中等职业学校多元化课程模型看作某种建筑的构造的话,那么,我

① 周金浪.教育学[M].上海:上海教育出版社,2006:162.

们首先要为此打地基。而作为实施培养目标施工蓝图的课程,其地基必然是中等职业学校的培养目标。但问题是,中等职业学校在培养目标具体化的过程中分别基于区域经济社会的多元化和人的个性化发展的多元化形成了不同路径下的多元化要求。这便为中等职业学校多元化课程模型的建构增加了挑战性。

基于区域经济社会的多元化的培养目标,是学校立足区域经济社会的产业结构、发展方向和技术水平的实际情况,在地方层面的指导性培养目标的指导下,形成具体的实施性培养目标。那么,其课程建构的基点是特定的岗位(群)。由此,必然需要建立面向岗位(群)、培养岗位能力的课程。行文至此,暂且称之为岗位能力课程。对已有一定认识、经验的从业者而言,岗位能力课程作为适岗培训课程,应该没有问题;但是,对缺乏相应认识、经验的初中毕业生而言,如果直接进行岗位能力课程的学习,不仅过于困难,也不利于其专业知识、技术的系统建构。因此,必须建构支持岗位能力课程学习的条件课程,暂且称之为职业基础能力课程。具体如图 5-3 所示。

图 5-3　基于区域经济社会的多元化的中等职业教育课程建构方式

从人的发展的需要来看,中等职业学校培养目标包括基本素养、职业素养两个层次的内涵。其中,基本素养包括核心素养和文化素养,职业素养包括主专业素质和岗位能力。那么,中等职业学校必然需要建构起旨在培养文化素养的课程(暂且称之为文化素养课程)、旨在培养核心素养的课程(暂且称之为核心素养课程)、旨在培养主专业素质的课程(暂且称之为通用职业能力课程)和旨在培养特定职业活动所需要的岗位能力的课程(暂且称之为岗位能力课程)。但是,作为人的素养中的核心部分,核心素养并不仅仅是基本素养的核心,同样是职业素养的核心。而且,作为认知方式和心智模式的核心素养对其他素养的培养都具有引领和促进作用。因此,核心素养的培养不仅仅依靠核心素养课程,更应该融合在其他课程之中。从人的个性化发展来看,除此之外,还应该有发展学生个性特长的课程(暂且称之为个性特长课程)。具体如图 5-4 所示。

综上所述,中等职业学校的多元化课程存在以下两种不同的建构方式:一

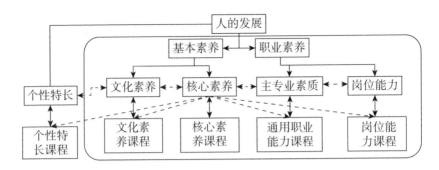

图5-4　基于人的个人性的中等职业教育课程建构方式

是基于差异化区域经济社会的课程建构,以岗位(群)的职业活动为基石的岗位能力课程和职业基础能力课程的模型架构;二是基于人的个性化发展的多元化课程建构,以人的素养培养为目标的文化素养课程、核心素养课程、通用职业能力课程、岗位能力课程和个性化发展需要的个性特长课程的模型架构。但是,二者又各自存在缺陷:前者未能形成培养基本素养和个性特长的课程,后者尽管提出通用职业能力课程和岗位能力课程,但是素养具有模糊性、抽象性,难以从素养中解析出特定的、具体的职业能力。因此,二者需要互补,即二者的岗位能力课程对接,通用职业能力课程和职业基础能力课程对接,合称为通用职业能力课程,既培养通用职业能力,又为岗位能力课程的学习奠定基础。具体如图5-5所示。

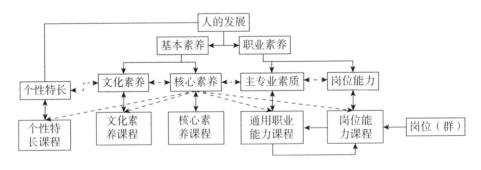

图5-5　中等职业学校课程的"异向交叉式"建构模型图

这一复合型的建构方式分别从具有确定性的、具体性的、特定的岗位需求和具有不确定性的、抽象的、人的素养发展需求进行异向交叉式建构,既保证中等职业学校的特殊性办学目的,又保证中等职业学校的普遍性办学目的。

(二)　课程模型的主要类型

通过中等职业学校课程的异向交叉式建构,我们可以确定中等职业学校课程模型具有文化素养课程、核心素养课程、通用职业能力课程、岗位能力课程和个性特长课程等功能模块，其课程功能及其内容指向分别为：一是旨在培养文化素养的文化素养课程，其课程内容应该指向文学、艺术、教育、历史、科学等方面；二是旨在培养核心素养的核心素养课程，其课程内容应该是帮助学生建构适合其职业发展的"脑海中持有的各种形象假设和故事"①；三是既要为学生学习岗位能力课程服务，又要着眼于学生未来职业迁移的通用职业能力课程，其课程内容既要指向专业知识系统中的基础知识、技术和技能，又要指向相近产业群、产业链的共有知识、技术和技能，二者既有重叠，又存在差异；四是旨在培养特定职业活动所需要的岗位能力的岗位能力课程，其课程应该以当前就业岗位所需要的工作任务为边际，以职业能力为内容进行组织；五是旨在培养个性特长的个性特长课程，其课程应该以兴趣为方向，以活动为方式。

　　作为指向通过文学、艺术、教育、历史、科学等方面的学习所获得的态度、能力的文化素养，是人的基本素养，是国家对于中等职业学校培养目标的基本要求，凝结着中国和世界的文明。从这个意义上看，文化素养课程应该是国家课程，是中等职业学校课程模块中国家层面的通用模块。作为指向专业知识系统的基础知识、技术和技能以及相近产业群、产业链的共有知识、技术和技能的通用职业能力课程，应该由国家层面制定基本标准，由省级等地方层面根据区域产业发展要求建设课程。因此，通用职业能力课程应该是地方课程，是中等职业学校课程模块中地方层面的通用模块。作为培养特定职业活动所需要的岗位能力的岗位能力课程，可以由地方层面制定基本标准，学校立足具体的岗位需求进行进一步的课程开发和建设。因此，岗位能力课程更应该是校本课程，是中等职业学校课程模块中学校层面的个性化模块和特色模块。作为以兴趣为方向、以活动为方式的个性特长课程，是校本课程、活动课程，同样是中等职业学校课程模块中学校层面的个性化模块和特色模块。作为旨在建构"脑海中持有的各种形象假设和故事"的核心素养课程，不仅应该融合在以上的课程之中，更应该融合学校的方方面面。从这个意义上讲，核心素养课程不只是显性课程，更应该是隐性课程。因此，核心素养课程应该是国家基本要求、地方建设标准基础上的校

---

　　① 彼得·圣吉，等.第五项修炼·实践篇——创建学习型组织的战略和方法[M].张兴，等译.北京：东方出版社，2006：184.

本课程,既有显性的要求和标准,又有校本的显性课程和隐性课程;既有国家、地方层面的要求和标准,又有学校层面的个性化模块和特色模块。从这个意义上讲,核心素养课程表征着学校文化,核心素养课程建设就是学校文化建设。具体见表5-1。从适应性的角度而言,校本课程给予学校更多自组织的时空和功能,有助于学校及其课程的组织演化,提升其对社会的适应性。

表5-1 中等职业学校课程模型的主要结构

课程模块	主要功能	内容指向	结构类型		权限类型
文化素养课程	● 培养文化素养	● 指向文学、艺术、教育、历史、科学等方面	● 通用模块		国家课程
核心素养课程	● 培养核心素养	● 人物形象及其故事	● 个性化模块、特色模块	基本要求部分	国家课程
				课程标准部分	地方课程
				主体部分	校本课程隐性课程
通用职业能力课程	● 岗位能力课程之基础 ● 着眼于学生未来职业迁移	● 专业知识系统中的基础知识、技术和技能 ● 相近产业群、产业链的共有知识、技术和技能	● 通用模块		地方课程
岗位能力课程	● 培养特定职业活动所需要的岗位能力	● 以工作任务为边际 ● 以职业能力为内容	● 个性化模块、特色模块		校本课程
个性特长课程	● 个性特长	● 以兴趣为方向 ● 以活动为方式	● 个性化模块、特色模块		校本课程活动课程

(三) 课程模型的基本结构

从课程管理的角度而言,中等职业学校课程模型的基本结构应该分为两个部分。一为必修课程。根据课程对于个人发展的意义和对于培养目标的价值,文化素养课程、通用职业能力课程应该分核心部分和非核心部分,其中核心部分是中等职业学校课程模型中的必修课程。文化素养课程、通用职业能力课程中的非核心部分要视不同培养目标的需求而考虑是否设置为必修课程。二为选修课程。作为学校层面的个性化模块和特色模块,岗位能力课程、个性特长课程和核心素养课程,应该是中等职业学校课程模型中的选修课程。对岗位能力课程而言,涉及毕业时的就业问题,应该是选修课程中的限选课程。具体如图5-6所示。

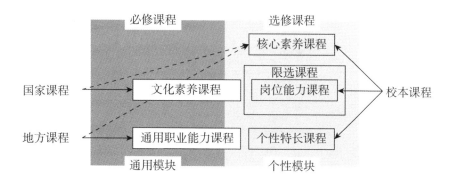

图5-6 管理视野下的中等职业学校课程模型结构图

从人才培养的角度来看,中等职业学校课程模型的基本结构是:一是作为培养文化素养和高中阶段教育重要组成部分的文化素养课程,既要与初中教育形成衔接,又要与普通高中教育形成协调,因此文化素养课程应该是中等职业学校课程模型中的先发课程;二是作为为学生学习岗位能力课程服务的条件课程,通用职业能力课程应该先于岗位能力课程设置;三是岗位能力课程应在通用职业能力课程之后、就业之前进行设置;四是核心素养课程和个性特长课程则可以贯穿人才培养的始终。

要实现就业、升学、兴趣等多种培养目标的共存,同时要将复合型技能人才作为培养目标,中等职业学校课程模型结构就要从传统的单进程模型结构转变为多进程模型结构。所谓单进程模型结构,是指中等职业学校在以就业为导向的教学改革中形成的"文化基础课程+专业基础课程+专业技能课程"的三段式课程模型结构,所有的学习者只能按照"文化基础课程→专业基础课程→专业技能课程"的单一进程进行学习。所谓多进程模型结构,由文化素养课程、核心素养课程、通用职业能力课程、岗位能力课程和个性特长课程等组成,其组合如图5-7所示。

文化素养课程1是基础文化要求,文化素养课程2要为专业学位研究生教育、应用技术本科教育和高等职业专科等应用型高等教育奠定文化基础。通用职业能力课程应进一步增加专业知识系统的基础知识、技术和技能以及相近产业群、产业链的共有知识、技术和技能,为后续教育奠定专业基础。在

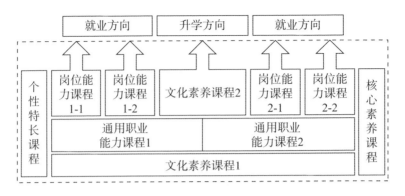

图 5-7　中等职业学校"多进程"课程模型结构图

这一课程模型结构中,不同的学习者可以选择不同的学习进程,如学习者在学习文化素养课程 1 之后,可以选择通用职业能力课程 1 或通用职业能力课程 2,然后希望就业的学习者在此基础上可以选择不同的岗位能力课程,希望升学的学习者则可以选择文化素养课程 2,有跨专业兴趣的学习者可以跨专业进行选择。跨专业学习者可能成为复合型技能人才。

二、多元化课程的开发

尽管我们已经为中等职业学校建构了文化素养课程、核心素养课程、通用职业能力课程、岗位能力课程和个性特长课程等功能模块的课程模型,但是仅止于结构模块的模型建构,未能涉及具体的课程开发。那么,不同的功能模块应该包括哪些课程? 这些课程又应该如何建构? 这就涉及课程的开发,需要作进一步的研究。

（一）通用职业能力课程和岗位能力课程的开发

尽管通用职业能力课程和岗位能力课程属于不同的功能模块,其开发、管理的权限分别属于地方和学校,但是作为承载中等职业学校特殊性办学目的的课程,其逻辑起点在于特定的职业岗位及其职业活动。其课程开发的路径具体如图 5-8 所示。

第一,进行市场调研,分析地方产业企业需求,定位专业面向的岗位（群）。岗位定位是中等职业学校基于差异化区域经济社会的多元化课程开发的起点,解决"课程（专业）培养的人才目标、人才层次和类型"的定位问题[①]。第

① 邬宪伟.选择的教育——职业教育的一个新视角［M］.上海:上海教育出版社,2009:48.

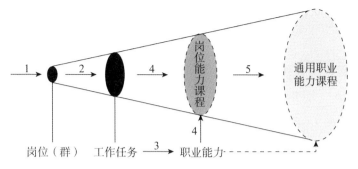

图 5 - 8　通用职业能力课程和岗位能力课程的开发路径

二,立足地方企业岗位(群),进行工作任务分析。工作任务"不是指日常的具体任务",而是在日常的具体任务的基础上"经过抽象和概括后所获得的形式化工作过程"①。工作任务分析建构了组织岗位能力课程所需要的完整的工作任务体系。第三,在工作任务的基础上进行职业能力分析。徐国庆指出,职业能力是确定课程内容的基本依据。不同地方的产业方向不同,企业规模不同,将导致工作任务及其职业能力不同。工作任务及职业能力分析保证中等职业学校的特殊性办学目的。第四,建构岗位能力课程。根据工作任务的边际划分出着眼于就业需要的岗位能力课程,运用"能力分析法"②解析职业能力,梳理工作知识,建构岗位能力课程内容。第五,建构通用职业能力课程。根据职业能力中的概括性工作知识所指向的基础性的知识、技术以及技能建构通用职业能力课程,如图 5 - 9 所示③。地方层面在开发通用职业能力课程时,应该对相应专业群(链)的通用职业能力课程进行比较,选择共有的知识、技术以及技能作为课程内容,同时注重与语文、英语、数学等文化素养课程的有效衔接,以保证建构通用职业能力课程的意义。

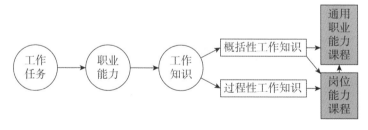

图 5 - 9　能力分析以及职业能力课程的技术路径

①　徐国庆.职业教育课程论(第二版)[M].上海:华东师范大学出版社,2015:162.
②　徐国庆.职业教育课程论(第二版)[M].上海:华东师范大学出版社,2015:133.
③　图中主体部分根据徐国庆教授能力分析法的技术路径绘制。

（二）文化素养课程的开发

作为国家课程的文化素养课程，其课程开发权限在国家。当然，无论是国家课程还是地方课程，尽管课程开发权限不在学校，但是从教学层面上看，一定存在二次开发的环节。只有这样，课程才能更贴近学校实际，教学才能更适合学生需要。文化素养课程的开发要从两个维度进行：纵向上，以国家和社会对人的文化素养要求为内容；横向上，把握高中阶段教育的定位，尤其注重普职共建，为普职融通提供可能。北京师范大学《中国学生发展核心素养》课题组开发的以"中国学生发展核心素养"为名的研究成果，实质上就是文化素养的主要表现，本书以此为依据开发中等职业学校的文化素养课程。

如果把"中国学生发展核心素养"的研究成果作为国家和社会对人的文化素养要求，那么中等职业教育的文化素养课程开发应从三方面的素养要求进行梳理。一是从文化基础方面来看，人文积淀、人文情怀等人文底蕴主要依靠语文、英语等课程来实现；审美情绪等人文底蕴主要依靠音乐、美术等艺术课程来实现；理性思维、批判质疑和勇于探究等科学精神主要依靠数学、物理等课程来实现。二是从自主发展方面来看，乐学善学、勤于反思属于态度与方法层面，应该融于各课程之中。信息意识虽然同样要融于各课程之中，但是信息意识在中等职业学校不能停留于意识层面，更应进入技术层面，应该根据知识经济时代发展下信息技术的发展开发信息技术课程，其技术水平应当超越当前中等职业学校中的计算机应用基础课程。各课程应该在信息技术的应用中培养学生的信息意识。珍爱生命、健全人格等素养要点主要依靠体育与健康、心理健康教育、人生哲学等课程来实现。自我管理则可以通过生涯规划等课程来实现。三是从社会参与方面来看，社会责任需要依靠法律、经济社会、职业基本素养等课程来实现；国家认同可以通过经济社会、语文等课程来实现；国际理解可以通过经济社会、英语等课程来实现。在中等职业学校中，劳动意识、问题解决和技术运用等素养更应该在岗位能力课程、通用职业能力课程中实现，但可以开发职业基本素养课程。具体见表5－2。

表 5 - 2　文化素养课程的开发

主要方面	基本素养	主要要点	承载文化素养的主体课程	其他承载课程
文化基础	人文底蕴	人文积淀	语文、英语等课程	个性特长课程
		人文情怀		
		审美情趣	音乐、美术等艺术课程	
	科学精神	理性思维	数学、物理等课程	岗位能力课程、通用职业能力课程
		批判质疑		
		勇于探究		
自主发展	学会学习	乐学善学	学法指导,应当融于各课程之中	
		勤于反思		
		信息意识	信息技术,并融于各课程之中	个性特长课程
	健康生活	珍爱生命	体育与健康、心理健康教育、人生哲学等课程	个性特长课程(社会活动、创业活动、社团活动等内容)
		健全人格		
		自我管理	生涯规划等课程	
社会参与	责任担当	社会责任	法律、经济社会、职业基本素养等课程	
		国家认同	经济社会、语文等课程	
		国际理解	经济社会、英语等课程	
	实践创新	劳动意识	职业基本素养课程	岗位能力课程、通用职业能力课程
		问题解决		
		技术运用		

　　由此,我们建构起中等职业学校文化素养课程模块中的课程。但是,在具体的开发中还需要更多创新性、创造性的探索。第一,如何实现"对专业课程的支持"①的课程目标? 例如工科类专业,其通用职业能力课程中包含工程力学等内容,那么文化素养课程中的物理课程则要保证相应的知识支持。"对专业课程的支持"这一课程目标较为具体,需要与相应专业进行协调开发。第二,如何实现"与普通教育、高职教育的沟通与衔接"②以及如何把握高中阶段教育的定位? 一是纵向往下衔接初中教育的文化素养课程;二是横向上沟通普通高中教育的文化素养课程;三是纵向往上衔接专业学位研究生教育、应用技术本科教育和高等职业专科等应用型高等教育的文化素养课程;四是拓展课程中文化素养的多重性。例如尽管语文课程是培养人文积淀、人文情怀等素养的主要载体,但是语文课程还可以承载审美情趣、珍爱生命、健全人格、批

①　刘炜杰.中等职业教育工艺美术专业项目课程开发研究[D].上海:华东师范大学,2010:43.
②　同①。

判质疑等素养的培养。因此，在课程开发中要注重拓展课程中文化素养的多重性。

尽管文化素养课程为国家课程，均具有培养人文化素养的意义，但并非所有的文化素养课程均需设为中等职业学校的必修课程。作为必修课程的文化素养课程应具有以下不可或缺的特征：一是作为与高等职业教育、普通教育衔接的重要内容，如开设语文、数学、英语等课程；二是对中等职业学校学生身心发育阶段具有特殊性价值，如开设体育与健康、心理健康教育等课程；三是对中等职业学校学生人生观、价值观、世界观的塑造具有重要意义，如开设人生哲学、生涯规划、法律、经济社会、职业基本素养等课程；四是培养知识经济时代下的必备能力，如开设信息技术等课程。

（三）个性特长课程的开发

个性特长课程应该是学校中最具活力、最受欢迎的课程，也是最能承载师生想象力、创造性、创新性的课程。这不仅与国家课程的文化素养课程形成有机的互补，还在培养自我管理、社会责任、健全人格等文化素养方面发挥主体课程不能替代的作用，对人的成长具有独特的意义。但是，个性特长课程一直以来未能得到应有的重视，未能形成系统的规划与设计以及明确的指向和要求，往往停留于浅表层的形式与热闹，未能产生真正的价值。

个性特长课程之所以是学校中最具活力、最受欢迎、最能承载师生想象力、创造性、创新性的课程，是因为个性特长课程具有以下三个特征。一是自主性课程。个性特长课程的具体内容不是固定的、一成不变的，应该由学生在创新、创造中进行开发。学生不仅可以自主地选择课程的方向，也可以按照意愿调整课程的内容。一旦限制了学生的自主性，也就限制了个性特长课程的活力。因此，个性特长课程是自主性课程。二是活动式课程。学生之所以可以自主地选择课程的方向和调整课程的内容，是因为个性特长课程以活动为主要载体和组织方式，学生在活动组织中进行学习。三是社团式课程。个性特长课程不是以班级为单位，而是以某种兴趣特长为特征集聚形成的学习共同体和实践共同体。社团活动的组织就是个性特长课程的课程内容，社团活动的创新就是个性特长课程的课程开发。因此，个性特长课程是社团式课程。

裴斯泰洛齐认为，如果人的各种力量的发展只是依赖本性的力量，没有其他的帮助,那么,使人从动物的感性特征中解放出来的过程是很缓慢的。^① 因此,尽管个性特长课程是自主性课程,但绝非放羊式的课程。对从应试教育中走出的、认知和心理发展相对滞后的中等职业学校学生而言,尤其需要教师的支持和帮助。教师既不能"放羊",也不能替代学生成为开发主体,要作为指导者、协助者参与个性特长课程的开发,充分挖掘个性特长课程在中等职业学校的意义:一是引导学生在社团活动自主组织中发展自我管理、社会责任、完善人格等文化素养;二是利用个性特长课程的不同特质拓展其教育价值,如利用文学类个性特长课程发展学生的人文积淀、人文情怀等;三是引导学生跨界应用个性特长,如形成创业实践,挖掘个性特长的价值等。

(四) 核心素养课程的开发

旨在建构"脑海中持有的各种形象假设和故事"的核心素养课程,不仅是显性课程,更应该是隐性课程。从显性课程的角度来看,核心素养课程的开发涉及国家层面、地方层面和学校层面;从隐性课程的角度来看,核心素养课程的开发实际上就是学校文化建设。

从国家层面来看,如果按照北京师范大学《中国学生发展核心素养》课题组的"中国学生发展核心素养"研究成果开发核心素养课程,那么正如前文所述,就泛化为文化素养课程。但是,这一方式下"脑海中持有的各种形象假设和故事"不仅大幅度被缩水,还不可能深入中等职业学校学生具体的生活世界和未来的职业世界,对中等职业学校所需要的特有的"各种形象假设和故事",尤其是对学校层面无处不在的和学生身边的"各种形象假设和故事"的建构缺乏指导和帮助。因此,国家层面的核心素养课程应该是关于核心素养课程开发与实施的基本要求:一是明确核心素养课程的重要意义和价值取向,推动地方、学校层面的开发与建设;二是明确核心素养课程内容的内容指向和基本原则,为地方、学校层面的开发与建设提供具体的指导;三是规定地方、学校层面在核心素养课程的开发与建设中的各自权限,要为学校层面的想象、创造、创新留足空间。

从地方层面来看,重点同样并不在于核心素养课程的具体开发,而在于指导中等职业学校进行核心素养课程的开发与建设。因此,地方层面的核心素

---

① 曹孚.外国教育史[M].北京:人民教育出版社,1962:159.

养课程应该是核心素养课程的课程标准:一是明确中等职业学校核心素养课程的设计思想;二是确定中等职业学校核心素养课程的主要目标;三是明确中等职业学校核心素养课程的基本内容与要求;四是提供实施建议。就目前中等职业学校核心素养课程开发与建设的状况而言,地方层面对学校的指导应注重以下三方面:第一,不仅要关注作为显性课程的核心素养课程,更要关注作为隐性课程的核心素养课程的开发与建设;第二,建立核心素养课程开发与建设的指导委员会,解读课程标准,指导学校进行开发;第三,根据学校层面核心素养课程开发与建设的发展状况调整指导人员的参与度。在学校核心素养课程开发与建设比较薄弱的情况下,省、市等地方层面要加强具体的指导,帮助学校发展核心素养课程。随着学校层面课程建设的深入,地方层面要减少具体的指导,给予学校在核心素养课程发展中更多的想象、创新、创造空间。

所谓国家层面的核心素养课程和地方层面的核心素养课程,并不是直接面向学生的核心素养课程,只是学校层面核心素养课程的指导。直接面向学生的核心素养课程应该是在此基础上的校本课程,而且不仅仅是显性课程,更应该是隐性课程。但是,从当前的学校层面来看,既没有形成真正意义的核心素养课程,也未能产生核心素养课程的真正意义。社会主义核心价值观是学生核心素养的重要内容,以其为例,有些学校层面的课程实施仅仅表现为张贴在墙的"二十四字核心价值观"和让学生诵读其内容。这一机械、僵化的建构方式如何能够形成真正意义的核心素养课程? 核心素养课程的真正意义是什么? 这实际上表现出学校在核心素养课程开发与建设上水平与能力的不足,未能将核心素养的基本价值演绎成学生"脑海中持有的各种形象假设和故事"。

从学校层面来看,核心素养课程的开发应该考虑以下原则。一是适合于学生的年龄段。"脑海中持有的各种形象假设和故事"应该与青少年年龄段的特征相一致。例如《歌唱二小放牛郎》的二小放牛郎可以成为相近年龄段儿童学习富强、爱国这一社会主义核心价值观的"形象假设和故事"。那么,对高中阶段的学生而言,同样存在许多相近年龄段学生的"形象假设和故事"。二是尽可能就地取材。就地取材有三层含义:一是"形象假设和故事"以地方上的人物及其故事为主,学校内的人物及其故事更佳;二是"形象假设和故事"借助其他课程中的人物及其故事进行深度开发;三是核心素养的某些要素与地方文化融合,核心素养课程成为学校文化与地方文化融合的纽带。三是突出职业教育特点。"形象假设和故事"应该与学校的培养目标相契合,中等职业学校则应当选取能工巧匠、劳动模范的"形象假设和故事"来建构核心素养课程,而不是科学家、文学家、诗人等其他的"形象假设和故事"。四是注重专业特征。不同的专业具有不同的专业特质,如艺术设计类专业强调创意,工科类专业强调精益求精等,需要根据专业特质建构相应的"形象假设和故事"。五是不能停留于显性课程的开发,更要注重隐性课程的开发。作为隐性课程的核心素养课程应当融入各个课程之中以及学校生活的方方面面,成为师生的认知方式和行动指南。核心素养课程应该成为原本割裂的人与知识、人与课程以及课程与课程之间连接的桥梁。

三、多元化课程的管理机制

培养方案个性化定制和学习者个性化学习是中等职业学校多元化发展的本质需要。尽管多元化课程的建构为其提供条件保障,但是,如果不改变现有的课程管理机制,所谓的培养方案个性化定制和学习者个性化学习,不过是纸上谈兵。因此,必须建构培养方案个性化定制和学习者个性化学习下的新的课程管理机制。本书在此主要研究分类学分制、双导师制、弹性学制和课程目标分层制。

(一) 分类学分制

学分制是与学年制相对应的教育用语,它不拘泥于学年的区分,也不认定每学年的升级或留级。在3—6年学习期间内,从包含必修科目在内的众多学科及其科目中,依据自己的兴趣、关心、需要、适应性、未来出路等,自主地选择适应自己人生设计的学科科目进行履修。只要修得毕业所规定的学分,就准许学生毕业。[①] 学分制给予了学生学习的自由,促进了学生的个性化发展,实现了培养目标的多元化,因此学分制是培养方案个性化定制和中等职业学校多元化发展的必然要求。

尽管学分制是学生自主选择课程、个性化定制培养方案的制度,但是要

① 刘继和.日本学分制高中的基本理念与实施策略[J].全球教育展望,2003(1):28-33.

保证中等职业学校多进程模型结构和为复合型技能人才的培养提供可能，中等职业学校的学分制应该采用分类学分制。所谓分类学分制，就是在课程学分的基础上，根据培养目标的规格要求，将人才培养方案中的课程划分为不同的功能模块，根据功能模块分类设置学分要求的教育管理制度。如中等职业学校人才培养方案可划分为文化素养课程模块、通用职业能力课程模块、职业能力课程模块、个性特长课程模块和核心素养课程模块等，根据一定权重设置各自达到毕业规格的规定学分。其中文化素养课程、个性特长课程和核心素养课程等模块学分为通用学分，通用职业能力课程模块学分为半通用学分，仅对范围内的职业能力课程模块学分有效。职业能力课程模块学分为条件学分，即学生选修职业能力课程所取得的学分，必须建立在已有通用职业能力课程模块学分的基础上。学生可以在通用职业能力课程范围内自由选择不同的岗位能力课程，但是超越这一范围，如果需要获得相应专业的毕业证书或职业技能等级证书，就必须重修相应的通用职业能力课程模块。这既保证了学生选择的自由，又保证了人才培养的严格。

尽管学分制给予学生选择课程和定制培养方案的自由，但是对刚刚初中毕业、年仅 16—19 岁、缺乏人生规划、心智尚不成熟的中等职业学校学生而言，这一自由的意义实际难以体现。因此，要在中等职业学校推进分类学分制。不仅要让学生了解选课的方法和学分制的要求，还要将生涯规划课程设置为人才培养方案中的先发课程，让学生认识自我，认识职业和专业，建构自我生涯规划，选择成长发展路径。为了给予学生更多的选择空间，通用学分的文化素养课程、个性特长课程和核心素养课程等功能模块同样应列为课程计划中的先发课程。

（二）双导师制

当前中等职业学校在人才培养中实行的是以班级为基本单位的班主任制和以课堂教学为主渠道的班级授课制。这一管理模式遵循的是"以一对多"的思维逻辑，即用整齐划一的课程、教学及其时空来应对多元化的学生，便于规模教学和统一管理，但是与培养方案的个性化定制和学习者的个性化学习相悖。因此，中等职业学校多元化发展必然要求改革现有模式，建构新的与之相适应的管理模式。

导师制是"一种由教师对学生的学习品德和生活等进行个别指导的教学制度"①。在中等职业学校建构这一制度具有深远意义。一是有助于生涯规划的个性化设计和培养方案的个性化定制。生涯规划课程的开设,对于学生设计生涯规划和定制培养方案具有普遍性意义,但是生涯规划的个性化设计和培养方案的个性化定制需要一对一、一对少的个别化指导,生涯规划课程力所不逮。能够进行个别化指导的导师制则能有效弥补生涯规划课程的这一缺陷。二是有助于扬弃学分制的内在弊端。由于是学生自由选课,部分学生的选择往往随大流,缺乏自身的主见,难以形成对于自身发展更具意义的选择,存在简单化的倾向,以至于专业知识结构的失衡和学业水平的虚化。为学生配备导师,通过导师的指点和引导,可以形成相对系统、完整、合理的培养方案,可以对"自由"中存在的苗头性问题提供告诫和建议。三是有助于建构师生之间的良性沟通机制。导师制不是班级授课制,而是"导师与学生之间高度个人化的接触、切磋和交流。这种'见面会'是经常性、定期性的,或每周一次,或每周多次。导师在与学生面对面、直接的探讨和对话中,了解学生的学习状况,指导学生的学习方法,挖掘学生的学习潜能"②。

为实现"从学校到工作"的有效衔接,中等职业学校的导师制应该是一种"双导师制"。所谓"双导师制",就是不能停留于学校内的导师制,还应与企业联动,建立企业导师制。不仅为学生配备一位教师担任其导师,更为学生在顶岗实习的企业聘请一位岗位能手担任其企业导师。从专业理论和简单技能到岗位技能,不仅是知识的应用,而且是知识的综合,更有许多默会的工作知识需要现场学习。企业导师不仅有助于学生适应从学习世界到职业世界的过渡,更能促进知识和技术的提升。企业导师制应该与现代学徒制进行有效的衔接,提升企业导师制在学生发展中的意义。要建构中等职业学校的"双导师制",就要研究学校导师和企业导师两个不同层面的教学实践模式,以及学校导师和企业导师的任职资格、职业责任、职业规范、职业评价和职业管理等内容。

(三) 弹性学制

广义上讲,学制是指"国家对各级各类学校的性质、任务、组织系统和课

---

① 顾明远.教育大辞典:增订合编本(上)[M].上海:上海教育出版社,1998:233.
② 刘济良,王洪席.本科生导师制:症结与超越[J].教育研究,2013(11):53−56.

程、学习年限等的规定"①。学制反映了各级各类学校教育内部的关系以及社会政治经济制度、科技发展与教育自身规律对学校系统的要求。② 学校的性质、任务基本确定的情况下,学习年限成为学制的关键。因此,狭义上学制是指学习年限,也就是修业年限。

一般来说,中等职业学校的学制为三年。这样固定的学制有助于课程的整体化组织和教学的规模化实施,但其问题是:一是忽视了中等职业学校学生存在学习基础和发展潜质的个体差异;二是不利于工学交替人才培养模式的进一步展开;三是限制了学分制的实施空间,同样就限制了培养方案个性化定制的实施空间。因此,中等职业学校多元化发展必然要求改革现有学制,建构新的与之相适应的弹性学制。

所谓弹性学制,就是在规定的年限内,允许学生提前或推后毕业。在采用学分制的课程管理时,学分统计打破了学年的界限,学生在规定年限内修满规定的学分,则可申请提前毕业,而学生在一般年限,如中等职业学校的三年内未能修满人才培养方案所要求的规定学分或者取得相应的职业资格证书等,则可以申请延长学习期限。在延长学习期限期间,可编入相应年段的班级进行管理。

弹性学制为学生提供了更大程度的学习自由,照顾到不同学习需求的学生。但是,鉴于当前中等职业学校学生心智的发展状况,应建立严格的申请制度:一是申请必须由学生及其家长共同提出;二是学校应与学生及其家长签订协议,并由相关部门进行公证;三是协议期间由学生及其家长自行参与的顶岗实习等活动由家长(或指定监护人)负责管理。

（四）课程目标分层制

尽管已经建有中等职业学校的就业、升学等不同方向的培养目标,又建有核心素养课程、文化素养课程、通用职业能力课程、岗位能力课程和个性特长课程等功能模块,但是要让不同潜质的学生获得不同可能的发展,让智能多元的中等职业学校学生人人成才,就必须推进课程目标的分层。

课程目标的分层在纵向上表现为基础性目标和发展性目标。基础性目标为课程的刚性要求,保证了中等职业学校培养目标的基本品质。发展性目标

① 中国社会科学院语言研究所词典编辑室.现代汉语词典(第 6 版)[M].北京:商务印书馆,2012:1480.

② 彭志武.高等职业教育学制研究[D].厦门:厦门大学,2007:24.

是在基础目标上的弹性要求,可以根据学生的潜质可能,在师生的协商下进行弹性的调整,尽可能地促进学生能力的提升。课程目标的分层在横向上表现为单门课程的目标分层、模块课程的目标分层和课程体系的目标分层,可以让不同潜质可能的学生在核心素养课程、文化素养课程、通用职业能力课程、岗位能力课程和个性特长课程等功能模块的学习中取得更出色的成绩,成长为卓越的创新者、创业者、团队领导者以及不同特色专长的优秀学生,也可以让就业者的技能、技术更精湛,升学者的学业更优异。课程目标的分层让培养方案的个性化定制更具意义,让学习者的个性化学习和自适应学习更具可能。

实现课程目标的分层,必然要求课程评价的改革。一是推进绩点学分制。所谓绩点学分制就是"在学分制基础上,以绩点学分作为计算学生分量的基本度量单位,评优评先以及毕业条件的审核以学生获取的绩点学分为依据。绩点学分显示了学生每门课程的学习成绩的质量,以及某一教学过程对完成教学目标要求所作的贡献"[1]。绩点学分制鼓励学生主动学习、创新学习,能够有效促进课程目标分层的实现。二是建构多元化的更具挑战性的评价机制。如建立技能大赛、创新大赛、创意大赛、文明文采大赛等与核心素养课程、文化素养课程、通用职业能力课程、岗位能力课程和个性特长课程的发展性目标评价的联动机制,让不同潜质的学生在不同方向获得不同可能的发展,让学生在进阶的挑战中彰显自我、发展自我。三是改革分层目标及其评价的结果运用。作为职业教育基础地位的中等职业学校,其课程目标的分层及评价应该与"'文化素质+职业技能'、单独招生、综合评价招生和技能拔尖人才免试等考试招生办法"[2]形成系统,提升分层目标及其评价结果运用的水平,为学生建构多元化的更具可能的发展路径。

第三节　中等职业学校个性化学习的设计

尽管中等职业学校多元化课程的开发保证了经济社会发展的差异化需

---

① 陈良,廖金权,李明.基于能力本位的职业院校绩点学分制研究与实践[J].职教论坛,2011(12):22-24.

② 中华人民共和国中央人民政府.国务院关于加快发展现代职业教育的决定[EB/OL].(2014-05-02)[2020-10-20].http://www.gov.cn/zhengce/content/2014-06/22/content_8901.htm.

求,也为培养方案的个性化定制提供了支持,但是要实现学习者的个性化成长,还要在此基础上建构与之相适应的教学组织形式——个性化学习。那么,个性化学习的教学如何组织?如果从学生的客观潜质和主观需求来看,个性化学习需要一对一的教学组织,但是这非当前中等职业学校能够实现的。因此,本书所讨论的是基于当前中等职业学校现状和可能的个性化学习,并非理想状态的个性化学习。

对中等职业学校而言,只有特殊性办学目的的实现,才能有其普遍性办学目的的可能。因此,个性化学习的教学组织同样应该将培养从业者的职业能力作为基础性目标。但是,知识经济时代下技术的更新和职业岗位的变迁,要求从业者的职业能力不能停留于简单的操作技能,要具有自适应的综合能力,也就是面对问题的刺激或者困难的压力时主动地在感应中进行解析、行动、反思、学习、创新等操作以解决问题和克服困难的能力。那么,这必然要求个性化学习不能停留于记忆、理解、应用等低阶思维,更要求个性化学习能够形成分析、评价和创造等高阶思维。只有以探究、发现、合作为特征的主动学习,才能形成分析、评价和创造等高阶思维。因此,个性化学习的教学组织需要为之建构学习情境、学习支持、组织机制和评价机制。

一、个性化学习的学习情境

建构主义将学习情境列为教学环境的第一要素。建构主义学习理论认为,学习是获取知识的过程,但知识不是通过教师传授得到的,而是学习者在一定的情境即社会文化背景下,借助其他人(包括教师和学习伙伴)的帮助,利用必要的学习资料,通过意义建构的方式而获得的。[1]复杂性理论认为,行为主体都会预期将来,可以在特定的情况下被激活,进入运行状态,在系统中产生行为效果。[2] 学习情境可能成为这一"特定的情况"。学生的知识在学习情境中集聚和相互作用,因此可能实现整体的涌现,产生新的有序结构和认识,即在记忆、理解、应用等低阶思维基础上产生分析、评价和创造等高阶思维,实现建构主义所强调的意义建构。

① 袁振国.当代教育学(2004年修订版)[M].北京:教育科学出版社,2004:184.
② 冯德雄.企业适应性成长研究[D].武汉:武汉理工大学,2003:60.

（一）整体视角下的学习情境建构

整体视角下的学习情境建构，就是从中等职业学校人才培养的整体视角下研究其个性化学习的情境建构。之所以从整体视角下研究学习情境的建构，首先，要认识中等职业学校学习情境的基本特征，厘清中等职业教育与普通教育、高等职业教育之间的差异；其次，在此基础上要把握建构中等职业学校学习情境的基本原则，为后续的课程教学、单元教学视角下的学习情境建构指明方向。

从基本特征来看，中等职业学校个性化学习的学习情境应该具有以下特征。一是生活情境和职业情境的双元性。中等职业学校的培养对象一般是应届初中毕业生，即使存在少部分的普通高中毕业生，他们所熟悉的情境应该是生活情境，那么中等职业学校的学习情境首先应该源自生活情境，此为其学习情境的一元。中等职业学校的培养对象最终要走向职业世界，他们需要熟悉职业情境，那么中等职业学校个性化学习的学习情境应该引入职业情境，职业情境为其学习情境的另一元。二是因课而异的侧重性。尽管中等职业学校个性化学习的学习情境具有生活情境和职业情境的双元性，但是并非要求不同的功能模块课程必须同时具备双元性，而是应该因课而异，有所侧重。例如文化素养课程更应该强调生活情境，通用职业能力课程更应该走向职业情境，而岗位能力课程的学习应该是基于职业情境的学习。

从基本原则来看，中等职业学校个性化学习的学习情境建构应该具有以下原则。一是生活情境是中等职业学校个性化学习的学习情境建构的基础。强调生活情境的基础作用，首先是因为其培养对象的学习基础来自生活情境；其次是因为"脑海中持有的各种形象假设和故事"更多地源于生活情境，人生观、价值观、世界观等核心素养更需要在生活情境中建构，而这对正处于成长关键期、叛逆心更强的中等职业学校学生而言尤为重要。二是职业情境是中等职业学校个性化学习的学习情境建构的方向。学习情境的发展性是指个性化学习的学习情境应当从生活情境发展到职业情境。尽管，学习情境的建构因课而异，但是学习情境从生活情境向职业情境的发展是培养目标迈向专业化、职业化的必然需要。这既是指人才培养中课程体系的学习情境建构的整体走向，同时也应该成为具体课程的学习情境建构的价值取向。具体如图5-10所示。

图 5-10 学习情境的差异性和发展性

（二）课程视角下的学习情境建构

课程视角下的学习情境建构,就是从中等职业学校某一门课程视角下研究其个性化学习的情境建构。之所以从课程视角下研究学习情境的建构,首先,要从课程层面建构学习情境的知识系统,以保证学习目标与课程目标的吻合;其次,从课程层面建构学习知识的情境系统,以实现个性化学习的循序渐进。学习情境的知识系统与学习知识的情境系统相辅相成,互为表里,建构起个性化学习的课程意义。如图 5-11 所示。

图 5-11 课程意义下的学习情境的知识系统与学习知识的情境系统

为保证学习目标与课程目标的吻合,学习情境的知识系统建构应该完成以下三个基本程序。一是梳理课程知识,编制知识要点清单。一般来说,中等职业学校的岗位能力课程应该建有课程标准,通用职业能力课程应该建有省管教材或课程标准,文化素养课程应该建有国家教材和教学大纲,而核心素养课程和个性特长课程应该建有教学基本要求,那么,课程知识应该根据功能模块课程的具体情况,基于课程标准、教学大纲、教学基本要求或教材进行梳理,并按照教学信息基本单元编制知识要点清单。二是梳理知识要点的关联知识,编制知识要点的二级清单。一般来说,知识要点的关联知识来自其前置课程、条件课程或并行课程,主要是知识要点的激活条件和降低难度的学习支架。梳理知识要点的关联知识,目的是促进知识的联系、应用和整合,为学习迁移建构可能,并消减中等职业学校从整体的人才培养目标解构为不同的课程目标所带来的副作用。事实上,课程在解构人才培养目标的同时,解构了知识及其与人的整体联系,课程知识各自为政,只能实现课程目标的机械组合,不可能实现人才培养目标的预设。要实现人才培养目标,必须是课程目标的有机组合,必须实现课程知识的关联、嵌入和整合。三是在学习情境建构中配置课程知识。学习情境是课程知识重组的载体和逻辑,但学习情境未必对应课程的领域知识,因此在学习情境建构中要对照知识要点清单配置课程知识,防止课程知识在重组中的缺失或简单的重复。如表5-3所示。

表 5-3　学习情境知识系统的建构

课程知识		关联课程知识		配置情境
领域知识	知识要点	关联知识	关联课程	

学习知识的情境系统的建构,包含着两个结构化过程:一是学习知识结构化过程;二是学习情境结构化过程。从专家与新手的差异比较中,我们发现,专家的知识不仅仅是对相关领域的事实和公式的罗列,相反它是围绕核心概念或"大观点"组织的,这些概念和观点引导他们去思考自己的领域。[①] 因此,尽管学习情境已经为课程知识的结构化提供了载体和逻辑,但是这实际上是指以学习情境为单元的知识组织,并非课程层面的知识组织。核心概念或"大观点"为课程层面学习知识的结构化提供了组织逻辑。如果能在课程层面上实现学习情境与核心概念或"大观点"的吻合,那么将进一步提升情境中学习知识的结构化水平,更有助于学生实现新手到专家的转变。

学习情境结构化是学习情境序化的过程,实际上可以视作更为具体、更进一步的学习知识结构化。在这一序化的过程中,要考虑学习的循序渐进,又要考虑核心概念或"大观点"的建构。一是尽管前期的课程知识较为抽象,如通用职业能力课程等,但是前期课程的学习情境应致力于核心概念或"大观点"的具体化;尽管后期的课程知识更为具体,如岗位能力课程等,但是后期课程

① 约翰·D.布兰思福特,等.人是如何学习的:大脑、心理、经验及学校(扩展版)[M].程可拉,冯亚玲,王旭卿,译.上海:华东师范大学出版社,2013:33.

的学习情境应致力于核心概念或"大观点"的抽象化。因此,学习前期尽可能为闭环、简易的学习情境。随着学习的深入,逐步提升学习情境的开放程度和复杂程度。二是对于生活化的学习情境,在围绕核心概念或"大观点"展开的同时,按照学习的难易程度进行序化;对于职业化的学习情境,在契合核心概念或"大观点"的同时,不只是按照知识的难易程度进行序化,更要基于工作过程进行序化,如可以根据需要建构并列式情境、递进式情境、流程式情境以及环式情境,实现职业化学习情境的工作过程系统化。如图 5-12 所示。①

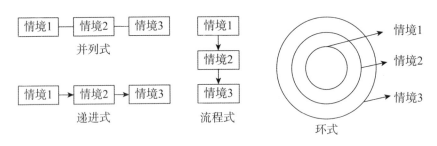

图 5-12 课程意义下的学习情境的知识系统与学习知识的情境系统

(三) 教学单元视角下的学习情境建构

教学单元视角下的学习情境建构,是指单元教学的学习情境建构。之所以在此依旧称之为教学单元而非学习单元,是因为此处的"教"就是建构具体的学习情境。之所以建构具体的学习情境,其最终目的是建构具有开放性的、远离平衡态的、协调的、非线性地相互作用着的经验,以帮助变化的、复杂的、鲜活的学生获得经验的扩充和扩展,实现学习的自组织。这就达到了"教,为了不教"的目的。

学习情境具有很多的形式,如场景、案例、任务、项目等。其中,场景往往是片段化的,更多的目的在于建构特定心理氛围,激发学生的学习情绪;案例原本是指"某种案件的例子"②,现在泛指"具有典型意义或教学意义的代表性的事件或现象"。案例往往是一种叙事性的描述,包括事件的背景、事件的原委、问题的焦点和解决的办法。建构案例的目的是启发学生对现实问题的思考、争论和进一步探索。任务有两种基本的含义:一是指职业教育中具有特定

---

① 此图创意主要源自徐国庆的项目序化的模式。
② 中国社会科学院语言研究所词典编辑室.现代汉语词典(第6版)[M].北京:商务印书馆,2012:10.

含义的学术概念，不是指日常的具体任务，而是指经过抽象和概括后获得的形式化工作过程；①二是指工作过程的一个具体环节。无论是哪一种含义，任务实际上脱离了具体的、复杂的职业情境，通过任务能够获得的主要是简单的、线性的显性经验。一般来说，项目是以具体的产品、服务或决策为载体的职业活动的实例，对接着具体的、复杂的职业情境。

中等职业学校教学单元下具体的学习情境建构的基本原则如下。一是激起学生学习的好奇和渴望。在一直以来的灌输式教育下，刚刚从初中毕业的中等职业学校学生实际上失去了对于学习的好奇和渴望等本能的需求，他们在"教"的压迫和牵引下形同木偶。学习情境的建构应该激起他们对于学习的好奇和渴望，成为激活学习的"特定的情况"。二是建构学生学习的信心和目标。被迫选择中等职业学校的中等职业学校学生大多在应试教育的挑战中失去了对于学习的信心和目标，他们如同迷失航向的船只，在行进的路途中暂时搁浅。学习情境的建构应该为他们树立前进的信心和目标。三是为经验和理论建构桥梁。脱离了经验的理论是形而上、符号化、去情境和抽象化的，脱离了理论的经验是低端化、遮蔽性、重复性和个适性的，都不能构成完整的职业教育。学习情境应该为经验和理论建构联系的桥梁，为理实一体化学习的实现提供可能。四是具有典型意义、教学意义和实际可能。学生的学习时空是受到限制的，学习情境不仅要具有典型意义，还要具有教学意义，更要具有实际可能。

中等职业学校教学单元下具体的学习情境建构的基本方法主要有以下两种。一是基于已有经验的建构。建构主义学习理论认为，建构是通过新旧经验的互动实现的。②学习依赖于学习者已有的经验。因此，学习情境应该基于已有经验进行建构，如学习初期可以建构体验式学习情境，帮助学生形成基本经验；中期可以建构模拟式学习情境；后期可以建构真实的职业情境，帮助学生发展经验。二是新的变量的投入。这是学习情境建构的关键。从学习迁移的角度来看，新的变量的投入推动着学习的不断迁移。从适应性发展的角度来看，新的变量打破了已有经验的平衡状态，成为激活学习的"特定的情况"，

① 徐国庆.职业教育课程论（第二版）[M].上海：华东师范大学出版社，2015：162.
② 莱斯利·P.斯特弗，杰里·盖尔.教育中的建构主义[M].高文，徐斌燕，程可拉，等译.上海：华东师范大学出版社，2002：9.

促使学习从简单到复杂的水平增长,从而从有特定干预下演化到无特定自演化发展。新的变量的投入应该基于学生的学习情况,一般来说,学习初期应该是简单、线性、可控的变量,随着学习的深入,变量逐步复杂、多维、开放,由此建构具有开放性的、远离平衡态的、协调的、非线性地相互作用着的经验,实现学习的自组织,根据学生的学习表现调整变量。

中等职业学校教学单元下具体的学习情境建构的核心内容是问题。建构主义教学追求的目标有:学习者学会如何学习,帮助学习者形成对知识的深层次理解,要求学习者通过高级思维活动进行学习。为此,建构主义提出各种不同的思路和方案,其中"通过问题解决了学习"是其核心思路。[1] 那么,如何设计问题?设计问题的主要原则是:一是激活已学知识,探索未知知识;二是实现实践经验与理论知识的连接;三是推进跨课程知识的融合和迁移。设计问题的基本方法如下。一是预设。预设的问题可以是线段型的,从已有经验指向新的投入变量,相互之间存在一定的间隔,形成引导探究的线索。随着学习的深入,预设问题可以增加纵向的深度和横向的广度,相互之间的间隔可以进一步增大,甚至可以表现为故障、矛盾、症结等形式。二是生成。即时生成的问题往往是投入变量与预设问题的调节器。如果某些学生面对投入变量与预设问题的学习低于预计表现,那么教师并不能给予结果性的答复,而是通过即时生成的问题为这些学生搭建学习支架;如果某些学生超越预计表现,那么即时生成的问题应该引导学生进行纵向或横向的深入思考,促进这些学生有更多、更大的发展。

二、个性化学习的学习支持

"教,为了不教"对于中等职业学校具有独特的意义:从表层意义来看,中等职业学校学生必然需要从学校走向工作,"教"必然要走向"不教";从深层意义来看,知识经济时代下技术的迅猛发展,要求中等职业学校从"教"转变为"不教"的"教",让学生学会学习的自组织,获得自我更新的能力,适应经济社会的发展。"不教"的"教"既非传统的由上至下、大包大揽、整齐划一的"教",也非对学生学习的放任自流,而是给予学生的意义建构以有效、恰当的学习支

现代职业教育研究丛书

① 周金浪.教育学[M].上海:上海教育出版社,2006:221.

持。如果说建构学习情境是"教"的第一层意义的话，那么建构学习支持便是"教"的第二层意义所在。有效、恰当的学习支持包含三方面的基本维度，如图5－13所示。

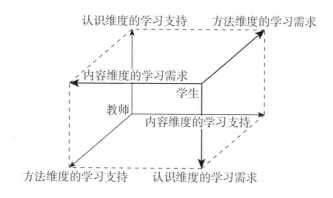

图 5－13　学习支持的基本维度

（一）认识维度的学习支持

认识维度的学习支持是对于元认知知识方面的学习支持。元认知知识是"关于一般认知的知识以及关于自我认知的意识和知识"①。为了帮助学生建构元认知知识，学习支持包括两个层面：首先，建构对于学习支持的元认知。只有真正认识学习支持，才可能给予学生恰当的学习支持。其次，建构对于学生元认知的学习支持。对中等职业学校学生而言，促进其"元认知"改变的学习支持，才是其首要的学习支持。

建构学习支持首先要认识学习支持。认识学习支持就是要研究学习支持的三个基本问题。一是学习支持的"为什么"。"为什么"是对其价值的追溯，是思考学习支持建构中其他问题的依据和出发点。新的学习下缺乏基本认识和经验的中等职业学校学生仿佛是空旷无垠的原野中迷途的羔羊，他们只有在有效、恰当的学习支持下，才能在旷野中找到适合自己的方向和路径。二是学习支持的"做什么"。"做什么"是对学习支持本身的追问，是其具体任务的解析。在新的学习下，学生们存在认识维度的困惑和模糊、内容维度的疑惑和谬误以及方法维度的缺失和偏差，这些都需要学习支持的帮助和指导。三是学习支持的"怎么做"。"怎么做"是对学习支持运行机制、实施策略的反思，

① 　洛林·W.安德森,等.布卢姆教育目标分类学:分类学视野下的学与教及其测评(完整版)(修订版)[M].蒋小平,张琴美,罗晶晶,译.北京:外语教学与研究出版社,2009:42.

是学习支持完成具体任务、实现价值目的的保障。"为什么"和"做什么"保证了正确的学习支持,而"怎么做"实现了正确的学习支持。

建构认识维度的学习支持,则必须认识学生在认识维度上的问题。中等职业学校学生在认识维度上的问题主要表现为以下两点。一是学习目标缺乏。受"万般皆下品,唯有读书高"传统观念的影响,以及初中生涯教育的缺失,使得中等职业学校学生往往迷失了人生前进的方向。他们缺失学习目标,缺乏学习动力。二是学习信心不足。在应试教育及其价值观依旧盛行的今天,中等职业学校学生往往是应试教育中的被淘汰者、失败者,他们在应试教育中缺失了学习的信心和挑战的勇气。尽管学习情境的建构为中等职业学校学生的好奇和兴趣的激发以及学习目标的建构提供了可能,但其认识维度的困惑和模糊依然是他们学习的最大障碍,需要具体的学习支持。

认识维度的学习支持之一就是帮助学生建立学习目标。中等职业学校学生的学习目标是一个由远景、中景、近景和微观等多层目标构成的目标系统,因此,帮助他们建立学习目标就是要做到以下三点。一是从远景来看,帮助学生建立生涯发展目标。学习支持不只是开设正式的生涯规划课程,更是其中非正式、个别化的具体指导,指导学生认识自我,学会生涯的自我规划,建立生涯发展目标。二是从中景来看,帮助学生形成中等职业学校阶段的目标定位。学习支持不只是构建对于职业、专业的认识教育,更是其中的对话,帮助学生在生涯发展目标的基础上形成中等职业学校阶段的目标定位。三是从近景、微观来看,帮助学生建立课程以及学习情境的学习目标。学习支持表现为对课程、情境及其目标具体、清晰的描述,帮助学生在课程、情境的认识中建立相应的学习目标。

认识维度的学习支持之二就是提供心理支持,尤其是帮助中等职业学校学生建立学习信心。一是入学之初,帮助学生建构人生发展的基本信心。学习支持在帮助认识自我、建立学习目标的同时,还帮助学生认识人的智能多元性和事业成功的多元性以及职业、专业和生涯的大有可为,从而建构人生发展的基本信心。二是课程之中,帮助学生发展学习信心。课程之中,学习支持就是学习情境中的投入变量跨度及其问题难度的调节,在学习目标的实现中帮助学生形成自我效能感,促进学习信心的发展。三是学习之后,帮助学生树立学习信心。学习之后,学习支持就是即时的、积极的学习评价及阶段性的成效评价,激发学生的自我效能感,帮助学生树立学习信心。

（二）内容维度的学习支持

内容维度的学习支持是对事实性知识、概念性知识等被称为"成果"的知识的学习支持。相较于更侧重于"为什么"的认识维度的学习支持而言,内容维度的学习支持更侧重于学习支持的"做什么"。为了帮助学生建构事实性知识、概念性知识等成果性知识,学习支持包括两个层面:一是成果性知识,即"做什么"的"什么";二是成果性知识的组织,即"做什么"的"做"。

建构内容维度的学习支持,则必须认识学生在内容维度上的问题。中等职业学校学生在内容维度上的问题主要表现为以下两点。一是缺乏基本的事实性知识,尤其缺乏职业性学习情境中的事实性知识。事实性知识是指学生通晓一门学科或解决其中的问题所必须了解的基本要素,包括术语知识、具体细节和要素知识。事实性知识是学习中的基础性知识。如果学生对学习情境中的技术词汇、专业符号等术语知识以及新的具体细节和要素知识都不甚了了,学习显然难以进行。二是难以建构有效的概念性知识。概念性知识是指在一个更大体系内共同产生作用的基本要素之间的关系,包括分类和类别的知识,原理和通则的知识,理论、模型和结构的知识[①]等。对中等职业学校学生而言,概念性知识是其职业能力发展的基础。如果未能建构起概念性知识,那么其职业能力将被肢解成理论知识和基本技能,职业能力的建构将无从谈起。

对于事实性知识的学习支持,可以进行预设,也可以进行生成。其预设性的学习支持一般设置在学习进行之前,可以通过录像、讲义（或课件）、参考教材和补充材料（或文献资料）等方面学习资源对术语知识、具体细节和要素知识进行描述、展示。生成性的学习支持一般设置在学习进行之中,可以分为主动生成和被动生成两种类型。主动生成的学习支持是由教师主动提出的,被动生成的学习支持是教师对学生提问的回应。对于事实性知识的学习支持,一般是主动生成的学习支持,是对术语知识、具体细节和要素知识的纠偏。学习支持的主动生成需要触发,根据触发的作用,主动生成的学习支持分为底线性触发的学习支持和发展性触发的学习支持。一般来说,术语知识、具体细节和要素知识缺乏探索的意义,但这却是学习中的根本性问题,是学习中的底

---

① 洛林·W.安德森,等.布卢姆教育目标分类学:分类学视野下的学与教及其测评（完整版）（修订版）[M].蒋小平,张琴美,罗晶晶,译.北京:外语教学与研究出版社,2009:35.

线。因此,事实性知识的学习支持属于底线性触发的学习支持。

对于概念性知识的学习支持,同样可以预设。由于概念性知识是指在一个更大体系内共同产生作用的基本要素之间的关系,因此,对概念性知识的学习支持不能止步于对知识基本要素的认识,更应促进知识基本要素关系的建构,其预设的原则如下。一是以其基本要素为主题,对相关知识、资源进行"剪裁",提高其可结构性。二是以学习情境为中心组织相关知识、资源。以学习情境为中心的组织,旨在促进概念性知识与学习情境的联系,为概念性知识条件化提供可能。三是以学习情境为纽带连接跨课程的概念性知识及其资源。跨课程的连接将促进概念性知识在更大体系内共同产生作用,产生相互间的关系,为概念性知识在更大体系内建构提供可能。四是随着学习的深入,推进学习资源的抽象化。相较于事实性知识,概念性知识更加概括和抽象,学习资源的逐步抽象化有助于概念性知识的建构。

对于概念性知识的学习支持,同样可以生成,同样存在主动生成和被动生成两种类型。相较于事实性知识学习支持的底线性触发,概念性知识学习支持的主动生成属于发展性触发,旨在促进学有余力者在更大体系内建构概念性知识,因此发展性触发强调对既有学习成果进行横向或纵向的反思。概念性知识学习支持的被动生成是针对学习知识方面的问题和疑惑而生,因人而异,因需而生。由于意义建构需要学习主体自身实现,因此生成性的学习支持并非传统意义上的答疑解惑,生成性的学习支持应该注重启发性。可以将问题分解成阶梯式的子问题,降低既有问题或疑惑的难度;可以是类比式的实例或问题,引导学生在已有经验的基础上进行学习的迁移。具体见图5-14。

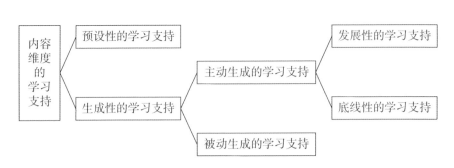

图5-14 面向学习内容的学习支持的主要类型

（三）方法维度的学习支持

方法维度的学习支持是对于程序性知识的学习支持。程序性知识是"做某事的方法，探究的方法，以及使用的技能、算法、技术和方法的准则"①。相较于更侧重于"做什么"的内容维度的学习支持而言，方法维度的学习支持指向"怎么做"。为了帮助学生建构程序性知识，方法维度的学习支持包括两个层面：一是学习支持的"怎么做"，即关于学习支持的程序性知识；二是学习"怎么做"的支持，即对于程序性知识的学习支持。

建构方法维度的学习支持，则必须认识学生在方法维度上的问题。中等职业学校学生在方法维度上的问题主要表现为以下三点。一是学生未能在学习支持中获取支持。尽管提供了学习支持，如教师的讲义、课件等，但是学生未能将学习支持所表达相关信息与其已有的心理图式和认知框架发生整合，学生未能在学习支持中获取支持。二是学生缺乏基本的程序性知识。基本的程序性知识是指具体学科的技能和算法的知识、具体学科的技术和方法的知识等。三是学生缺乏确定何时使用适当程序的准则知识。具体学科的技能和算法的知识、具体学科的技术和方法的知识等只是知识，只是能力的基础或基础的能力，但是确定何时使用适当程序的准则知识已经上升为真正的能力。缺乏确定何时使用适当程序的准则知识实际上表明学生尚未形成真正的能力。

学生之所以未能在学习支持中获取支持，关键在于学习支持的"怎么做"。学习支持的"怎么做"的原则或策略如下：一是学习支持以"学"的视角进行设计和组织。本书所讨论的学习支持是对以学生为中心的学习的帮助和指导，因此学习支持必须转变视角，从教师的视角转变为学生的视角，从"教"的视角转变为"学"的视角。如教师的教案、课件等学习支持是以"教"的视角进行呈现的，学生难以从中获取支持。二是学习支持以创造体验的方式进行设计和组织。学习支持不仅要以"学"的视角进行设计和组织，更要在此基础上以创造体验的方式进行设计和组织。学习支持以创造体验的方式进行设计和组织是包括学习环境在内的系统设计，是一个"反馈—改进—再反馈—再改进"的优化过程。学习支持的系统设计将学习支持与学习情境融为一体，为学生的

① 洛林·W.安德森,等.布卢姆教育目标分类学:分类视野下的学与教及其测评(完整版)(修订版)[M].蒋小平,张琴美,罗晶晶,译.北京:外语教学与研究出版社,2009:36.

学习体验创造更优化的空间,而学习支持的优化过程在学习情境的基础上给予学生更具体、更贴切的学习体验,如推进物理学习环境和人文学习环境的持续优化,与学生产生情感的共鸣,制造让学生难忘的体验等。当学习情境及其学习支持召唤起学生的情感,便驱动了学习的需求,将促进学生更多、更大的意义建构。

对于具体学科的技能和算法的知识的学习支持,可以根据学习需求的不同设计成三类。从基本的学习需求来看,可以预设技能和算法的知识的学习说明。具体学科的技能和算法的知识可以表示为一系列或序列步骤,其步骤完成的顺序是固定的,那么可以为此建构相应的学习说明。从学习评价的需求来看,可以预设技能和算法的知识结果的答案。应用技能和算法的知识的结果一般会产生一个确定的答案,而预先提供的答案为此提供了面向评价的学习支持。从更为具体的学习需求来看,要提供技能和算法的知识的演示和讲解。"行为学习从模仿开始"①,演示和讲解为一系列或序列步骤的模仿提供了更为具体的学习支持。演示和讲解可以预设,也可以应需而生。

由于具体学科的技术和方法的知识表示为一系列或序列步骤,因此也可以为技术和方法的知识预设演示和讲解的学习支持。但相较于具体学科的技能和算法的知识,具体学科的技术和方法的知识更为开放和不确定:其一是所表示的一系列或序列步骤的顺序并不固定,下一个步骤可能待定;其二是答案或解决方案并不能预先确定。因此,相较于具体学科的技能和算法的知识的学习支持,具体学科的技术和方法的知识更需要生成,根据个体的需求有所调整。如果预设为演示和讲解的学习支持,其区别在于:一是形成比较的学习支持,通过步骤和结果比较发现具体学科的思考和解决问题的方式,形成"具体学科的技术和方法的知识"②;二是需要建构交流、分享以及试误的学习环境,从而帮助学生达成共识。

对于确定何时使用适当程序的准则知识的学习支持,应当从建构这一类知识的需求进行建构:一是由于确定何时使用适当程序的准则知识常涉及程序以往的使用方法,因此其学习支持若进行预设,应当或通过录像演示,或通

① 刘献君.论大学学习[J].江苏高教,2016(5):1-6.

② 洛林·W.安德森,等.布卢姆教育目标分类学:分类视野下的学与教及其测评(完整版)(修订版)[M].蒋小平,张琴美,罗晶晶,译.北京:外语教学与研究出版社,2009:22-42.

过课件讲解，或通过沙盘进行体验，帮助学生认识程序以往的使用方法；二是程序以往的使用方法只是建构确定何时使用适当程序的准则知识的基础，要形成意义建构，必须认识"自己使用的方法和技术与别人的方法之间有着怎样的关系"①，因此应当建构面向环境的学习支持，帮助学生在分享、交流中提高认识；三是由于确定何时使用适当程序的准则知识是条件化的知识，因此，其学习支持不仅与学习情境融为一体，还帮助学生识别学习情境及其问题的类别，帮助学生将准则知识进行条件化；四是由于确定何时使用适当程序的准则知识涉及默会知识，而默会知识是内在于行动中的知识，只可意会，不可言传。而成果范例往往包含了特定主题学习中最重要的探究步骤或最典型的成果形式，"帮助学生较为便捷地理解并达到活动预期的目标，帮助学生将学到的、理解到的、创建的东西转化为可见的事物"②，因此，成果范例为确定何时使用适当程序的准则知识提供典型的学习支架，将成为极为有效的学习支持。

年幼时的我们蹒跚学步，长大后的我们奔跑、跳跃，其中有着无数的学习支持帮助和指导着我们。缺乏认识和经验的学生进入中等职业学校，进行不一样的学习，尤其如人才培养方案的个性化定制和个性化学习，必然也是蹒跚学步。如果我们的学习支持更具体、更适切，那么他们的脚步将更坚定、更迅速、更自由，他们未来将走得更远，与自己的理想更近。

三、个性化学习的组织机制

从学习的视角来看，教师从"教"到"不教"的转变，是学习被组织到学习自组织的过程。由此而言，"教，为了不教"中的"教"，不只是为"不教"而建构学习情境，也不只是为"不教"而提供学习支持，而是要为"不教"而建构组织机制，"自组织"的组织机制成为"不教"的保障。建构并进一步完善中等职业学校个性化学习的组织机制，推进学习自组织的连续演化、层次跃升和水平增长，这便是"教"的第三层意义所在。中等职业学校个性化学习的组织机制包

---

① 洛林·W.安德森，等.布卢姆教育目标分类学:分类视野下的学与教及其测评(完整版)(修订版)[M].蒋小平,张琴美,罗晶晶,译.北京:外语教学与研究出版社,2009:42.

② 岳秋,闫寒冰,任友群.MIT开放课程与我国精品课程的学习支持对比分析[J].远程教育杂志,2013(1):60-67.

括以下三个层面。

（一）学习组织的基本架构

个性是"在一定的社会条件和教育影响下形成的一个人比较固定的特性"①。社会条件是其形成的基础条件,那么与个别化学习的根本区别在于,旨在发展个人特性、做最好的自己的个性化学习需要在社会情境中实现个性的意义建构。个别化学习不能构成社会情境,必须为个性化学习建构相应的学习组织。

对中等职业学校的个性化学习而言,学习组织的建构尤为重要。其原因主要有:一是源自社会分工的职业要求中等职业学校个性化学习学会分工与协作,分工与协作的机制产生于组织;二是学校是专门进行教育的机构,作为学校教育形态下的中等职业学校个性化学习必然存在于组织形态之中;三是组织是中等职业学校个性化学习自组织发展的必然结果。因此,尽管我们已经为中等职业学校的个性化学习建构了相应的学习情境和学习支持,但依然要为其建构学习组织。

尽管班级构成了学习组织的一种形态,但是在学分制与弹性学制的课程管理机制下,班级这一组织形态发生了一定程度的消减,尤其是对以项目、任务等为形式的中等职业学校个性化学习的学习情境而言,即使是"面向每一个学生的个性发展"②的小班化组织,也仍然显得人数过于庞杂,因此需要在班级的基础上建构与学习情境相匹配,更有助于个性化学习的学习小组。这一形态的学习小组并非班级中传统意义上的以位置的序列建构而成的自然的学习小组,而是根据学习情境的具体需要调整学习小组的成员人数。那么,必然要研究这一形态的学习小组的建构方式。

学习小组的建构方式可以由学生自由组合,也可以是教师指定组合。教师指定组合往往具有控制性,体现了"教"的意志。学生自由组合往往具有随意性,体现了"学"的意愿。无论是学生自由组合,还是教师指定组合,学习小组的建构一定存在同质分组和异质分组的模型。所谓同质分组,就是对在某课程上知识、技能和态度等方面的学习表现相近的学生进行组合,而异质分组

① 中国社会科学院语言研究所词典编辑室.现代汉语词典(第6版)[M].北京:商务印书馆,2012:441.
② 吴永军.我国小班化教育:成绩、困境与展望[J].课程·教材·教法,2014(2):25-31.

则反之,是对学习表现存在明显差异的学生进行组合。同质分组往往造成学习小组之间在学习表现上的差异性很大,异质分组则可以通过某种控制实现学习小组之间的平衡。

（二）学习组织的运作机制

对于开放系统的演化机制,自组织理论认为,系统内部的竞争和协同的相互作用是自组织系统演化的动力:一是子系统的竞争使系统趋于非平衡,而这正是系统自组织的首要条件;二是子系统之间的协同则在非平衡条件下使子系统中的某些运动趋势联合起来并加以放大,从而使之占据优势地位,支配系统整体的演化。[①] 由此可知,自组织发展的关键在于:一是开放系统;二是建立协同机制;三是建立竞争机制。

在中等职业学校这一教育机构中,作为其教学组织基本单位的班级,在学分制与弹性学制的课程管理机制下,对班级中的学习小组及学生个体而言,构成了一定程度的可演化的开放系统。在班级这一系统中有两层组成:一是学习小组是其子系统;二是学生个体是学习小组这一子系统的基本组成单元。那么,推动系统自组织发展的协同机制与竞争机制必然要在学习小组和学生个体中进行建构。其中,协同机制应该主要发生在学生个体之间,其原因有:一是从学生将来从事职业的要求来看,源自社会分工的职业首先要求从业者学会协同;二是从班级系统的发展来看,其整体的演化关键在于学习小组的演化,而学习小组的演化在于其成员——学生个体之间的协同。那么,竞争机制应该主要发生在学习小组之间。

如何建构学生个体之间的协同机制呢? 协同是"各方相互配合或甲方协助乙方做某件事"[②],其中包含了三层要素:一是目标要素。做某件事就是任务,做好某件事的"好"就是任务的目标要求。二是人员要素。各方或甲方、乙方实际上就是任务的承担者和协助者。三是职责要素。配合是指"各方面分工合作来完成共同的任务"[③],分工就要明确各方人员的各自职责。甲方协助乙方则表明乙方是任务的承担者,承担主要的职责,而甲方是协助者,承担着

---

① 吴彤.自组织方法论研究[M].北京:清华大学出版社,2001:10.

② 中国社会科学院语言研究所词典编辑室.现代汉语词典(第6版)[M].北京:商务印书馆,2012:1440.

③ 中国社会科学院语言研究所词典编辑室.现代汉语词典(第6版)[M].北京:商务印书馆,2012:979.

协助的职责。因此，建构学生个体之间的协同机制，就是做到以下三点。一是明确目标。共同、清晰的目标"就像北斗星一样，为个人和组织指明努力的方向"①。二是确定分工。确定分工是确定学习小组成员"分别从事各种不同而又相互补充的工作"②。三是厘清要求。厘清要求就是成员要清楚各自工作所应当达到的具体要求。

尽管子系统的竞争是系统自组织的首要条件，但是子系统的独立运动又受到其他子系统对它的共同作用，存在着子系统之间关联而形成的协同运动。在系统中出现了由关联所决定的子系统之间的协同作用，系统才可能发生层次跃升、水平增长的演化。因此，子系统的竞争是相互关联、相互促进的有序竞争。那么，对班级这一系统而言，就是既要保证学习小组的独立学习，又要保证在此基础上的竞争和协同，即相互关联、相互促进的有序竞争，其中的关键环节在于合理建构学习小组。开放性的学习情境适宜于同质分组，有助于小组成员的协同以及自我超越。同一目标的学习情境适宜于异质分组，保证小组之间的均衡性以及竞争意义的实现。无论是同质分组，还是异质分组，尤其是要关注学习小组的领导者和边缘性参与者。学习小组的领导者是学习的主要组织者，是学习小组的核心人物。既要培养领导者的组织能力，又要建立"轮流坐庄"的机制。边缘性参与者是对学习较为陌生的新手，应该通过同伴、教师的互动，让他们融入学习小组之中，成为共同体的核心成员。

（三）学习组织的团队文化

社会心理学、认知心理学和人类学方面的研究成果清楚地表明，所有的学习都离不开特定的文化模式、社会规范和期望，这些情境以强有力的方式影响着学习和迁移。③ 无论是文化模式，还是社会规范和期望，本质上都是团队文化的表现。从文化的角度而言，学习组织的自组织一定是团队文化的自组织。那么，如何建构具有自组织特征的团队文化？

---

① Marquard S. Performance, live culture and things of the heart: A conversation with Peggy Phelan [J]. Journal of Visual Culture, 2003(3):291-302.

② 中国社会科学院语言研究所词典编辑室.现代汉语词典（第6版）[M].北京：商务印书馆，2012:380.

③ 约翰·D.布兰思福特，等.人是如何学习的：大脑、心理、经验及学校（扩展版）[M].程可拉，冯亚玲、王旭卿，译.上海：华东师范大学出版社，2013:4.

首先是重构假设。何为假设？假设是基本的、潜在的，包括无意识的、想当然的信仰、观点、思想和感觉，它们是一切行为和价值的源泉。[①] 假设可以视为文化的基因。重构假设对于中等职业学校学习组织的团队文化建构尤为重要，因为在中等职业学校往往存在这样的假设——"职校的学生不想念书"[②]。不想念书怎么办？是由上至下的强制，是由教至学的灌输，还是听之任之的放羊？以这样一种假设，显然不能为自组织的团队文化奠基。而人才培养方案的个性化定制以及个性化学习的建构，其背后的基本假设必然是对中等职业学校学生的认可和期望，认为每一位学生都是一个独一无二的存在，相信每一位学生能够在学习中不断成长，并在未来的生涯发展中取得成功。建构这样的假设，才能为自组织的团队文化奠基。

其次是塑建价值。何为价值？价值是"用途或积极作用"[③]，价值是文化的核心。对学习小组的团队文化而言，塑建价值主要是塑建中等职业学校学生对于学习价值的认识。受到"读书无用论"的影响，相当多的中等职业学校学生并不认为中等职业学校能够对其生涯发展有多大的积极作用。例如笔者曾经对一位上课时玩手机的学生进行访谈，他表示他就是来"混日子"的。而学生上课时间玩手机或者睡觉依然是中等职业学校中较为普遍的现象，而其根源在于学生对于学习价值的错误认识。因此，塑建价值对于中等职业学校学习团队文化建构具有特殊意义。塑建学习的价值，要认识：一是中等职业学校对于自我生涯发展的作用；二是所学课程对于自我专业成长的作用；三是具体学习情境对于自我知识发展的作用。

再次是共建愿景。何为愿景？愿景是"所向往的前景"[④]，是对想要实现的未来的描述。愿景有两种类型。一是个人愿景。学习中的个人愿景主要是指学习目标、课程目标和生涯发展目标。二是共同愿景。共同愿景主要是指组织愿景和组织目标，如学习小组的目标、班级的目标等。要实现学习小组从

---

① Schein E H. Organizational culture and leadership[M].San Francisco, CA:Jossey-Bass,1992:12, 16－17.

② 刘炜杰.意义性生成:职业教育课堂教学改革的取向与目标——以一节课为例的反思[J].江苏教育,2011(1):33－35.

③ 中国社会科学院语言研究所词典编辑室.现代汉语词典(第6版)[M].北京:商务印书馆, 2012:625.

④ 中国社会科学院语言研究所词典编辑室.现代汉语词典(第6版)[M].北京:商务印书馆, 2012:1605.

被组织的学习组织向自组织的学习共同体的转化,就应该发挥愿景"团结人、激励人、方向舵、竞争武器、建立共同体"的五大作用。那么,愿景应该成为人的一种意愿的表达①。如果愿景成为人的一种意愿的表达,那么愿景绝非由上至下的指定,同样也非漫无边际的自定,应该是组织成员之间的协商。对认识尚未成熟、缺乏经验的中等职业学校学生而言,更应该有教师主动参与下的协商,帮助学生形成对于愿景方向性、可行性等方面的反思,帮助学习小组形成共识,帮助学生实现个人愿景和组织愿景的和谐统一。

最后是建构组织规范。组织规范是为形成团队合力的成员之间的行动准则或行为约定。组织规范隐含着文化假设,体现着价值取向,是实现共同愿景的关键,因此组织规范承载着团队文化。学习小组的组织规范建构实际上存在两个环节:一是建构学习小组的架构,其中包括角色的分配和职责的明确;二是建构共同的组织规范,其中主要是行动准则或行为约定。组织规范的建构过程同样表现着组织的文化模式。要使得组织规范内化为成员的行为信念和精神追求,那么其规则的建构同样是师生、生生协商的过程,其文化模式既不是漫无边际的自由模式,也不是由上至下的强制模式,应该建立在平等、尊重的基础上,是学生认识问题的过程,是针对问题不断修正、完善的过程,同时应该给学生的创新甚至失误留有空间。组织规范的建构同样是学生的意义建构。

四、个性化学习的评价机制

自组织区别于有组织的关键在于自组织能够自产生、自繁殖、自修复,而有组织要依靠外在的力量。尽管"教"已经为"不教"建构了学习情境、学习支持和组织机制,能够帮助学习组织从被组织跨入一定程度的自组织,能够帮助学生个体从被组织跨入有组织,但是脱离这一外在力量参与的组织,学生个体的学习未必均能够实现自组织。因此,要引导学生学会学习的自产生、自繁殖、自修复,需要学会进行学习的自检查、自诊断、自评价等自我学习评价。因此,"教"是为了"不教",还要为"不教"建构学习评价机制,帮助学习组织和学生个体实现从被检查、被诊断、被评价到自检查、自诊断、自评价的转变,推动

① 加里·胡佛.愿景[M].薛源,夏扬,译.北京:中信出版社,2003:221,226-227.

学生学习适应性的发展,这便是"教"的第四层意义所在。

（一）评价主体的转变

在传统的中等职业学校学习评价中,教师和学生之间建立起由上至下、单向度的二元评价关系,其中教师是学习评价理所当然的主体,而学习评价的客体毋庸置疑便是学生。但是在不同教师的视线中,作为评价客体的学生存在某些差异:一是学生作为学习评价的直接客体,学生是被评价的对象,如××学生如何或者你如何如何等;二是学生作为学习评价的间接客体,学习评价的客体由学生转变为学生的学习表现,学生的学习表现成为被评价的对象,如××学生表现如何或者你的表现如何等。无论是学生作为学习评价的直接客体还是作为学习评价的间接客体,这都是一种二元对立的单向度的学习评价机制,学生处于被检查、被诊断、被评价的地位,学生学习的自检查、自诊断、自评价无从建构。

在"自组织"的中等职业学校个性化学习中,自检查、自诊断、自评价的自我学习评价的主体首先应该是学生,其评价客体必然是自我学习表现。但是,个性化学习并非个别化学习,是具有社会情境的组织化学习。因此,其评价主体与评价客体并非新的二元学习评价机制,即评价主体由自我替代教师,评价客体是自我学习表现,而是多维度的学习评价机制重建。学习的评价主体具有多元性:一是第一层级的评价主体,即学生个体的"自我";二是第二层级的评价主体,即学习小组的团体"自我";三是第三层级的评价主体,学习组织中或学习小组之外的其他"自我"(即如班级中的非小组成员);四是第四层级的评价主体,即教师。甚至可以形成更多层级的评价主体,如家长、社区以及更大范围的评价参与者。而个体的"自我"是其学习评价主体的核心,在听取不同维度的学习评价过程中帮助自己改进学习的自检查、自诊断、自评价,实现学习的自产生、自繁殖、自修复。

尽管在自组织的中等职业学校个性化学习中,学生成为学习的评价主体,但是并非弱化教师的角色,而是对教师的角色提出了更高的要求。一是侧重引导的学习评价主体。"教"意义上的学习评价重在启发学生进行学习及其评价的反思、反省,引导学生提高自我学习评价的能力。二是适度参与的学习评价主体。根据学生自我评价的水平,调整"教"意义上的学习评价的参与度。随着学生自我学习评价水平的提升,教师要从学习评价的前台向学习评价的幕后隐退。即使向幕后隐退，但应该成为更高明的导演，让前台的学习及其评价的层次跃升、水平增长。三是学习评价底线的控制者。缺乏经验和认识的中等职业学校学生在学习组织及其评价中未必能够认识到社会规范、组织规则和专业技术要求的底线，而教师应该成为学习及其评价底线的控制者。

（二）评价内容的拓展

在传统的中等职业学校学习评价中，学习的评价内容呈现出以下特点：一是单一化，注重知识与技能的单一评价；二是显性化，注重完全客观的、静态的显性知识的评价。这一特点的评价内容显然与中等职业学校个性化学习背道而驰，其原因在于：一是中等职业学校个性化学习以培养学生的核心素养为基本目标，而核心素养内隐为"脑海中持有的各种形象假设和故事"，单一化的评价内容难以实现"各种形象假设和故事"，显性化的评价内容难以成为"脑海中持有的形象假设和故事"；二是局限于知识与技能等显性知识的单一评价，难以实现中等职业学校个性化学习的自组织。

中等职业学校个性化学习的评价内容的建构可以从不同的维度进行：一是从个性化学习的情境组织来看，学习情境不仅可以表现为具体的场景、案例、任务、项目等，而且学习情境的核心内容由问题组成，那么，基于学习情境维度的学习评价内容应当包括基于学习情境整体表现的学习评价和基于其中问题解决表现的学习评价；二是从个性化学习的知识建构来看，知识的建构包括认识维度、内容维度和方法维度，认识维度侧重于元认知知识，内容维度侧重于事实性知识和概念性知识，方法维度侧重于程序性知识和部分元认知知识，那么，基于知识建构的学习评价内容应当分别有基于认识维度、内容维度和方法维度的学习评价；三是从个性化学习的认知过程来看，认知过程包括记忆、理解、应用、分析、评价、创造等认知类别，记忆、理解、应用被认为是低阶思维过程，而分析、评价、创造被认为是高阶思维过程，那么，基于认知过程的学习评价内容应当分别有基于记忆、理解、应用、分析、评价、创造等认知类别的学习评价。

作为评价主体，学生的学习评价的特征是：一是更容易倾向基于学习情境中的问题解决的正确与否的学习评价，而难以进行基于学习情境整体表现的学习评价；二是更容易倾向基于内容维度的学习评价，即基于事实性知识以及初步的概念性知识的学习评价，难以进行基于认识维度和方法维度的学习评价;三是更容易倾向基于低阶思维过程的学习评价,即基于记忆、理解、应用等认知类别的学习评价,难以进行基于高阶思维过程的学习评价。但是,学习评价中的后者反映了学习评价的层次跃升、水平增长,更能体现学习的自产生、自繁殖、自修复,因此,教师的学习评价内容除了控制底线之外,还应该包括:一是学生学习评价的补漏,要关注到学生评价未能关注到的内容;二是学生学习评价的评价,既要指出学生评价中的亮点,又要指出其中的可进步之处;三是学生学习评价的引导,就学生的学习评价中某一关键点进行问题设计,引发学生对自我评价的思考,引导学生自我评价的纵向延伸和横向拓展。

(三) 评价方式的建构

在中等职业学校传统的二元关系的学习评价中,其评价方式的主要特征如下。一是由上至下的单向式。在传统的学习评价中,教师对学生或其学习表现的"循循教诲"居高临下,不容置疑,学生只有"虚心"接受。二是纸笔测试的单一式。在传统的学习评价中,教师对学生或其学习表现的学习评价基本来自纸笔测试的单一方式,局限于显性知识的定量评价。三是某一表现的静态式。在传统的学习评价中,教师往往停留于对某一具体的学习表现的评价,缺乏前后的比较。这样的方式显然难以实现中等职业学校的个性化学习以及其学习的自组织,其原因在于:一是由上至下的单向式学习评价对学生而言,属于被检查、被诊断、被评价;二是纸笔测试的单一式难以关注到学生个体,更难以关注到个体的非纸笔能够测试的其他方面;三是某一表现的静态式评价,难以形成对学生个性成长的发展过程的关注,也难以形成对学习及其组织从被组织到自组织的发展过程的关注。

随着经济社会的发展,价值取向日益开放、动态和多元,作为"评定价值高低"[1]的评价应当秉持"价值多元化"的信念,应当成为"一种通过'协商'而形成的'心理建构'过程"[2]。协商同样应该成为学习评价的基本方式,而且协商这一评价方式对于中等职业学校个性化学习有着尤其重要的意义:一是协商为中等职业学校个性化学习的多元化主体、多维度内容的学习评价建构了可能,而且为学习评价的核心主体即学生个体的自我评价提供了自组织的心理

---

[1] 中国社会科学院语言研究所词典编辑室.现代汉语词典(第6版)[M].北京:商务印书馆,2012:1003.

[2] 转引自钟启泉.现代课程论[M].上海:上海教育出版,2012:391.

建构过程;二是协商促进了平等尊重、和而不同的团队文化的建构。协商改变以往由上至下、单向度的学习评价方式,协商是生生之间的分享,是师生之间的交流,也可能是作品等学习成果与自身的对话,允许学生个体意见的坚持、保留以及认识改变之后的重构,表现着平等尊重、和而不同的学习文化模式。

对一直在应试教育、灌输式教育中浸润成长的中等职业学校学生而言,从单向度、单维度的被检查、被诊断、被评价的被动状态转换到多向度、多维度的协商下的自检查、自诊断、自评价的主动状态并非易事,因此,教师应当在"协商"中发挥着更为重要的作用。一是比较式评价。通过前后对比的方式帮助学生在学习及其评价中不断提高与发展,在协商中帮助中等职业学校学生建构协商的心理自信。二是融入式评价。教师的学习评价必须融入真实的学习情境之中,跟踪学习表现的相关信息,即时调整评价内容与评价工具的动态评价和过程评价,关注多元发展的质性评价。三是启发式评价。教师的学习评价不回避学生学习及其评价中存在的问题或不足,但不是由上至下的批评,而是通过问题启发学生对其存在的问题或不足进行反思、反省,帮助学生实现心理建构。

学习情境、学习支持、组织机制和评价机制实际上在建构着立体化结构的知识。对初学者而言,他们缺乏基本的认知,他们的大脑中一片混沌,那么知识的组织结构应该简单、扁平,结构化特征明显,让学习有迹可循。随着学习的深入,知识的结构化特征应悄然褪去,知识的组织应趋向混沌,不断接近真实的生活情境和职业情境,那么,学生认知中的核心概念或"大观点"将不断凸现,认识的结构化特征才可能自发地生成。从无序到有序,再到有序中的无序,直至无序中的有序,学习组织的自组织悄然而建,知识发展的自组织悄然而生,将为学生建构起从狭小的学校时空走向无垠的校外世界的桥梁。

现代职业教育研究丛书

从单一走向多元:我国中等职业学校教育改革的方向与路径

第六章

中等职业学校多元化
发展的保障机制

人的个性化发展要求中等职业学校通过多元化发展提供课程与教学的解决方案,区域经济社会的特色化发展则要求中等职业学校通过多元化发展提供更具针对性的人力资源支持。但是,对中等职业学校而言,从单一化走向多元化的转型却面临着诸多困难,尤其是需要建构与中等职业学校多元化发展相匹配的教师、课程资源以及相关顶层设计等方面的保障机制。

第一节　中等职业学校多元化发展的师资队伍建设

学校的中心工作是教育教学工作。教师是完成教育教学任务的主要劳动者,是完成教育教学过程的实际组织者和操作者。教师与学生直接接触和交往,对他们施加教育影响,使他们身心得到健康和谐的发展。[①]　因此,教师是实现教育目标、提升教育质量的核心保障。但是,教师队伍应当如何发展,才能适应中等职业学校的多元化发展,为学生的个性化发展提供课程与教学的解决方案,为区域经济社会的特色化发展提供更具针对性的人力资源支持?

一、教师结构的多元化发展

教师结构的多元化发展,是中等职业学校多元化发展对教师多元化发展的第一要求。所谓结构,是指"各个组成部分的搭配和排列"[②],那么,教师结构的多元化发展包含以下两层含义。一是教师类型的多元化,其中既包括专业类型的多元化,也包括层次类型的多元化,还包括如"双师型"教师的跨界类型。教师类型的多元化为其组合的多元化提供了可能。二是教师类型组合的多元化,其中包括基本组合和发展组合。基本组合是中等职业学校多元化办

[①]　袁振国.当代教育学(2004年修订版)[M].北京:教育科学出版社,2004:292.
[②]　中国社会科学院语言研究所词典编辑室.现代汉语词典(第6版)[M].北京:商务印书馆,2012:662.

学下的基本需求,发展组合则是实现中等职业学校特色化办学、多元化办学的关键。

（一）教师专业结构的多元化发展

文化素养课程、核心素养课程、个性特长课程、通用职业能力课程和岗位能力课程等功能模块的建构为人才培养方案的个性化定制提供了可能,也就为中等职业学校的多元化发展提供了有力的支持。但是,文化素养课程、核心素养课程、个性特长课程、通用职业能力课程和岗位能力课程等功能模块的开设,必然要求教师专业结构的多元化。这一多元化不仅是指教师专业结构与课程功能模块结构的匹配,更有具体课程模块对教师专业结构多元化的要求。

作为培育着人的人文素养,建构着人的文化基础的文化素养课程,向下对接着初中教育,横向要与普通高中教育融通,向上衔接着高等职业教育的通识课程,因此,在中等职业学校的人才培养方案中,文化素养课程更具有确定性。其中主要有:一是最为核心的部分,如语文、数学、体育与健康、德育等课程;二是极其重要的部分,如信息技术、艺术、外语、心理健康教育等课程;三是与专业相关的其他课程,如物理应该成为工科类专业的文化素养课程。前两部分具有确定性,第三部分需要根据专业类型进行确定,具有不确定性,但已经可见文化素养课程对教师专业结构多元化的需求。

作为承载中等职业学校特殊性办学目的,以特定的职业岗位及其职业活动为逻辑起点的通用职业能力课程和岗位能力课程,既具有确定性,又具有不确定性。其确定性表现在通用职业能力课程和岗位能力课程对应着经济社会的产业。其不确定性表现在:一是区域经济社会的产业结构不同,通用职业能力课程和岗位能力课程不同;二是即使不同区域经济社会的产业结构存在相似性,但是会因为产业发展方向、技术状况和企业规模等方面的差异而导致通用职业能力课程和岗位能力课程不同,尤其是岗位能力课程的不同;三是经济社会的发展和产业的转型升级要求通用职业能力课程和岗位能力课程,尤其是岗位能力课程不断推陈出新。通用职业能力课程和岗位能力课程的以上特征必然要求教师专业结构在不断调整、优化中实现多元化。

旨在建构"脑海中持有的各种形象假设和故事"的核心素养课程,对中等职业学校而言,不仅仅是显性课程,更应该是隐性课程,往往因地而异,因校而异,更具有不确定性。学校层面的核心素养课程的开发主要有适合于学生的年龄段、尽可能就地取材、突出职业教育特点和注重专业特征等原则,这必然要求教师专业结构的多元化:一是适合于学生的年龄段要求,能够对学生的心理特征、学习规律进行研究,对此心理学、教育学专业的教师相对而言更为专业;二是就地取材,要建构地方、学校的人物及其故事,融合地方文化,那么文史类专业的本地教师更具优势;三是突出职业教育特点和注重专业特征则要根据职业教育特点和专业特质建构相应的"形象假设和故事",那么,相应专业的教师更易知晓其中三味。以上更侧重于显性课程的核心素养课程开发,而隐性课程的核心素养课程开发实际上就是学校文化建设,这需要以校长为首的全校师生共同谋划,其中尤为需要基于多元化的专业视角进行建构。

作为学校中最具活力、最受欢迎、最能承载师生想象力、创造性、创新性的个性特长课程,不仅不能局限于具体的课程内容,更要鼓励师生在活动和社团中自主创新、创造,因此个性特长课程并不固定于具体的专业,可以融入师生学习、生活等诸多方面。即使是最为活跃、最为常见的文艺类、体育类、创新实践类、创业实践类等个性特长课程,依然存在诸多亚类型以及具体的子类型,如文艺类中有文学、音乐、绘画以及工艺美术等亚类型,还可以分解成更为具体的诗歌、戏剧、声乐、器乐等子类型;创新实践类、创业实践类等个性特长课程不仅要与专业结合,还具有跨界的特征。由此可知,个性特长课程同样需要教师专业结构的多元化。

(二) 教师层次结构的多元化发展

尽管作为"公共服务体系的重要组成部分"[①]的中等职业教育在当前我国国民教育体系中不可或缺,但是对其办学机构中等职业学校的具体个体而言,却因知识经济时代下产业的转型升级、职业的分化综合、发展需求的瞬息万变以及区域教育的整合而存在生存的危机。要在同类学校林立的竞争中脱颖而出,必须研究学校办学层面、专业建设层面和教学改革层面的问题,必然需要教师层次结构的多元化。

---

① 中华人民共和国教育部.教育部等六部门关于印发《现代职业教育体系建设规划(2014—2020年)》的通知[EB/OL].(2014-06-16)[2020-10-21].http://www.moe.gov.cn/srcsite/A03/moe_1892/moe_630/201406/t20140623_170737.html.

从办学层面的问题来看，其中涉及学校办学的战略选择、学校文化、组织领导力、队伍建设以及人才培养模式改革等方面。中等职业学校办学层面的问题首先是作为一所学校里行政、业务方面的最高领导人的职责。但是，对规模日益扩大、职能日渐拓展的中等职业学校而言，这显然非校长一人能够所为，必然需要以校长为首的领导团队、管理团队以及全体师生的共同参与，这必然要求教师层次结构的多元化。以领导团队为例，领导团队必然包括：一是校级行政领导，包括校长和有具体分管工作的副校长；二是党组织的校级领导，包括党委或党支部书记、副书记、纪委书记等党组织领导。

从专业建设层面的问题来看，其中包括专业开发、专业的课程建设以及课程资源建设等方面。对面临"中国制造2025"等挑战的中等职业学校而言，其专业开发、专业的课程建设以及课程资源建设需要因地制宜、因时制宜，需要不断推陈出新、丰富完善，必然需要建构具体的专业化的组织机构——专业系部（或者专业科部）。从横向上看，随着中等职业学校与地方产业结构的日益对接，其专业结构必然日益丰富，而其专业系部（或者专业科部）及其专业将日益多元化。从纵向上看，专业系部（或者专业科部）的教师团队层次结构多元化，其中主要有：一是专业系部主任（或专业办主任）主要承担专业群发展及其资源建设的整体谋划；二是专业负责人主要负责专业课程方案建设及其优化；三是实训基地负责人主要负责课程资源建设及其优化；四是骨干教师承担或参与某一具体工作。

从教学改革层面的问题来看，其中主要是具体的课程改革和教学改革。中等职业学校多元化发展下学校层面的课程改革和教学改革，既有基于国家课程、地方课程的二次开发，也有基于地方产业特色化发展、学生个性化发展需求以及学校实际的校本课程开发，更有基于教学层面的学习情境和学习支持的开发以及组织机制、评价机制的改革，这绝非一般教师能够实现，必然需要建构相应的专业团队——课程团队。从横向上看，多元化发展下的中等职业学校将建有文化素养课程、核心素养课程、个性特长课程、通用职业能力课程和岗位能力课程等课程模块，那么其课程团队必将随着模块的发展而日益多元化。从纵向上看，课程团队层次结构同样多元化，其中主要有：一是课程负责人主要承担课程的整体开发和系统建设；二是骨干教师主要承担课程的部分开发及其资源建设；三是计算机教师主要协助课程资源的信息化；四是其他教师承担或参与课程改革、教学改革等某一具体工作。

（三）教师时空结构的多元化发展

以信息技术为引领的技术迅猛发展，推动着产业结构与形态发生翻天覆地的变化，而且正在加速推动这一变化，限制在中等职业学校时空之中的中等职业学校的课程，尤其是通用职业能力课程和岗位能力课程等模块必然难以跟上技术与产业的发展节奏。如何破解中等职业学校时空的限制，激活中等职业学校与技术、产业的发展和人的职业发展的有机衔接，关键在于推进教师时空结构的多元化。

所谓中等职业学校教师时空结构的多元化，是指跨越时空的限制建构中等职业学校的教师结构，也就是不能局限于中等职业学校的固有时空来看待其教师结构，而是应当建构和完善相应的机制，将更多行业企业的能工巧匠引入中等职业学校的课程与教学之中，形成多元化的教师时空结构，其中主要包括以下三类。一是全时空的教师。学校的时空是其工作时空的全部，也就是其工作均发生在学校之中。二是跨时空的教师。跨时空的教师是指其在学校工作的时空仅是其工作时空的一部分，其工作时空的主体应该是发生在行业企业的职业岗位之上。三是非时空的教师。非时空的教师是指承担着指导学生学习成长，却不在学校的时空之中的指导者。

所谓全时空的教师，主要是指专任教师，即具有教师资格、专门从事教学工作的人员。专任教师是中等职业学校在编的正式教师。专任教师对于中等职业学校的意义在于，形成了一支较为稳定的教师队伍，是中等职业学校的课程与教学及其改革的中坚力量。但是专任教师的问题在于，他们一旦被固化在中等职业学校的时空之中，其知识结构便缺乏有效的更新机制，必然滞后于经济社会的发展。对通用职业能力课程和岗位能力课程的任课教师而言，这一问题尤为突出。

所谓跨时空的教师，主要是指兼职教师。一般来说，中等职业学校兼职教师应该是行业企业的能工巧匠和技术专家。尽管兼职教师是中等职业学校的非正式教师，缺乏心理学、教育学等相关知识，但是兼职教师对于中等职业学校，尤其对于其通用职业能力课程和岗位能力课程具有极其重要的意义。其意义在于，帮助中等职业学校突破学校的时空限制，成为中等职业学校连接外部区域经济社会的桥梁，建构起通用职业能力课程、岗位能力课程与技术、产业发展的有效衔接机制。如果兼职教师一旦进入全职状态，那么其不再是跨时空的教师，应该成为全时空教师的序列。尽管其为行业企业的能工巧匠和技术专家，但是也将因为受限于学校的时空而导致知识结构的滞后。

非时空教师，广义上是指父母以及其他未在中等职业学校的时空中出现，却对中等职业学校学生的发展和成长有指导作用的所有人；狭义上是指中等职业学校学生进入顶岗实习阶段的指导师傅。指导师傅来自行业企业，一般是行业企业的技术骨干和岗位能手，他并不进入中等职业学校的教学空间，但在生产时空中担任学生现场学习的指导师傅。相比于兼职教师，指导师傅可以通过现场示范为学生提供具体、直观的现场指导，可以帮助学生形成在中等职业学校时空中不能实现的某些知识，包括默会知识等。对于中等职业学校的意义在于，指导师傅打开了中等职业学校与行业企业的通道，帮助学生推开了职业世界的大门。

二、教师能力的多元化发展

承接着经济社会的多元化发展及其区域经济社会的特色化发展需求，以及这一背景下的中等职业学校学生个体的个性化发展及其群体的多元化发展需求的中等职业学校多元化课程和个性化教学，不仅要求教师结构的多元化发展，更要求着教师能力的多元化发展。教师能力的多元化发展表现在以下两方面：一是教师个体能力的多元化发展；二是教师团队能力的多元化发展。

（一）教师个体能力的多元化发展

所谓教师的个体能力，实际上就是指教师的职业能力。而职业能力所对应的英文单词"competence"实际上应当译为"任务胜任力"。因此，探究中等职业学校多元化发展下教师个体能力的发展要求，还是要回归到原点，即中等职业学校多元化给教师工作任务带来的变化。但是，中等职业学校的多元化发展并非一成不变的多元化，而是随着经济社会发展而不断多元化的过程。因此研究工作任务变化之上的个体能力发展要求，实际上要基于两个维度：一是横向截面；二是纵向切面。

横向截面这一维度实际上是基于当前的发展变化。中等职业学校多元化发展下教师的工作任务的变化主要有：一是从宏观层面而言，"生产、服务、技术和管理第一线工作的高素质劳动者和中初级专门人才"①不再是唯一的任务目标,甚至不再是主要的任务目标,而发展兴趣、特长、个性和为培养专业技术人才、经营管理人才和高层次的技能人才奠定基础等任务目标将日益重要;二是从中观层面而言,中等职业学校的课程方案不再是千人一面,教师面临着课程方案的个性化定制、校本课程的开发以及国家课程的二次开发等一系列新的任务;三是从微观层面而言,教师的教学任务不再是传统的"传道授业解惑",而是设计学习情境,提供学习支持,倡导组织机制和评价机制,促进学生个性化学习。

纵向切面这一维度实际上是基于发展的展望。随着信息技术的发展,教师的工作任务变化的趋向主要有以下三点。一是传统意义上的工作任务将日益减轻。信息技术的发展正在"将现实世界通过数据化的描述以及物联网的接入,将我们所在的生活环境与知识体系以及一系列物质全部转化为数据模型,将现实世界的某些特点进行数据整理、收集及功能模拟,并以信息化的状态表述出来"②。那么,学生知识的获得更为便捷、通畅,这必然减轻了教师传统意义上的工作任务。二是研究性的工作任务将日益突出。作为中等职业学校的教师,必然要研究当前这一变动不居且频繁互动的智能化环境带来的机会与挑战,如从中观上看,教师要研究课程和教学如何与经济社会和人的多元化发展相适应。三是元认知知识以及意会性的程序性知识的指导任务将日益重要。尽管事实性知识甚至概念性知识、某些程序性知识都可以通过互联网、物联网等手段进行传递,但是对中等职业学校学生成长而言更为重要的元认知知识以及意会性的程序性知识需要教师亲自指导。

基于当前的变化以及将来的发展展望,中等职业学校既不能局限于传统的专业教师职业能力要求,又应当在专业教师的基础上进一步扩大视野,因为文化素养课程、核心素养课程、个性特长课程、通用职业能力课程和岗位能力课程具有各自不可或缺的意义。即使是专业教师,也不能过于强化原先的"既要有全面的专业理论知识,又要有比较强的岗位实践经验,逐步向教师—工程

---

① 中华人民共和国教育部.关于全面推进素质教育、深化中等职业教育教学改革的意见[EB/OL].(2000-03-21)[2020-10-21].http://old.moe.gov.cn/publicfiles/business/htmlfiles/moe/moe_405/200412/4725.html.

② 吴刚.奔走在迷津中的课程改革[J].北京大学教育评论,2013(4):20-50.

师、教师—技师（高级工）、教师—会计师等复合方向发展"①的"双师型"要求。因为全面的专业理论知识和比较强的岗位实践经验都将在技术的迅猛更新和产业的转型升级下"无可奈何花落去"，而学校围墙之内的专业教师显然难以跟上这一发展节奏。

因此，既要基于普遍意义上的中等职业学校教师来认识其能力的多元化发展，又要在当前学校的变化及将来的发展中来认识其能力的多元化发展。一是专业能力。专业能力是学业门类上的专业知识和专业能力，是人在职业岗位上的立身之本。不同课程的教师需要不同的专业能力作为基础，如专业教师的全面的专业理论知识和比较强的岗位实践经验，语文教师的语文学科专业知识等。二是教育教学能力。教育教学能力是教师的通用职业能力，如运用心理学知识、教育学知识以及应用教育技术进行教育教学设计、实施、评价的能力，是教师在教师岗位上的立身之本。随着中等职业学校多元化发展，教师的教育教学能力应当包括课程开发能力。三是研究能力。研究能力是专业能力更新和教育教学能力发展的基础。教师不仅要研究自身的学业门类在知识经济时代下的发展与变革，从而不断提升自身的专业知识和专业能力，还要学习教育教学理论的发展，研究知识经济时代下的课程改革和教学改革，从而不断提升自身的教育教学能力。

（二）教师团队能力的多元化发展

中等职业学校要实现自组织的连续演化、层次跃升和水平增长，必然要在经济社会的"双重社会转型"中，通过与其他子系统的局部交互，不断地"整体上演化出一些新的结构和新的性质"②。而这一新的结构，必然是教师个体的重新聚合和学校系统结构的"涌现"③。因此，不仅要关注教师个体能力的多元化发展，更要关注教师团队能力的多元化发展。

所谓与其他子系统的"局部交互……整体上演化出一些新的结构和新的性质"④，从中等职业学校的角度而言，与其他子系统的局部交互就是与行业企

---

① 贺文瑾.职教教师教育的反思与建构——基于专业化取向的研究[D].上海：华东师范大学，2007：55.

② 宋娟.基于复杂性理论的技术联盟知识转移影响因素研究[D].长沙：中南大学，2011：28.

③ 约翰·H.霍兰.隐秩序——适应性造就复杂性[M].周晓牧，韩晖，译.上海：上海科技教育出版社，2000：46-67.

④ 同②.

业的交互、与某一需求的人群的交互以及与人力资源和社会保障等部门的交互。演化出一些新的结构就是建立新的部门和系部,演化出一些新的性质就是开设新的专业和拓展培训项目等。新的部门和系部意味着新的教师团队,新的专业和拓展培训项目意味着教师团队能力的独特性、专业化。因此,教师团队能力的多元化发展有两层含义:一是教师团队成员之间能力的异质化,因异质而互补与碰撞,从而形成创新的可能;二是教师团队能力的独特性、专业化,例如不同的系部不仅要开设不同的专业,而且要推进专业的专业化,培养更为专业的人才。

要推进教师团队能力的多元化发展,关键要引入具有特殊专长的专业人才。从课程开发的角度来看,需要更为专业的课程开发专家,指导国家课程和地方课程的二次开发,指导核心素养课程、个性特长课程和岗位能力课程等校本课程的开发。一方面,提高校本课程的专业化水平;另一方面,促进教师个体能力的多元化。从岗位能力课程的角度来看,不仅要引入行业企业的能工巧匠和技术专家担任兼职教师,还要不断地引入新的能工巧匠和技术专家,以保持中等职业学校与技术发展、产业发展的匹配度。从顶岗实习的角度来看,需要聘请行业企业的技术骨干和岗位能手担任学生的指导师傅……因此,从这个意义上看,中等职业学校的多元化发展不仅要求教师个体能力的多元化,还要求个体能力的独特性、专业化,而这二者构成多元化的真正含义。

对中等职业学校这一组织系统而言,要适应我国经济社会跨距之大、速度之快的"双重社会转型",不仅要建构具有确定性能力的教师团队,即学校正式的组织机构,如职能处室、专业系部等,还要为具有不确定性能力的非正式的教师团队(如名师工作室、创新工作室等)的发展营造氛围和建构机制。作为正式组织机构的教师团队,其主观能力实际上已经演化为客观职能。在面对经济社会的"双重社会转型"时,职能处室、专业系部等正式组织机构的主观能力往往被客观职能所限制,难以形成主动的自觉适应性。而非正式的教师团队是教师个体的聚合,可能成为学校系统突破的"一个变幻在停滞与无政府两种状态之间的战区"的"平衡点"[①]。

尽管具有不确定性能力的非正式教师团队可能成为学校系统突破的某一

---

① 吴东方.复杂性理论观照下的教育之思[D].西安:陕西师范大学,2009:34.

平衡点,但是具有不确定性能力的非正式教师团队往往具有不确定性,需要与具有确定性的正式教师团队构成整体,才能推动学校系统在"双重社会转型"中获得发展的先机。要想在这一急剧的"双重社会转型"中获得先机,就要在被限定的职能框架内提升正式组织机构的团队能力,即提升具有确定性的正式教师团队的柔性能力,又要为无框架边际的非正式组织指明发展的目标方向,即发展具有不确定性的非正式教师团队的有效能力。从教师团队柔性能力的提升来看,要推进教师团队结构中专业能力的异质、互补。因为互补性知识资产能够带来竞争优势,降低组织刚性,这些互补性资产都可以提高组织的适应能力。① 从非正式组织有效能力的提升来看,学校系统首先要建构追求卓越和创新的战略,才可能存在追求快速、反应灵活的创新目标,非正式组织才能从中发展有效能力。

第二节　中等职业学校多元化发展的课程资源建设

课程资源是保证课程目标实现和课程实施顺利进行的基础,是课程因素的天然来源和课程实施的条件。② 那么,对中等职业学校而言,课程资源建设不仅是其从单一化迈向多元化的基础保障,而且因为其多元化,特别是其中培养目标的多元化,课程方案由整齐划一转向私人订制,教学组织由班级授课制转向个性化学习,课程资源需要重构,建设方式需要转变。

一、中等职业学校多元化发展下课程资源建设的矛盾与问题

课程资源建设主要由学校来承担,学校不仅决定"课程实施范围和水平的人力、物力、财力"等条件性课程资源建设,还要推进具体的素材性课程资源建设。③ 因此,学校是课程资源建设的关键。但是,要实现中等职业学校的多元化发展,尤其是培养目标的多元化、课程方案的私人订制和个性化学习的进

① Teece D J. Profiting from technological innovation: Implications for integration, collaboration, licensing and public policy[J]. Research Policy, 1986(6): 285 – 305.

② 黄晓玲.课程资源:界定、特点、状态、类型[J].中国教育学刊,2004(4):36 – 39.

③ 吴刚平.课程资源的理论构想[J].教育研究,2001(9):58 – 63.

行,中等职业学校的课程资源建设面临客观层面的矛盾和主观层面的问题。

（一）客观矛盾:课程的多元化和资源的有限性

多元化发展的中等职业学校必然要求课程的多元化,课程的多元化包括课程结构的多元化、课程实施的多元化和课程发展的多元化。

其一是课程结构的多元化。中等职业学校将建设文化素养课程、核心素养课程、个性特长课程、通用职业能力课程和岗位能力课程等,每一功能类型的课程模块可能又由多门具体的课程组成。例如文化素养课程不仅包括语文、数学、体育与健康、德育等核心组成部分,还包括信息技术、艺术、外语、心理健康教育等重要组成部分,可能还由与专业相关的其他课程组成。即使是其中的艺术课程,仍然可以分成音乐、美术等课程,甚至可以进一步具体化、专业化。由此可知,中等职业学校的多元化发展需要多元化的课程结构。

其二是课程实施的多元化。中等职业学校多元化发展下的课程实施包括培养方案的私人订制以及个性化学习。培养方案的私人订制是在教师的指导下,学生个体根据自身的主观意愿和客观可能,选择文化素养课程、核心素养课程、个性特长课程、通用职业能力课程和岗位能力课程中具体的课程进行组合,那么,学生个体的培养方案(或者称之为成长计划)将千人千面。而自组织的个性化学习,其学习情境、学习支持、组织机制和评价机制也必将因人而异。千人千面的培养方案(或者称之为成长计划)和因人而异的个性化学习将建构起课程实施的多元化。

其三是课程发展的多元化。课程并非客观的、静止的存在,而是随着经济社会的发展和人们需求的发展而不断发展。以岗位能力课程为例,随着我国经济社会的"双重社会转型",产业不断淘汰、转型、升级和新生,那么以产业的职业活动为逻辑起点的岗位能力课程必然不断淘汰、改造、优化和新设。岗位能力课程的发展必然推动其他课程尤其是通用职业能力课程的发展。因此,课程的多元化并非确定性的多元化,而是在不断发展、适应过程中的多元化。

泰勒声称,任何单一的信息来源都不足以为明智而综合地决定学校目标提供基础。[①] 据此观点,人们便从课程目标、教学活动、组织教学活动及制定评

---

① Tyler R W. Basic principles of curriculum and instruction[M].Chicago:University of Chicago Press, 1949:5.

估方案等角度①去建设实现课程目标或计划的资源。如果在此基础上再考虑课程结构的多元化、课程实施的多元化和课程发展的多元化所带来的影响，那么，中等职业学校课程的多元化将需要几何级倍增的资源，包括条件性课程资源和素材性课程资源。但是学校的资源是有限的，不可能如此几何级倍增式的发展。因此，课程的多元化与资源的有限性便成为中等职业学校多元化发展的一对矛盾。对绝大多数基础较为薄弱、发展较为滞后的后发型中等职业学校而言，这一矛盾尤为突出。

（二）主观问题：资源建设思想的窄化

中等职业学校多元化发展下的课程资源建设，不仅在客观层面上存在着课程的多元化与资源的有限性的矛盾，而且在主观层面上存在资源建设思想窄化的问题。资源建设思想窄化主要表现为：一是缺乏跨界思维，二是缺乏战略思维，三是缺乏课程思维，四是缺乏经营思维。

所谓跨界，是指超越事物既有的边界。缺乏跨界思维，原指局限于事物既有边界所形成的惯性认识，在本书中是指中等职业学校资源建设的思维局限于中等职业学校的围墙之内。这会导致以下问题：一是资源建设客体的局限性，即以学校内部的资源建设为课程资源建设的全部，甚至以学校内部的素材性课程资源为课程资源建设的全部。二是资源建设主体的局限性。资源建设的主体局限于学校以及专任教师，甚至将资源建设的主体局限于学校的领导和管理人员，而学生、非专任教师以及更大范围的潜在参与者、利益相关者未能成为资源建设的主体。

所谓战略，原指"指导战争全局的计划和策略"②，在本书中是指指导资源建设全局性的计划和策略。缺乏战略思维，是指中等职业学校缺乏指导具体资源建设全局性的计划和策略，从而导致以下问题：一是资源建设成为模仿秀。某些后发型中等职业学校以示范性中等职业学校为范，在示范性学校后面亦步亦趋，人家建设数控实训基地，他也建数控实训基地，人家买50台数控机床，他买不起那么多台，就买5台数控机床，学校资源建设成为一场模仿秀。这必定是邯郸学步，东施效颦，必将陷入"示范性"的陷阱之中。二是资源建设

① 江山野.简明国际教育百科全书·课程［M］.北京：教育科学出版社，1991：112－115.
② 中国社会科学院语言研究所词典编辑室.现代汉语词典（第6版）［M］.北京：商务印书馆，2012：1637.

成为脱口秀。某些中等职业学校的资源建设缺乏对自身定位的思考,缺乏对发展关键问题的把握,缺乏适合自身的突破路径,而是成为领导的脱口秀,其资源建设配置的合理性和利用的有效性值得质疑。

所谓课程,是为实现各级各类学校的教育目标而规定的教学科目及其目的、内容、范围、分量和进程的总和。[①] 缺乏课程的思维是指中等职业学校的资源未能围绕课程的需要进行建设。如某一后发型中等职业学校将财政支持实训基地建设项目的 300 万元中的近半用于并无课程关联的科普馆、展览馆等建设,其价值何在? 仅供来宾参观? 而这绝不是后发型中等职业学校中的偶然现象。或许 300 万元并不算多,但对贫困区县的中等职业学校的实训基地建设而言,也属于一时的宽裕和局部的富足。这样盲目建设、无序建设,如何能够实现后发型中等职业学校未来的"逆袭"?

所谓经营,原指"筹划、组织并管理"[②],本书在此基础上更强调其效能、效率的发挥,形成资源的再生产、再组合,推进以学校为单位的资源建设的自组织。缺乏经营思维,其主要表现为以下两点。一是割裂资源之间的关系。如人力资源之间的割裂、物质资源之间的割裂以及人力资源与物质资源之间的割裂,没有构成集聚,自然就不可能产生化学反应。二是限定资源的能效范围。中等职业学校的资源建设能效局限于单纯的教学,如投入巨大的实训基地建设,其技术装备往往接近甚至超越区域产业的技术发展水平,其口号是"用明天的技术培养今天的学生",其问题是脱离生产的教学是否能够培养今天的学生? 更为突出的问题是,相当多的技术装备处于较长时间的闲置之中。缺乏经营思维,资源未能被激活,难以产生更大的效益,于是,学校资源建设只能等待外在的投入,不能形成发展的自组织。

缺乏战略思维和课程思维,资源建设将没有章法,即使是再多的资源也难以形成合理的配置和有效的利用,更勿论课程的多元化需求了。缺乏跨界思维和经营思维,资源将局限在狭窄的范围内,数万元甚至数十万元的先进装备也近乎一堆铁,课程的多元化缺乏发展的可能。

---

① 袁振国.当代教育学(2004 年修订版)[M].北京:教育科学出版社,2004:132.
② 中国社会科学院语言研究所词典编辑室.现代汉语词典(第 6 版)[M].北京:商务印书馆,2012:683.

二、中等职业学校多元化发展下资源建设的机制与策略

由于中等职业学校的多元化发展是对我国经济社会"双重社会转型"的适应,而我国经济社会"双重社会转型"是一个无序到无序中的有序,从复杂到复杂中的复杂的过程,因此,只有摒弃传统理性主义、自然科学、机械控制以及学科分化的线性思维模式,重构新的思维方式、新思维指导下资源建设机制以及应对具体问题的策略,才能破解中等职业学校多元化发展下资源建设的困境。

(一)学校的跨界和跨界的学校

泰勒指出,"加强校外课程""学校应该帮助学生建设性地与校外环境打交道"。[①] 校外课程和帮助学生建设性地与校外环境打交道,更有助于学生从学习世界跨入职业世界,而这正是中等职业学校的根本目的所在。因此,校外课程建设及其资源对中等职业学校而言不可或缺,中等职业学校的跨界成为必然。

中等职业学校的跨界打破资源建设无形的"围墙",引入更多的资源成为中等职业学校课程资源的组成部分。那么,有哪些可能的资源呢?一是行业企业的资源。行业企业的发展需要合格的从业者,而为行业企业培养合格的从业者是中等职业学校重要的办学目的,提高中等职业学校的办学质量符合行业和企业的利益诉求,因此,行业企业的资源应该成为中等职业学校的课程,尤其是岗位能力课程、通用职业能力课程最为有效的课程资源。二是家长、社区和社会。促进学生的个性化、多元化、可持续发展是中等职业学校主要的办学目标,提升中等职业学校的办学质量符合家长、社区和社会的利益诉求,家长、社区和社会的资源是否能够成为中等职业学校的潜在资源,关键在于它们是否具有发现的眼光和利用的能力。三是校际之间的资源。校际之间不仅包括不同的中等职业学校之间,还包括中等职业学校与其他学校之间,尤其是高等职业技术学院的资源往往是中等职业学校较为稀缺却又极为重要的资源。

尽管存在如此之多的可能的资源,但将其利用起来却非易事,必须建构起利益相关者机制。一是建构合作组织或机构。合作组织或机构有许多表现形式,如参与以行业企业为主的行业协会;与行业企业、其他职业院校共建职业

① 拉尔夫·泰勒.课程与教学的基本原理[M].施良方,译.北京:人民教育出版社,1994:123-124.

教育集团等利益共同体;建立学校主导下的行业企业、政府部门、社区、家长共同参与的学校理事会以及以行业企业的能工巧匠、技术骨干为主体的专业(课程)建设指导委员会;建立以学生家长为主体的家长委员会等。建立多元化的合作组织或机构,让更多、更大范围的利益相关者有表达诉求的平台。二是建立相应的约束。缺乏约束的合作组织或机构形同虚设,约束不仅是中等职业学校与利益相关者的共同约定,更是各自权益与诉求的表达。三是建立约束的监督、评价。缺乏各自收益的合作难以长久,应建立约束的监督、评价机制,以保证学校与利益相关者各自权利的对等。即使建构起利益相关者机制,如此多的资源要建设成课程资源仍非易事,从课程目标的拟定到课程框架的统一,从课程计划的协调到课程内容的协同,是一个从简单到复杂、非结构化到不断结构化的过程。

实际上,泰勒在强调"加强校外课程""学校应该帮助学生建设性地与校外环境打交道"之前,首先强调的是"要充分地利用学校资源"①。要充分地利用学校资源,首先要认识学校的资源,尤其是那些被我们忽视或低估的资源。一是教师。中等职业学校的教师应当是中等职业学校的践行者,即既是教育领域的行动者,又是专业领域的探索者;既能够在教育领域与专业领域之间跨界,又能够将二者融合,因此能够在中等职业学校中自由地行走。但是,缘何现在的教师未能做到?是因为我们仅仅将之视作教书匠,教师的人力资源远未得到充分挖掘。二是学生。建构主义主张,每个学习者都不应等待知识的传递,而应基于自己与世界相互作用的独特经验去建构自己的知识并赋予经验以意义。② 从这个意义来看,学生同样应该成为课程及其资源的建设者,是学校主要的人力资源,是资源的重要组成部分。陶行知倡导的小先生制便是极好的探索。对中等职业学校、学生以及产业而言,开发学生的人力资源都具有极其重要的意义,但是,我们当前仅仅将学生视作课程的学习者和资源的消耗者。学生的人力资源开发还处于混沌蛮荒时期,即使有开发者,也是涸泽而渔。

要充分地利用学校资源,人是最为关键的因素,就是要挖掘教师的人力资

---

① 拉尔夫·泰勒.课程与教学的基本原理[M].施良方,译.北京:人民教育出版社,1994;123 – 124.

② 高文.教学模式论[M].上海:上海教育出版社,2002;70.

源,开发学生的人力资源。那么,如何挖掘教师的人力资源,开发学生的人力资源呢？一是开放资源。开放资源主要是指在规定学校资源教学要求、约定学校资源使用权益的基础上,解放学校资源的使用权。开放资源,不仅是开放物质资源,而且是开放人力资源,就是建构"一个经常变幻在停滞与无政府两种状态之间的战区"[①]。二是聚合资源。开放资源的目的是让不同类型的资源进行聚合,不同类型的人力资源之间的聚合,不同类型的物质资源之间的聚合,更是人力资源与物质资源之间的聚合,以及学校资源与校外资源的聚合。资源在聚合中交互,在交互中涌现,可能从而产生新的性质和功能的资源。教师跨越出教书匠的角色,学生不只是课程的学习者,也是课程的建设者,师生均成为人力资源的自我开发者。只有在师生的人力资源与学校校内外的物质资源,尤其是在与实训基地等接轨于职业活动的物质资源的聚合、交互和涌现中,学校资源才能被激活。

从某种意义上讲,学校并非只是缺乏资源,更是缺乏发现的眼光和挖掘的能力。打破资源建设无形的"围墙",并非一定要将视线投向"围墙"之外,而是指不要为既有的惯性思维所束缚。也许,当中等职业学校走出学校的"围墙",跨出学校"围墙"的界限,中等职业学校才能真正融入经济社会的发展中。当学生不再停留于传统意义上的学生,教师不再停留于传统意义上的教师,那么,不再停留于传统意义上的中等职业学校,才可能在促进社会和人的发展中实现自身的适应性发展。

（二） 战略的突围与突围的战略

本书所提的战略主要是指对重大的、带全局性的资源建设的谋划,强调其对学校发展所起的焦点、统一行动和目的作用。随着经济社会的发展,中等职业学校资源建设的内在格局与其外部环境、自身的使命或目标存在错位。对学校个体而言,更是面临着普通高中和同类学校的竞争,按照传统的发展思维或者同类学校的发展模式必然难以摆脱发展的困境,因此必须实现发展战略的突围。

就资源建设而言,中等职业学校存在两大阵营:一是公共财政集中支持下资源建设获得跨越式发展的示范性中等职业学校;二是资源原本缺乏、发展相

① 吴东方.复杂性理论观照下的教育之思[D].西安:陕西师范大学,2009:34.

对滞后,又游离在公共财政视线边际甚至之外的后发型中等职业学校。对后发型中等职业学校而言,示范性中等职业学校的"示范性"其实是一个巨大的陷阱。如某一贫困区县的后发型中等职业学校,以示范性中等职业学校为"范",居然将财政支持实训基地建设项目的300万元中的近半用于不明所以的学校文化建设,可谓穷人摆阔。后发型中等职业学校要从同类学校中突围而出,甚至超越示范性中等职业学校,其战略的突围关键必定在于"异"。异军突起,在于"奇",出奇制胜。对示范性中等职业学校而言,源自公共财政集中支持的资源建设的跨越式发展,并不表明其具有了激活学校资源的能力,实现了资源建设的自组织。如某些示范性中等职业学校或建豪华广场,或某一普通专业的生均设备值已逾5万元,均表明其资源建设的盲目和无序,缺乏发展战略。在机遇与挑战同样巨大的经济社会"双重社会转型"中,要将资源建设的暂时领先转化为学校发展的优势。示范性中等职业学校战略的突围关键在于"新",吐故纳新,在于"工",穷工极巧。

有研究者认为,组织战略管理是指组织为了长期的生存和发展,在对组织内、外部环境进行系统分析的基础上,明确组织的使命或目标,选择特定的战略,并通过特定的战术活动实现使命和目标的过程。[①] 因此,实现组织突围的战略首先在于建构具有竞争力的组织发展目标。那么,中等职业学校如何建构具有竞争力的发展目标呢? 则需要从三个层面来把握:一是从宏观层面来看,既要厘清中等职业学校小学的使命、方向和目标,又要准确把握国家产业发展战略以及相应的支持政策;二是从中观层面来看,要厘清区域经济社会发展状况,尤其是区域产业的结构及其发展趋向;三是从微观层面来看,要分析人的发展需求和具体企业的发展需求。研究人的发展需求不能局限于应届初中毕业生,应当关注更大范围的学习者;研究人的需求不能局限于人的本身,应当与产业发展的需求联系起来;研究企业的需求,不能只关注区域内骨干企业的发展需求,更要关注区域内小微企业,尤其是具有集群性、成长性的小微企业的发展需求。

人是组织发展的核心要素,因此,组织发展的关键在于发展人。对中等职业学校而言,教师是学校发展的关键力量,实现学校突围的战略关键在于建构

① 魏海苓.战略管理与大学发展——中国大学战略管理的有效性研究[D].武汉:华中科技大学,2007:8.

促进教师发展的机制和卓越教师成长的文化。"卓"有"超出"之意,"越"有"跨过、跳过"之意,都蕴含着动态的过程和行动者的主观努力。因此,卓越教师不仅是指"非常优秀,超出一般"①的教师,更是指在实践中不断反思、不断学习、永不止步的教师。梅贻琦先生曾云:"所谓大学者,非谓有大楼之谓也,有大师之谓也。"中等职业学校或许难以具备吸引大师加盟的条件,但可以建构促进教师发展的机制;中等职业学校或许不具备大师涌现的平台,但可以建构教师卓然独立的成长文化。卓然独立,不仅意指"超出一般",还意指"超出一般"的异质化。因此,卓然独立的教师发展文化不苟求同一标准,更倡导个性化的多元化发展。有教师的越而胜己,卓然独立,则必然有学校发展的越而胜己,卓然独立。

课程处于学校教育核心地位,教育目标、价值主要通过课程来体现和实现。② 因此,学校实现突围的战略核心在于课程改革。对中等职业学校而言,课程改革的目的在于提升学校教育服务经济社会发展和人的个性化发展的质量和水平。只有高水平的服务质量和水平,中等职业学校才能赢得人们的信任和支持,才能有突围的机会和可能。作为示范性中等职业学校,不仅在于建构穷工极巧的课程,更在于探索课程吐故纳新的路径,发挥示范的真正意义;对中等职业学校而言,课程改革绝非单门课程的单打独斗,而是以专业为单位的课程体系的系统改革。之所以推进以专业为单位的课程体系的系统改革,其目的在于提高资源配置的质量和水平。提高资源配置的质量和水平,是为了更好地提升学校教育服务发展的质量和水平。对后发型中等职业学校而言,只有集中有限的资源,形成特色专业的异军突起和专业特色的出奇制胜,才有在同类学校的竞争中脱颖而出的可能。

之所以仅为可能,是因为特色专业的异军突起和专业特色的出奇制胜,只是为后发型中等职业学校的"突围"赢得一时的"先机"。将"先机"转化为"先手",必须建构一系列"特定的战术"。一是深入地方产业调研,结合办学积淀,进行学校专业建设整体规划,做好专业建设的顶层设计。二是根据学校已有资源建设特点,选择合适的专业作为重点专业,立足产业实际推进课程改

① 中国社会科学院语言研究所词典编辑室.现代汉语词典(第 6 版)[M].北京:商务印书馆,2012:1719.

② 袁振国.当代教育学(2004 年修订版)[M].北京:教育科学出版社,2004:130.

革。如是同类学校共有专业,则通过引入地方企业资源推进课程校本化建设,创新专业特色;如是学校特有专业,则立足这一产业的特点,通过校本课程开发发展特色专业。三是以重点专业为核心引领推进专业群建设,通过专业的集群建设不仅要提升资源建设的能效,更要形成专业建设以点带面的持续发展,不断扩展学校资源建设的优势,实现后发者的逆袭。

本章主要从师资队伍、课程资源的维度来建构中等职业学校多元化发展的基本保障机制。中等职业学校多元化发展的保障机制应当包括教师结构和能力的多元化发展以及课程资源建设的机制与策略。

首先,本章研究中等职业学校多元化发展的师资队伍建设。教师结构的多元化发展包括教师专业结构的多元化、教师层次结构的多元化和教师时空结构的多元化。教师能力的多元化发展包括教师个体能力的多元化发展和教师团队能力的多元化发展。

其次,本章研究中等职业学校多元化发展的课程资源建设。中等职业学校多元化发展下课程资源建设存在以下问题:一是课程的多元化和资源的有限性的客观矛盾;二是资源建设思想的窄化的主观问题。鉴于此,本书提出要通过学校的跨界和跨界的学校、战略的突围与突围的战略等机制和策略来突破中等职业学校多元化发展下资源建设的困境。

第七章

中等职业学校多元化
发展的改革行动

随着经济社会的日益发展,人们不断认识到中等职业学校办学目的的变迁以及中等职业学校单一化发展带来的问题,并不断地探索中等职业学校多元化发展的改革实践,形成了具有地方特色以及学校特点的若干行动方案或成功模式。本书选择地方政府、学校和专业三个具体的个案,系统研究已有的行动方案或相应实践,以期更好地把握中等职业学校多元化发展的实质、特征和方式,并借鉴已有的发展经验,为后续的改革行动提供更多的启迪。

第一节 基于政府层面的中等职业学校多元化发展改革
——以浙江省为例

2014 年 11 月颁布的《浙江省中等职业教育课程改革方案》旗帜鲜明地提出"适应经济社会发展和广大人民群众教育多样化的需要""打造多样化的选择性课程体系"等指导思想。由此可知,《浙江省中等职业教育课程改革方案》已经成为具有中等职业学校多元化发展特征的行动计划。因此,本书将以浙江省为例,分析基于政府层面的中等职业学校多元化发展改革。

一、基本情况

(一) 区域经济社会发展的基本情况

浙江省地处东南沿海长江三角洲南翼,是长江三角洲城市群重要的组成部分。2015 年末,全省常住人口为 5539 万人,其中居住在城镇的人口为3644.7 万人,居住在乡村的人口为 1894.3 万人,城镇人口占总人口的比重(即城镇化率)为 65.8%。① 浙江省人均居民可支配收入一直位居我国前列。以

---

① 浙江省统计局.2015 年浙江省 1% 人口抽样调查主要数据公报[EB/OL].(2016 - 01 - 28)[2021 - 02 - 25]. http://tjj.zj.gov.cn/art/2016/1/28/art_1229129205_519842.html.

2015 年为例,浙江省全年全体居民人均可支配收入 35 537 元[①],约为全国人均可支配收入 21 966 元[②]的 1.62 倍。

浙江经济发展是以国有经济为主导,民营经济蓬勃发展。以 2015 年为例,全年规模以上工业企业实现利润 3718 亿元,其中,国有及国有控股企业 581 亿元,占比 15.6%;股份制企业 534 亿元,占比 14.4%;外商及港澳台投资企业 1039 亿元,占比 27.9%;私营企业 1271 亿元,占比 34.2%。[③]

浙江区域特色经济发达。全省的区域性块状经济已经涉及制造、加工、建筑、运输、养殖、纺织、工贸、服务等十几个领域,以及 100 多个工业行业和 30 多个农副产品加工业。据统计,浙江省区域特色经济工业总产值约占全省全部工业产值的 49%。全省拥有工业总产值亿元以上的块状经济群 500 多个,其中 52 个区块的产品国内市场占有率达 30% 以上。

（二） 中等职业教育的基本情况

"十二五"期间,浙江省中等职业教育主要通过实施"中等职业教育现代化建设工程"推进内涵发展。"中等职业教育现代化建设工程"主要包括:一是浙江省中等职业教育专业结构调整推进工程;二是浙江省中等职业学校教师队伍素质提升工程;三是浙江省中等职业教育课程改革工程;四是浙江省中等职业学校学生综合素质提升工程;五是浙江省中等职业教育服务产业发展工程;六是浙江省成人继续教育推进工程;七是浙江省中等职业教育现代化示范学校建设工程。

浙江省"中等职业教育现代化建设工程"推进中等职业教育实现人才培养和社会培训的两条腿走路,取得显著成效。357 所中等职业学校中有国家中等职业教育改革发展示范学校 42 所,省中等职业教育改革发展示范学校 80 所,省等级中等职业学校 189 所,在校学生 66 万人,生均仪器设备值达到 5000 元以上。"双师型"教师比例超过 70%,毕业生就业率保持在 95% 以上。基础能力建设、专业结构调整、课程改革、技能比赛等工作走在了全国前列,整体发展水平位居全国第一方阵。

① 浙江省统计局.2015 年浙江省国民经济和社会发展统计公报［EB/OL］.（2016－02－29）［2021－02－25］.http://tjj.zj.gov.cn/art/2016/2/29/art_1229129205_519763.html.
② 中华人民共和国国家统计局.2015 年国民经济和社会发展统计公报［EB/OL］.（2016－02－29）［2021－02－25］.http://www.stats.gov.cn/tjsj/zxfb/201602/t20160229_1323991.html.
③ 同①.

尽管取得了显著的成效,浙江省在《中等职业教育"十三五"发展规划》中也指出其存在的"还不能较好适应经济社会发展和学生全面发展需要,社会吸引力还不够强,专业结构布局还不够合理,师资队伍尤其是'双师型'教师整体素质还不高,校企合作还难以深入推进"等问题,提出要发展"为打造浙江经济社会发展升级版提供有力支撑"的中等职业教育。① 为此,浙江省以新一轮的课程改革行动为其中等职业学校改革和开放行动的核心内容,推进中等职业学校的发展。

二、核心特征

相比于 2012 年浙江省在其"中等职业教育现代化建设工程"中提出的"中等职业教育课程改革工程",其 2014 年的中等职业教育课程改革行动发生了显著的变化,其主要特征有以下四方面。

(一) 强化选择性

相比于《中等职业教育课程改革工程实施方案》对选择性的只字不提,2014 年颁布的《浙江省中等职业教育课程改革方案》的字里行间无一不凸显着选择性。浙江省新一轮的中等职业教育课程改革行动的"选择性"主要表现有:一是发展方向和专业的可选性,课程改革不仅要为学生提供直接就业和继续升学两种不同的发展定位,而且要为学生提供重新选择专业方向或专业的机会;二是学制的可选性,通过推进和实行走班制、学分制、弹性学制等现代教育教学组织形式,符合条件的学生可以选择提前毕业或延期毕业;三是建立多次选择的机制,为学生提供的选择机会不仅放在一学期的适应性学习之后,而且选择的次数不少于两次;四是建立自选课程模块,分限定选修和自由选修两种,为学生提供不同的选择。

(二) 彰显专业性

尽管新一轮的中等职业教育课程改革行动强化了选择性,但是并未弱化专业教育,其主要表现如下。一是建立分别基于直接就业或继续升学的课程系统。根据发展定位的不同,专业教育将为此分别开发开设满足直接就业需

① 浙江省教育厅. 浙江省教育厅关于印发《浙江省中等职业教育"十三五"发展规划》的通知 [EB/OL]. (2016 - 09 - 22) [2021 - 02 - 25]. http://jyt.zj.gov.cn/art/2016/10/17/art_1532994_27483883.html.

要的课程系统和满足继续升学需要的课程系统。二是确保专业教育的中心地位。选择性课程体系由核心课程模块和自选课程模块组成,专业必修课程是核心课程模块的重要组成部分。新一轮的课程改革行动依旧要确保专业理论教学和核心技能培养的中心地位,其中为直接就业学生开设的实训实习教学时数不低于总时数的50%,为继续升学学生提供的实训实习教学时数不低于总时数的30%。三是在提供选择性的同时保证专业成长的一致性。学校向学生提供具有逻辑关联的限定选修的课程科目,以保证学生学习成长方向的一致性。

（三）增强实效性

新一轮的中等职业教育课程改革行动提出要通过破除旧的教育观、教学观、课程观、评价观,改革与学生的多样化发展不相适应的教学方案、课程内容、教学方式和管理模式,促进学校内涵发展,切实提高中等职业学校的质量与效益来强调实效性,其具体表现有:一是提出了公共必修课程的应用性和实效性原则,通过公共必修课程的实施加强德育和职业精神教育;二是提升专业课程的实效性,首先通过限定实训课时总量比例的下限来保证专业课程的实效性,其次通过建构教学项目,实施"做中学"教学模式,提升专业课程的实效性;三是建立课程系统保证培养的实效性,首先通过建构直接就业或继续升学课程系统来保证培养的实效性,其次通过要求建立限选课程之间的逻辑联系来提升培养的实效性。

（四）注重灵活性

新一轮的中等职业教育课程改革行动提出要通过坚持从学校实际出发、从教学实际出发、从学生实际出发,采用灵活多样的形式,利用灵活多样的资源,创新灵活多样的途径,不断充实和丰富职业教育教学形态来强调灵活性,其具体表现有以下两点。一是学校层面的权限进一步放宽。《浙江省中等职业教育课程改革方案》指出"选择性课程体系由'核心课程模块'和'自选课程模块'组成。'核心课程模块'属于必修课程;'自选课程模块'供学生自主选修,属于校本课程。其中'核心课程模块'教学时数原则上不超过总时数的50%",那么校本课程的时限将不低于50%。由此可知,新一轮的中等职业教育课程改革行动给予了学校更多的权限,学校具有更强的灵活性。二是学生层面的权限进一步放宽。学生不仅具有不少于两次的发展方向和专业及其方向的选择机会,以及在选定发展方向和专业之后还具有自选课程的机会,甚至可以对照条件选择提前毕业或延期毕业。学生具有了更多的权限和更大的灵活性。

三、主要价值

浙江省 2014 年新一轮的中等职业教育课程改革行动对于他省市级政府推进中等职业学校发展所具有的借鉴价值如下。

(一) 注重中等职业学校服务人的发展的价值取向

浙江省 2012 年推行的"中等职业教育课程改革工程"提出要建立科学的课程研发流程。那么,何为科学的课程研发流程呢? 一是"通过开展广泛、深入的调查研究,充分了解行业的人才需求和岗位要求";二是"听取行业企业专家和一线管理者的意见建议,科学、合理提炼岗位核心技能";三是"依照核心技能确定核心课程和教学项目,注重实践性和可操作性"。从行业的人才需求和岗位要求到行业企业专家和一线管理者的意见建议,再到组织实施的其他一系列工作环节,强调中等职业学校课程的社会需求,而对人的发展需求却只字未提。

这并非浙江省独有,《江苏省职业教育课程改革行动计划》在指明传统中等职业学校存在"传统学科型课程模式仍然没有根本改变,课程内容与职业实践相脱节的现象依然存在,难以彰显职业教育的特色"等问题之后,提出"江苏农业产业化、新型工业化、现代服务业发展以及以提升自主创新能力为核心的科技进步,加快职业的分化和综合,对人才培养的规格、质量和人的终身学习提出了新的要求,迫切需要加大课程改革力度,开发优质课程产品,改变人才培养模式,带动教师专业发展,提高人才培养质量,加速培养适应我省经济社会发展需要的技术型、技能型人才"。这项行动计划同样居高临下,对人的发展未提一字。这便是已有中等职业学校课程改革的基本价值取向。

但是,浙江省区域特色经济极为发达,民营经济尤其活跃,人们的生活水平已经远远超越我国人民群众的平均水平,人们的个性化发展、可持续发展的需求尤为凸显,低层次的就业已经不再是人们对中等职业学校的唯一发展需求。那么,单一强调以社会需求为价值取向的中等职业学校显然不能满足浙江省经济社会发展下的新需求。为此,浙江省 2014 年新一轮的中等职业教育课程改革行动坚持以生为本，不只是为了更好适应经济社会发展，而且为了更好适应广大人民群众教育多样化的需要。因此，新一轮的课程改革提出了"以学生的充分发展为教育之本，尊重学生的可塑性变化，尊重学生的兴趣特长，尊重学生的成长意愿，在教师加强引导的同时，赋予学生更多的选择课程、选择专业、选择学制权利"的基本原则。其基本原则强调了人的发展需求，旗帜鲜明地表达了浙江省中等职业教育新一轮课程改革行动的新的价值取向。这是对中等职业学校已有价值取向的突破。

从绍兴市柯桥区职业教育中心"发掘人的价值、激发人的潜能、丰富人的内涵"的育人理念，到绍兴市中等专业学校"立德立人、个性发展、成功成才"的办学宗旨，到温州市职业中等专业学校"合适教育、差异发展、成功人生"的教育理念，到宁波外事学校打造的"人本、多样、开放、共享"的"品质职教"等一系列学校办学思想无一不强调着人的发展，这反映出浙江省中等职业学校价值取向的转变。

（二）推进了中等职业学校多元化发展的实践探索

在浙江省 2012 年推行的"中等职业教育现代化建设工程"中，中等职业学校多元化发展已经初见端倪，如其"中等职业教育服务产业发展工程"的目标任务中有建立企业职工培训基地，"面向中小企业和一线产业工人开展职工教育培训服务，提高企业一线职工文化素质和技术水平，为企业可持续发展提供智力支持"，是对中等职业学校办学目的多元化的探索。但是，从其数量来看，仅仅支持"建设 50 个企业职工培训示范基地"；从承担任务的主体来看，"主要依托乡镇成校、社区学校和中职学校"。因此，浙江省中等职业学校多元化发展的实践探索仅仅处于自发阶段，是一种面对刺激或压力时的本能反应。

不仅如此，其单一的以社会需求为价值取向的课程改革同样足以反映出浙江省 2012 年"中等职业教育现代化建设工程"并非有目的性、选择性的行动，而是近乎被动的本能反应。但是，2014 年新一轮的中等职业教育课程改革却转变为"在面对问题的刺激或者困难的压力时主动地在感应中进行解析、行动、反思、学习、创新等"有目的性、选择性的行动，已经成为多元化的主动适应。其主要表现有：一是培养目标的多元化，可以直接就业，也可以继续升学；二是课程体系的多元化，建立了由核心课程模块和自选课程模块组成的选择性课程体系；三是教育教学形式的多元化，推进和实行走班制、学分制、弹性学制,允许符合条件的学生提前毕业或延期毕业。

浙江省新一轮的课程改革行动对于中等职业学校多元化发展的实践探索,实际上来自学校的先行探索,如温州市职业中等专业学校提出"宽基础、强技能、擅创业、高素质"的现代职业人的培养目标;绍兴市柯桥区职业教育中心提出以"做人有底线、文化有底蕴、技能有底功、创业有底气"为核心素养的育人目标;宁波外事学校倡导"品质职教",在专业教育的同时要让学生拥有健康和快乐、良知和道德、自信和期待、审美和教养,并为学生提供升学、出国、就业三种类型的毕业流向,以满足学生的多元发展需求。聚集先行者实践智慧的新一轮课程改革行动必将推动浙江省中等职业学校的多元化发展。

四、提升空间

浙江省新一轮的课程改革行动已经成为政府层面对于中等职业学校多元化发展认识的重大突破,也势必推动浙江省中等职业学校的多元化发展和适应性发展。但是,为了更好、更快地推动中等职业学校的多元化发展和适应性发展,政府层面的行为依然存在以下可提升的空间。

(一) 课程改革的主体

从课程改革的主体来看,2012 年"中等职业教育课程改革工程"由省教育厅统一领导,统筹管理,分步实施,其具体实施工作由省教育科学研究院牵头负责,并组织各地教育行政部门、职教教研部门和中职学校等共同参与。由此可知,此次课程改革主体为省教育厅和各地教育行政部门、省教育科学研究院和各地职教教研部门以及中等职业学校,而行业企业的意见建议是在调查研究中通过了解、听取获得的。因此,浙江省 2012 年中等职业教育课程改革的主体为教育行政部门及教研部门、中等职业学校。

2014 年新一轮的中等职业教育课程改革行动在课程改革的主体上有三个明显的变化:一是各级教育行政部门要成立中等职业教育课程改革指导小组,科学规划、统筹安排推进本地的课程改革工作,不再是省教育厅的统一领导;二是省级教科研部门要组织开发数字化网络选修课程,建立全省性的选修课程资源库,供学校选择使用,不再是牵头负责;三是 2014 年先选择一批中职学校进行试点,2015 年选择若干个市、县(市、区)整体进行试点,2016 年力争在全省推广,强调以学校为试点。由此可知,新一轮课程改革的权限大幅度下放。相较于 2012 年"中等职业教育课程改革工程"而言,学校课程改革的权限有了明显的增强。

但是,无论是 2012 年"中等职业教育课程改革工程",还是 2014 年新一轮的中等职业教育课程改革行动,浙江省中等职业学校课程改革的主体自始至终未能跨出教育系统,甚至是中等职业教育系统的圈子。也就是说,尽管 2012 年"中等职业教育课程改革工程"强调中等职业学校的社会需求,但是行业企业并未进入中等职业学校课程改革的主导圈,甚至未能进入参与圈。尽管 2014 年新一轮的中等职业教育课程改革行动强调中等职业教育的人的发展需求,但是学生及其家长也未能进入中等职业学校课程改革的主导圈和参与圈。那么,缺乏利益相关者参与的课程改革是否能够真正让利益相关者满意? 这显然值得浙江省中等职业学校课程改革思考。

（二）课程改革的保障机制

从课程改革的保障机制来看,浙江省 2012 年推行的"中等职业教育现代化建设工程"并非仅建有"中等职业教育课程改革工程",而是同时建有"中等职业学校教师队伍素质提升工程"和"中等职业教育服务产业发展工程",这二者分别为"中等职业教育课程改革工程"提供着人力资源保障和物质资源支持。但是,其保障力度不足。以兼职教师为例,兼职教师应该是连接职业教育与职业世界的重要桥梁,是中等职业学校课程改革的重要力量。尽管其"中等职业学校教师队伍素质提升工程"中提及"实行特聘兼职教师资助政策",并具体到"每年资助 1000 名特聘兼职教师",但是对 357 所中等职业学校专业建设的要求而言,"1000 名特聘兼职教师"仅仅为杯水车薪,极为有限。不仅如此,其省市县校四级培训的组织实施中没有指向兼职教师队伍建设的具体内容。

尽管 2014 年新一轮的中等职业教育课程改革行动并非系统工程,其培训跟进和建立考核制度等内容也仅仅建构起基本的保障,但是 2016 年颁布的《浙江省中等职业教育"十三五"发展规划》中明确提出:一是"完善技术技能人才引进制度,放宽年龄、学历等条件,优化选人流程,鼓励支持行业企业管理人员、专业技术人员和能工巧匠到中职学校从教,鼓励民间艺人、技艺大师和非物质文化遗产传承人担任教学名师";二是"建立和完善兼职教师队伍制度,鼓励学校根据教学需要,聘任专业技术人员、高技能人才兼职担任专业课或实习指导教学任务,确保兼职教师占学校专任教师比例达到30%左右"。问题是在我国现有的体制下仅仅有教育厅的文件,技术技能人才引进制度以及建立和完善兼职教师队伍制度是否能够建立? 在一定程度上,1000名特聘兼职教师可能更具有干货的特征和实质性的意义。

对首批省级课改试点学校校长和试点专业骨干教师进行培训,有计划地组织开展对当地中职学校校长和教师的培训等,均是以教育厅为首的教育行政部门能够做到的,而技术技能人才引进制度以及建立和完善兼职教师队伍制度等,教育行政部门却力所不逮。由此可知,中等职业教育多元化发展的保障机制的建构,不应成为教育行政部门的独角戏。

第二节　基于学校层面的中等职业学校多元化发展改革
——以上海市商贸旅游学校为例

作为经济社会这一复杂系统中微观层面的子系统,中等职业学校在其多元化发展上具有更大的自由空间。事实上,相较于政府层面在中等职业学校多元化发展上的实践探索,学校层面的表现更为活跃,更有创意,各有特色。本书以上海市商贸旅游学校为例,探讨学校层面的多元化发展改革。

一、基本情况

(一) 上海服务业的基本情况①

上海市服务业年均增长快于全市经济增长,成为经济社会发展的主要支撑。以2010年为例,上海市服务业实现增加值9833.51亿元,是"十五"末的2倍。"十一五"期间,服务业增加值年均增速达到12.3%,高出全市生产总值增速1.1个百分点;服务业增加值占全市生产总值的比重从52.1%提高到57.3%,年均提高约1个百分点;服务业从业人员占全市从业人员比重保持在53%以上。

---

① 上海市人民政府.上海市人民政府关于印发上海市服务业发展"十二五"规划的通知[EB/OL].(2012 - 06 - 25)[2021 - 02 - 25].http://www.shanghai.gov.cn/nw25262/20200820/0001-25262_30908.html.

金融、物流、商贸、旅游、信息服务等重点领域占服务业比重保持在65%以上，支撑作用日益加强。以2010年为例，上海港集装箱吞吐量跃居全球第一，港口货物吞吐量连续十一年保持世界第一。"十一五"期间，全市商品销售总额年均增长21.8%。国际入境旅游人数连续五年超过600万人次。到2010年底，在海内外证券交易所上市的信息服务企业达到29家，通过CMM/CMMI（软件能力成熟度模型）3级以上国际认证的企业达到117家。

文化创意、会展、电子商务、专业服务、教育培训等新兴服务业发展迅猛，成为新的增长点。以2010年为例，一批国家文化产业基地、80个创意产业集聚区和15个文化产业园区吸引了8200多家文化创意企业；会展业发展迅速，初步培育出工博会、华交会等23个品牌展，形成近40个规模超过5万平方米的展览会；电子商务成交额从2005年的1327亿元上升到2010年的4253亿元；各类专业服务业机构超过6万个，教育培训机构超过2000家。

（二）学校发展的基本情况

上海市商贸旅游学校于2006年由上海市商业职业技术学校、上海市旅游服务职业技术学校两所学校整合而成。建校之初，正如其《上海市商贸旅游学校五年（2010—2014）发展规划》所指出的，学校发展面临着诸多挑战。一是对学校的定位亟须达成共识。作为"撤二建一"的学校，上海市商贸旅游学校充分认识到建构发展共识对于凝心聚力、推进学校发展的重要意义。二是学校硬件建设亟待推进。由于学校布局调整以及学校分别地处浦东、浦西两地等多种原因，学校硬件建设在建校初期远远落后于专业发展的需要，硬件设施已影响到人才核心素养的提升和专业教学质量的提高。三是制约学校内涵发展的关键环节亟待突破。如行业企业参与办学的体制建设，与职业岗位对接的课程体系建设，与发展需求相适应的师资队伍建设和学校管理机制建设等亟待建立。

面对以上诸多挑战，上海市商贸旅游学校的基本策略是坚持整体规划，坚持问题入手，坚持突出重点，着眼长远发展，力求阶段性突破若干关键环节，追求学校的可持续发展。学校制定的"十二五"发展规划明确指出以下三点。一是指导思想。指导思想指出"……全面实施素质教育，遵循社会经济发展规律、技能型人才成长规律、职业教育办学规律，坚持育人为本、改革创新、提高质量……"。二是办学定位。学校将"坚持特色发展、错位竞争、追求一流"，成为一所"与上海现代化服务业发展紧密结合,全国知名、上海领先的现代化精品学校"和"学生喜欢的学校"。三是培养目标。从学生的角度来看,"为了每一个学生的终身发展,着眼于每一个学生的可持续发展,使所有学生的个性和特长得到发展,潜能得到激发,创新意识、创新精神和实践能力显著增强";从企业的角度来看,"培养出受企业欢迎的高素质劳动者和知识型、发展型技能人才"。

经过十年的励精图治,上海市商贸旅游学校取得长足的发展。一是教师队伍建设卓有成效。学校形成了以上海特级校长李小华为领军者,以多位"大师"级教师为核心,以一批卓越教师为团队骨干,以及由行业企业专家担任客座教师的教师队伍。二是专业品质、特色不断彰显。学校建有商贸、旅游两大专业群,其中市场营销、旅游服务与管理、烹饪为上海市重点建设专业,酒店服务与管理、中餐烹饪为上海市经济发展急需、紧缺专业,并建有旅游管理、连锁经营管理等中高职贯通专业,建有上海市现代商贸职业教育开放实训中心和会务实训中心,学校成为上海旅游职业教育集团、上海商贸职业教育集团的核心成员。三是办学目的不断拓展。学校借助地理优势和专业优势,通过全资、合资等形式创办上海商贸职业技能培训中心、上海蓝带厨艺职业技能培训学校等多家培训机构,以精、特、优的办学理念推进社会培训和学历教育同步发展,取得良好的社会效益和经济效益。学校被评为首批上海市中等职业教育改革发展示范学校。

二、核心特征

相较于一般的中等职业学校而言,上海市商贸旅游学校起步于"撤二建一",存在着校区割裂、组织整合等发展中的前置困难,但是今天的上海市商贸旅游学校已经站在上海中等职业学校改革创新的制高点上。十年的筚路蓝缕,上海市商贸旅游学校取得骄人的成绩,其发展的主要特征如下。

(一)建构错位发展愿景

愿景是对想要实现的未来的描述,是指导组织变革的基础。[①] 因为,只有

① Gill R. Change management or change leadships? [J]. Journal of Change Management,2002(4): 307-318.

共同的、清晰的发展愿景，才能"像北斗星一样，为个人和组织指明努力的方向"①。而这对上海市商贸旅游学校而言更具有不同寻常的意义，这是上海市商贸旅游学校在"撤二建一"的组织重组中凝心聚力、实现发展的旗帜。正如上海市商贸旅游学校李小华校长指出，"有了梦想就会有竞争……你得放弃很多东西，抵御各种诱惑才能继续前行……在一些关键能力方面弥补自己的缺陷，让自己跟学校整体、外部环境和要求一致起来"。为此，李小华校长提出"在新的历史阶段，我们的目标、我们的理想是把学校办成'与上海现代服务业发展紧密结合，全国知名、上海领先'的'最有品质、最有实力、标杆性的、现代化精品学校'"的发展愿景。

相较于一般的中等职业学校而言，上海市商贸旅游学校的发展愿景具有某些与众不同的特质。一是厘清发展愿景的边界。求大求全是一般中等职业学校专业发展的共同特征。某一中等职业学校学生数不足 3000 人，但是其专业却有 48 个，成为无所不有的"大超市"。但是，上海市商贸旅游学校发展愿景中与上海现代服务业发展紧密结合的限定却有着坚实的基础：其一是风起云涌的现代服务业已经成为上海经济社会发展的主要支撑，其二是起步于原上海市商业职业技术学校和原上海市旅游服务职业技术学校"撤二建一"的上海市商贸旅游学校有着既有的资源发展基础。二是提升发展愿景的定位。与上海现代服务业发展紧密结合的限定表明上海市商贸旅游学校要成为专业发展的"专卖店"，成为"全国知名、上海领先"的"最有品质、最有实力、标杆性的现代化精品学校"。从其商贸、旅游两大专业群以及上海市现代商贸职业教育开放实训中心和会务实训中心的建设来看，上海市商贸旅游学校正是在向着高品质的"专卖店"迈进。

（二）建构协同发展模式

在某些中等职业学校不断推进校区、校舍建设，新的实训大楼以及以创业创新为名的综合大楼和豪华广场建设时，在某些中等职业学校夸耀自己拥有的土地面积、建筑面积，鳞次栉比、极富现代化气息的实训大楼以及锃光瓦亮、场面壮阔的设备和一步一景的环境文化时，李小华校长却对此有着不同的见

---

① Marquard S. Performance, live culture and things of the heart: A conversation with Peggy Phelan [J]. Journal of Visual Culture, 2003(3): 291 – 302.

解:一是将增长作为发展的主要尺度,将外在的、阶段的、可测的指标当作现代化的标志是一种传统的发展观,是工业文明观和工业实现观;二是随着经济增长方式的转变和发展观念的更新,学校的教学条件和技术设备等硬件设施并不是学校走向优质的关键,学校目标、对师生学习成长的有效关注、学校文化才是学校走向优质的关键。因此,上海市商贸旅游学校在错位发展愿景的基础上建构关注师生学习成长的协同发展模式。

其一是建构关注教师学习成长的协同发展模式。对上海市商贸旅游学校而言,"撤二建一"绝不是简单的"1+1",而是学校的变革和组织的重组,必定有权利、利益和资源的调整和再分配,必然会触动部门、个体的切身利益与地位,必然会打破既有的平衡。有人会感到不习惯、不理解,甚至有失衡感,形成抵触情绪。为此,上海市商贸旅游学校建构关注教师学习成长的协同发展模式:一是共建愿景。上海市商贸旅游学校建立了教职工共同参与学校规划、教育改革的组织机制。李小华校长表示,要在这一过程中促进"人在组织中的发展,提升人的价值使命,生成一种共同的质量文化"。二是创造环境。李小华校长认为,要"创造一个良性竞争的环境,按规则办事,把竞争纳入学校的机制中以及透明和公开的轨道上,让竞争成为一个自我净化和内在的约束机制"。三是发展文化。李小华校长认为,要发展"表达、倾听、改进、纠错、再表达、再纠错"的教师表达自我诉求以及学校变革纠错的协同发展文化,要建立有"安全通道"的退出机制和各自前行的空间。关注教师学习成长的协同发展模式赢得了教师发自内心的拥护和支持,正如李小华校长说的"对梦想最大的考验不在于贴在墙上,也不在于有很多的豪言壮语,而在于能用这个'梦'激励大家,推动大家去学习,推动团队的研究,把学校的价值观转化为大家共同的价值观"。协同发展模式实现了学校变革和教师发展的共赢。

其二是建构关注学生学习成长的协同发展模式。从教学质量管理的角度来看,上海市商贸旅游学校以制定教学质量目标为抓手,加强对各专业教学质量的检查和监控力度,完善教学质量内部监控体系,完善教学常规质量监控机制、学生学习水平评估机制、教师教学质量绩效考核机制、教学实习质量监控机制和毕业生质量跟踪调查、综合评价、反馈改进机制。从学生自我发展的角度来看,上海市商贸旅游学校放手让共青团、学生会组织各种学生喜闻乐见的集体活动,以活动为纽带把学生个人、班级、专业、学校联系起来。设立校园文化节、艺术节、体育周、技能展示周等各种"节日",为每个学生充分展示自己的个性与特长提供舞台,让学生的"玩"与学校教育形成良性的互动,把德育的过程还给学生。上海市商贸旅游学校还建立"商旅好事榜",组织一年一度的"商旅好人"评选活动,为身边的义举、善举、爱举、壮举、孝举喝彩,为自我喝彩。关注师生学习成长的协同发展模式,建构"和乐向上"的学校文化。

（三）创新人才培养模式

在一般中等职业学校还在进行粗放型、专业度不高的人才培养时,上海市商贸旅游学校已经提出要通过对专业的重新规划和提升,"在有限的平面内,用我们的市场和专业能力,学会挖掘空间……坚持细分市场",实现专业办学的(品质)高端、差异化、细分市场、稀缺性。那么,如何实现人才培养模式的创新？上海市商贸旅游学校建构了"导演加制片"的专业发展(包括课程发展)方式。

要实现人才培养模式的创新,李小华校长认为,"就是打造一个创造性的团队,当然也可以是个人,把'空间'的故事讲好,充分挖掘它的价值,使'空间'的价值发生变化,创造出商贸旅游学校的'品牌',形成很多的'追随者'"。在李小华校长看来,校长是中等职业学校专业人才培养模式创新的"制片人",专业负责人及其团队则是其"导演"。建构"导演加制片"的专业发展方式,就是扩大专业组(或者专业部)的权利,要让专业人员在人才培养模式创新中作出专业决策,从垂直传递信息增加横向联系和沟通,强调授权,增加组织的弹性,能够让校长的行政力和专家的学术力产生共振,从而能够"通过挖掘学校的现有潜力、优化教育结构、提高效率和质量来推动学校的发展,通过充分挖掘学校内部的优势和功能来提高教育的质量和效益"。

以"导演加制片"的专业发展方式在人才培养模式的创新中形成了许多探索,不仅有专业纵向上的"习而学的三明治式"人才培养模式,而且有课程横向上的"抓住核心,打通界限"的分层培养模式。"习而学的三明治式"人才培养模式以专业为单位,纵向上全面整合和重组教学体系,形成一套内部体系完整、外部关系协调的工学结合教学机制:第一年安排1—2周的企业见习,目的在于帮助学生了解职业要求和职业环境,树立学习目标,提升学习兴趣;第二年在学习相关专业课的基础上,安排1—2月的企业教学实习,目的在于加强学生对专业知识的理解和掌握;第三年安排顶岗实习和轮岗实习,目的在于帮助学生全面熟悉工作岗位和工作流程。

在上海市商贸旅游学校中存在许多共性的课程,如基于礼仪特色的课程,既是学校的德育活动,又是空乘、空港等服务类专业的必修课程,还是其他专业的选修课程;外语课程对旅游外语和旅游服务与管理专业而言,既是文化课程,又是专业技能课程。这些课程既有相近的课程目标,又有相异的目标要求,对学校人才培养提出了新的挑战。"抓住核心,打通界限"的分层培养模式就是以课程为单位,建立专业教学团队,横向上抓住课程建设的核心要素,根据不同专业、不同培养规格,建构相应目标层次,打通必修课程、选修课程、德育活动以及专业及其方向的界限,整体规划,建设课程,促进人才培养目标的实现。

三、主要价值

从"撤二建一"到"现代化精品学校"的发展,上海市商贸旅游学校对于其他兄弟中等职业学校发展具有以下借鉴价值。

(一) 差异化的办学理念

李小华校长所说的"在有限的平面内,用我们的市场和专业能力,学会挖掘空间,保持(品质)高端,坚持差异化,坚持细分市场,数量不必多,造成稀缺性,对专业重新规划和提升,就这一点改变(创新),我们就会超过许多人(学校)",实际上反映了上海市商贸旅游学校差异化的办学理念。这是上海市商贸旅游学校从"撤二建一"中崛起的关键之一。

首先,上海市商贸旅游学校差异化的办学理念表现在聚焦式的发展定位。一是聚焦上海现代服务业。在许多中等职业学校致力于成为大而全的中等职业教育"大超市"之时,李小华校长却提出"在新的历史阶段……把学校办成与上海现代服务业发展紧密结合的……学校"的发展愿景,立志于成为服务于上海现代服务业的中等职业教育"专卖店"。二是聚焦部分需求。面对"双重社会转型"下的多元化发展需求,许多中等职业学校致力于做大做强,上海市商贸旅游学校却坚持细分市场,不断加快专业布局调整,改变相对粗放的管理,谋求办学专业度的提高和特色化的发展,把每个专业发展目标选定在特定的群体上,形成独有的教育供给市场,使自己的教育供给处于优越的地位,提高办学效益,从而提高学校的竞争力。

其次，上海市商贸旅游学校差异化的办学理念表现在高品质的发展定位。一是办学目标的高品质定位。上海市商贸旅游学校的发展愿景中，"全国知名、上海领先"和"最有品质、最有实力、标杆性的、现代化精品学校"等关键词，实际上都反映着其对办学目标品质的追求。二是教育目标的高品质定位。为了应对激烈的竞争，上海市商贸旅游学校不仅坚持"细分市场……造成稀缺性"，更强调要"在有限的平面内……挖掘空间，保持（品质）高端"。在大部分中等职业学校还在关注"外在的、阶段的、可测的指标"时，上海市商贸旅游学校却提出"要以学生需要为中心，缩小学校和班级规模，走小型化学校和小班化教学的道路，为学生提供更加优质、个性化的教育服务"。小型化学校和小班化教学往往意味着高成本，但却反映出学校对教育目标品质的追求。

最后，上海市商贸旅游学校差异化的办学理念表现在其以服务为产品的强烈的市场意识、发展意识。李小华校长在办学中积极提倡学校的"教育服务"，他认为学校要"把教育当服务业来做"，并认为"这是学校未来发展的一个重要方向"。为此，上海市商贸旅游学校将"教育服务"作为一项课题进行深入的研究，并以学生为服务对象进行了许多积极有效的探索：一是以"梦让生命更美好"为主题的生涯规划教育，帮助学生明晰发展方向；二是为学生配置多样化的课程，在多元化办学的背景下，提高个性化教学的有效性；三是开设多样化的活动课程，为学生搭建展示自我风采的舞台，帮助更多的学生寻找更多的"梦"；四是以与学习的"贴肉"为导向推进课程改革，使得学校教育更好地适合学生、服务学习等。

上海市商贸旅游学校在不断完善对内的教育服务的同时，不断拓展对外的教育服务。一是服务普通教育的职业教育。学校充分利用开放实训中心的资源，向区域内高中、初中学生开放部分课程、实验室等教学资源，为部分学有余力的学生开辟学习发展的新途径，推动职业教育与普通教育相互渗透，为普通教育的学生开展职业技能训练，发展他们的职业技术能力。二是开展社会培训服务。学校与政府部门、行业企业、社会培训机构合作，拓宽社会培训的服务广度，建立相关国家职业技能鉴定站所及各类考核点，延伸社会培训的服务深度，建立规范有序的社会培训管理制度，培育优质培训品牌，提升社会培训的服务亮度。

（二）适应性的组织架构

或许有不少中等职业学校的校长也已经认识到聚焦式、高品质的目标定位对于学校发展的重要意义，但是真正要实现这一点改变（创新），也就是要在有限的平面内挖掘不同专业的品质空间，坚持面向特定群体的差异化发展，实现具有稀缺性的差异化发展，这却绝非易事。上海市商贸旅游学校之所以能够在"撤二建一"中崛起，其关键之二便在于其组织架构的变革。

与一般的中等职业学校相比，上海市商贸旅游学校的行政性组织架构存在一些细微的调整：一是取消实训处这一职能处室的建制；二是建有教育发展处、教育质量评价中心以及实验室和设备管理处，替代了一般中等职业学校中常见的教科室或科研处、督导室或督导处以及总务处；三是在培训处的基础上建构上海商贸旅游职业技能培训中心。尽管仅是一些细微的调整，却有细微之妙。一是取消一般中等职业学校具备的实训处建制，教学管理统一由教务处负责，实现了理论教学和技能教学在纵向上的整合，有助于课程及其资源的整体化管理和理实一体化教学的探索。二是相比于"教育科研"，更为宏观、抽象的教育发展为创造性劳动提供更为自由、广阔的空间；相比于"总务"，更为具体的实验室和设备管理对服务性劳动的范围和内容有着明确的指向；相比于"督导"，指向内容而非教师的教育质量评价更可能成为一种团队学习的方式，更有助于学习型组织的建构。三是相比于单一的培训处，上海商贸旅游职业技能培训中心的建构，更利于优质培训品牌的培育以及多元化的合作。

在上海市商贸旅游学校的发展中，最值得玩味的是其"导演加制片"的探索。尽管李小华校长将"导演加制片"称为专业发展方式，但是在这一方式中，成为"导演"专业发展的专业组获得"授权"，成为新的权力组织，成为学校组织架构的有机组成部分。或许一般的中等职业学校同样存在专业系部、专业教研组或学科教研组等组织形态，但是上海市商贸旅游学校的专业组却存在细微的差异：一是相比于一般的中等职业学校的专业系部，上海市商贸旅游学校的专业组虽然同样获得专业发展的"授权"，但却非学校的行政性组织；二是相比于一般的中等职业学校的专业教研组或学科教研组，上海市商贸旅游学校的专业组虽然同样是学校的非行政性组织，但却"导演"着专业的发展。由此可知，"导演加制片"这一专业发展方式本质上是中等职业学校组织架构的变革。

"导演加制片"这一组织架构的特征如下。一是权力的双层架构。上海市商贸旅游学校将一般的中等职业学校所具有的专业系部和专业教研组、学科教研组压缩为专业组，建构起专业发展权力的双层架构：一是非行政性组织的专业组，另一是学校行政性组织。二是多元核心的"前台"架构。有着不同核心人物的不同专业组在获得"授权"之后共同建构起专业发展的"前台"。三是校长中心的"后台"架构。以校长为中心的行政性组织在"授权"之后建构起专业发展的"后台"。

"导演加制片"这一组织架构之妙甚多。一是释放了"前台"的活力。前后双层架构实现了去垂直中心化，才能够使得各具核心的非行政性组织的专业组获得更大的弹性和灵活性，形成以专业发展为中心的"建设单元"。因此，这一架构打破了功能壁垒，释放了"前台"活力，才可能在瞬息万变的"双重社会转型"中瞄准特定群体需求，进行专业发展的及时调整和主动创新，在有限的平面内挖掘专业发展的空间，保持专业品质的"高端"和教育供给的"稀缺性"。二是提升"后台"的响应速度和服务能力。相比于一般的中等职业学校，"导演加制片"的双层架构缩减了一个组织层级，推进了组织的扁平化，必然提升"后台"对"前台"的响应速度。作为"制片"的校长可以更专注于学校层面的战略决策，以及教务处、教育发展处、教育质量评价中心等行政性组织职能的综合、宏观和柔化，必然提升"后台"对"前台"的服务能力。

四、提升空间

上海市商贸旅游学校的差异化发展、高品质发展、多元化发展以及在组织模式上的创新已经成为中等职业学校特色化发展的典范，给中等职业学校如何适应性发展提供了极具借鉴价值的样本。但是，为了更好地服务人的个性化发展，上海市商贸旅游学校依然存在挖掘的空间。

（一）建构更多的选择可能

上海市商贸旅游学校瞄准特定群体需求的差异化发展，实际上存在着这样一种假设，即"特定群体"需求是相对确定的。但是，对初中毕业生而言，16—19岁的年龄，既缺乏对自身需求以及潜质的清晰认知，也缺乏对变动不安的社会的深刻了解，就难以形成具有确定性的发展需求。因此，中等职业学校应该给予学生更多的选择可能，为学生提供更适合的成长路径。以教育服务为学校发展核心理念的上海市商贸旅游学校一定能够在这一方面作出新的探索。

（二）探索可持续发展的路径

随着我国经济社会的发展，对人才的需求不断发生变化，尤其是"中国制造2025"对专业技术人才、经营管理人才和技能人才提出了更新、更高的要求。作为基础性地位的中等职业学校如何为学生更长远的发展奠基，如何为更为专业的技能人才甚至专业技术人才、经营管理人才的培养发挥作用，已经成为中等职业学校的新课题。上海市商贸旅游学校通过中高职衔接专业的开设形成新的探索，也一定能够在为学生建构可持续发展路径、培养更为专业的技术技能人才作出更有意义的实践和研究。

第三节　基于专业层面的中等职业学校多元化发展改革
——以江苏省陶都中等专业学校工艺美术专业为例

作为学业门类的专业，是由一系列具有逻辑关联的课程组成的系统。对中等职业学校学生而言，只有专业课程系统才能实现其整体化成长和专业化发展，脱离专业的课程对其整体化成长和专业化发展是缺乏意义的。因此，专业是中等职业学校办学的基本单元，是承载其办学品质和特色的服务产品。中等职业学校多元化改革落实到学校的具体层面，应该是以专业为基本单元的发展改革。本书以江苏省陶都中等专业学校（以下简称陶都中专）工艺美术专业为例，探讨专业层面的多元化发展改革。

一、基本情况

（一）宜兴陶瓷业的基本情况

宜兴以陶闻名，享有"陶都"之誉。宜兴的制陶业可以追溯至新石器时期，历经7000年的薪火相传，宜兴传统陶瓷产业形成了紫砂陶、精陶、均陶、青瓷和彩陶等陶瓷艺术的"五朵金花"。中华人民共和国成立后，宜兴建立宜兴陶瓷公司，下设紫砂厂、精陶厂、均陶厂、青瓷厂和彩陶厂，推进陶瓷生产的集团化经营。随着改革开放的深入，集约式、标准化的陶瓷产业受到严峻的挑战，陶瓷公司轰然解体,取之而起的是各类陶瓷生产企业和以家庭为单位的陶瓷作坊。以 2014 年为例,应税销售 300 万以下的小微型企业,占陶瓷企业总数的 93.5%,其应税销售在陶瓷行业中的贡献比例达 38.5%。

宜兴的陶瓷生产并不局限于紫砂陶,还有日用陶瓷、建筑陶瓷、工艺美术陶瓷和工业陶瓷等类型。以 2012 年为例,宜兴实现陶瓷生产产值 110 亿元,其中,日用陶瓷约占生产总值的 40%,包括餐具、茶具、酒具、花盆、缸、坛等主要品种;工业陶瓷约占生产总值的 25%,主要有为电子、电工、纺机、化机、耐火配套的陶瓷产品;建筑陶瓷约占生产总值的 20%,主要有墙地砖等陶瓷产品;工艺美术陶瓷约占生产总值的 15%,主要包括紫砂工艺品以及壁挂、挂盘、花瓶等相关品种。

紫砂陶是宜兴陶瓷的一张名片。随着人们生活水平的提高,具有独特的材质和成型工艺且集融器皿造型、雕塑、绘画、书法、文学、金石艺术于一体的宜兴紫砂陶,已经成为人们追求艺术、热爱生活的文化载体,其蕴含的价值不断提升。以宜兴紫砂陶代表人物顾景舟的作品为例,中国嘉德 2014 年春季拍卖会上,顾景舟制作的九头咏梅茶具以人民币 2500 万落槌成交,而北京远方 2015 年秋季艺术品拍卖会,顾景舟制作的 38 把紫砂茶具最终成交价格高达 2.128 亿元。紫砂陶作品的升值进一步刺激了紫砂陶产业的发展,目前紫砂陶产业形成了泥料加工、设计、制作、烧成、包装、销售和教育等产业链,仅制作环节就有数百家小微企业、数千家家庭作坊和 2 万多位一线从业人员。

(二) 陶都中专工艺美术专业的基本情况

宜兴因陶闻名,陶都中专因陶建校。宜兴的陶瓷生产主要集中于丁蜀镇,作为地处丁蜀镇东郊的陶都中专因 1988 年与宜兴市紫砂二厂联办紫砂班,实现了由一所农村初级中学到职业学校的转型和跨越。经过多年的不懈努力,陶都中专已形成中高职衔接、职成教一体的办学模式,先后成为首批国家级重点中等职业学校、江苏省合格职业教育中心校、江苏省四星级中等职业学校、江苏省高水平示范性中等职业学校、江苏省职业教育课程改革实验学校。

2007 年之前,陶都中专工艺美术专业的发展历经了两个阶段。第一阶段为起步阶段。起步阶段的工艺美术主要是以就业教育为主,设有两个专业方向:一是与宜兴市紫砂二厂合作的紫砂陶艺方向;二是与宜兴精陶厂合作的陶瓷工艺方向,理论教学和实践教学由学校和企业分别承担。由于毕业之后能够立即实现就业,工艺美术专业受到人民群众的热烈欢迎,工艺美术专业迅速发展壮大。第二阶段为转型阶段。转型阶段的工艺美术主要是以升学教育为主。随着宜兴陶瓷公司的解体,与宜兴市紫砂二厂、宜兴精陶厂等企业的合作由此中断,工艺美术专业从就业教育转向升学教育,通过对口单招、普通高考向高等院校输送人才,主要服务于学生的升学需求。

2007 年之后,陶都中专工艺美术专业进入多元化发展阶段。一是再设就业教育的工艺美术专业。随着宜兴紫砂陶产业的持续升温,陶都中专在保持升学教育的同时再次发展就业教育,2007 年新增的紫砂陶艺方向再次受到人民群众的热烈欢迎,计划招生 40 人,实际招生 63 人。自此之后,工艺美术专业中以就业为主的紫砂陶艺方向年招生不低于 200 人。二是新增五年制高等职业教育的陶瓷设计与工艺专业。随着宜兴紫砂陶产业的发展,对从业者专业素养的要求不断提升,人民群众不再满足于三年制中等职业教育的工艺美术专业。为此,2009 年陶都中专在工艺美术专业的基础上新增五年制高等职业教育的陶瓷设计与工艺专业。陶瓷设计与工艺专业可以视作工艺美术专业的升级版。三是发展社会培训事业。面对紫砂陶产业日益壮大的从业者群体及其日益高涨的继续学习的需求,陶都中专在工艺美术专业的基础上发展社会培训事业,主要由陶瓷装饰工、陶瓷成型工的职业培训和成人学历教育组成,取得了良好的社会效益和经济效益,仅成人学历教育就有在籍学生约 1000 人,经济收入约 600 万元。

工艺美术专业已经成为陶都中专的主干专业、特色专业和专业群,现有专业专任教师 41 人,兼职教师 27 人,该专业的专业教师总数约占全校专业教师总量的 50%。中等职业教育工艺美术专业学生约 1521 人,五年制高等职业教育陶瓷设计与工艺专业学生 345 人,专业学生总数约占全校学生总人数的 70%。工艺美术专业先后成为无锡市重点建设专业、江苏省职业学校示范专业、江苏省中等职业教育特色专业、全国职业院校民族文化传承与创新示范专业点,陶瓷设计与工艺专业成为江苏省五年制高等职业教育特色专业。陶都中专成为江苏省中等职业教育工艺美术专业指导性人才培养方案及其课程标准制订的牵头学校以及国家级紫砂陶艺术技能紧缺型人才培养培训基地。

二、核心特征

对职业学校的专业建设而言,独特的地域性产业既有发展之利,也有发展之囿。以陶都中专工艺美术专业为例,极富地域特色的宜兴陶瓷产业对专业的特色发展产生了巨大的支撑作用,但问题是:一是宜兴陶瓷产业集中在地处三省交界之隅的丁蜀镇,专业的进一步发展必然受到地理位置的桎梏;二是宜兴陶瓷产业受到经济社会发展的影响,在总体向上的发展中存在波折和转型,给专业发展带来了诸多负面影响。但是陶都中专的工艺美术专业却在茁壮成长,取得了长足的发展,其发展的主要特征如下。

（一）培养目标:服务需求、延伸发展、多元共存

纵览其发展,陶都中专工艺美术专业的培养目标一直紧贴发展需求。从其起步阶段来看,正是宜兴紫砂二厂等乡镇企业兴起的时期,陶瓷产业对人力资源的需求极为迫切。与此同时,就业需求依然是刚刚脱离温饱、期待改善生活条件的人民群众的第一需求,因此立足于就业教育的紫砂班、陶工班及在此基础上建设的工艺美术专业,其培养目标既满足产业的发展需求,又满足人的就业需求。从其转型阶段来看,正是陶瓷公司解体、乡镇企业衰败的时期,陶瓷产业对人力资源的需求锐减。与此同时,生活水平不断提升的人民群众不再满足于低层次就业,陶都中专工艺美术专业的培养目标从就业教育转向升学教育,正是迎合人民群众的新的发展需求。从其多元化发展阶段来看,正是陶瓷产业浴火重生的时期,从集约化、标准化的流水线生产转向分布式、多元化的个性化创作,陶都中专工艺美术专业的培养目标在升学教育的基础上,发展包含创业教育的就业教育和社会培训以及继续教育,服务于地方特色陶瓷产业和人民群众的多元化需求。

在服务需求中,陶都中专工艺美术专业的培养目标不断延伸发展。从其起步阶段来看,尽管以就业教育为目标定位,但是陶都中专将工艺美术专业培养目标从紫砂班,即紫砂陶艺方向,延伸到陶工班,即就业面更广的陶瓷工艺方向。从其转型阶段来看,尽管以升学教育为主要目标定位,但是陶都中专工艺美术专业不仅建有面向高等职业教育的培养目标,而且建有普通高等教育的培养目标。从其多元化发展阶段来看,陶都中专工艺美术专业的培养目标更为延伸发展,既有面向应届初中毕业生的职业教育的培养目标,又有面向宜兴陶瓷产业从业者的继续教育的培养目标。在职业教育的培养目标中既有三年制中等职业教育层次,还有五年制高等职业教育层次。在三年制中等职业教育层次的培养目标中既有就业教育,也有升学教育。就业教育的培养目标

中有多种专业方向,升学教育的培养目标中有多种方向和路径。继续教育的培养目标中既有成人学历教育,也有不同方向、层次的职业技术培训。如图7-1所示。

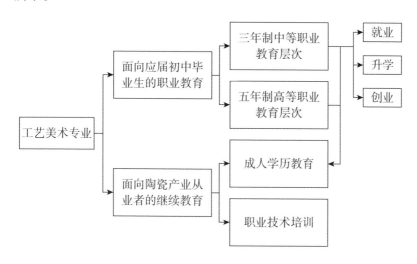

图7-1 陶都中专工艺美术专业多元化培养目标的组成

（二）资源建设：重点突破、集群共建、跨界融合

随着产业的蓬勃发展,陶都中专工艺美术专业日益壮大且趋向多元,但是对作为地处农村一隅、外在投入不足的陶都中专而言,不只需要考虑因地制宜建设特色专业和发展专业特色,更需要考虑如何使得专业建设中的经费投入更高效。为此,陶都中专的基本策略是在整体规划下实施重点突破,在集群共建中提升投入能效,具体有：一是深入地方产业调研,结合办学积淀,进行学校专业建设整体规划,做好专业建设的顶层设计；二是把工艺美术等专业作为重点建设专业,立足产业实际推进国规、省规课程的校本化和建设面向地方产业需求的校本课程,提升办学品质和特色；三是以重点专业为核心推进培养目标的差异化延伸,形成专业的集群建设,既提升专业建设的投入能效,又满足人民群众的多元化需求；四是借助专业建设的优势资源推进继续教育,包括学历教育和职业培训,将取得的经济效益反哺专业建设。

尽管通过继续教育取得的经济效益不断反哺专业建设,但是这与工艺美术专业发展速度并不对等,也极为有限。以专业教师为例,随着工艺美术专业的壮大和多元,工艺美术专业教师缺额较为严重。仅以工艺美术专业全日制中等职业教育及五年制高等职业教育学生数1866人为估算基数,按照艺术类专业 30 人左右一个班级的小班化建制的话,应有 62 个班级。如果实施性教学计划按每周 30 课时进行,周课时将达到 1860 课时;如果公共课程与专业课程按 5∶5 配比的话,其中专业课程将达到 930 课时。以 12 课时为教师每周的标准工作量,则需要 77.5 个专业教师。由于其五年制高等职业教育层次在后两年以专业课程为主以及其他一些因素,因此实际要求更多一些。但是,其工艺美术专业专任教师仅为 41 人,仅此缺额 36.5 人。以生均公用经费拨款基本标准 1000 元①为基准,工艺美术专业公用经费收入为 1 860 000 元,以 100 000 元年薪(含"三金")聘请一位行业企业技术骨干,那么,即使将工艺美术专业公用经费收入全额用于聘请专业兼职教师,也只能聘请 18.6 人。同理可以估算专用实训室及画室的缺额。

陶都中专与宜兴陶瓷行业合作,充分利用宜兴陶瓷产业深厚的人文底蕴,不仅引入行业名家在校内建立名师工作室,还与行业技术骨干的工作室进行合作,学生(甚至专业专任教师)则以学徒的身份,带着毕业设计或课程大作业的要求进入工作室进行学习。这既是教师队伍建设的跨界,又是学习时空的跨界,同时还是学生身份的跨界。其利在于:一是缓解了专业教师在数量与质量上的不足;二是缓解了学校学习时空在数量与能效上的不足;三是提升了学生(甚至专业专任教师)的认识和能力。

不仅如此,以某一课程或若干课程为衔接,工艺美术专业的重点突破、集群共建、跨界融合甚至推进跨类型的专业建设,推动了学校专业的协同发展。如工艺美术专业的岗位能力课程《紫砂陶作品营销》为电子商务专业《推销训练》《网上经营实务》等专业课程奠定了基础,工艺美术专业岗位能力课程的优秀师生作业、作品,更是成为电子商务专业中电子商务平台的主要产品,由此推动了工艺美术专业和电子商务专业的共建共赢、协同发展,共同培养了具有创新精神、创业意识的技术技能人才。

(三) 教学改革:技艺并重、工作室式、路径选择

工艺美术具有某些与众不同的特质:一是尽管同样有产品,工艺美术不仅强调与制造业一致的工匠精神,更强调非标准化的个人性创造,给予人以美

---

① 江苏省财政厅.江苏省财政厅 江苏省教育厅 江苏省人力资源和社会保障厅关于提高公办中等职业学校生均拨款标准的通知[EB/OL].(2014 - 11 - 12)[2021 - 02 - 25]. http://czt.jiangsu.gov.cn/art/2014/12/9/art_77309_9085787.html.

感;二是尽管同样强调个人的感受,与服务业的不同是,工艺美术更强调在技术规范上的创造,而不是停留于执行。因此,陶都中专的工艺美术专业不仅要培养学生以显性知识为主的技术知识,还要培养以默会知识为主的艺术知识,也就是技艺并重。前者可以通过讲授、示范和反复练习来获得,后者不仅需要一定的人文素养为基础,更要在做中学。为此,陶都中专建构了具有现代学徒制特质的学校与工作室联合的人才培养模式,即学生带着毕业设计或课程大作业的要求进入行业名家、技术骨干的工作室进行学习,通过与师傅的交流、与作品的对话提升艺术感知。

陶都中专工艺美术专业建构了不同的发展方向及其专门化方向,并为学生建构了选择的机会和路径以及不断晋升的阶梯。一是入学之初,可以选择三年制中等职业教育或者五年制高等职业教育。但是,五年制高等职业教育和三年制中等职业教育不同发展方向之间均有相应的入学成绩限制,例如五年制要求不低于当地三星级普通高中的入学分数线。二是入学一、二、三学期之后,分别提供选择机会。第一学期之后可以调整专业,第二学期之后可以调整发展方向,第三学期可以选择专业方向等。但是主要限于三年制中等职业教育之内,而且需要符合一定的条件进行自主选择。三是建立"卓越学院行动计划",提供多种发展可能。"卓越学院行动计划"是建构在既有课程基础上的课程计划,而且并不限于现有培养目标的课程计划,为不同潜质的学生提供更大、更多的发展可能。

三、主要价值

从紫砂班、陶工班到江苏省职业学校示范专业、江苏省中等职业教育特色专业、全国职业院校民族文化传承与创新示范专业点,陶都中专工艺美术专业对其他兄弟中等职业学校专业建设具有以下借鉴价值。

(一) 紧贴发展需求

陶都中专工艺美术专业在紧贴发展需求上作出了许多积极的探索。从其起步阶段来看,其紫砂班、陶工班本身分别是因以宜兴紫砂二厂、宜兴精陶厂的需求而设,在课程设置上主要按照宜兴紫砂二厂、宜兴精陶厂的要求建构相应的理论课程,更为重要的是当初的实践课程主要是由宜兴紫砂二厂、宜兴精陶厂来承担的,而且两家企业分别为之配备了指导师傅,实际上其紫砂班、陶工班的教学已经具备了"现代学徒制"的雏形,这样的培养与行业企业的需求较为紧密。从其转型阶段来看,陶都中专工艺美术专业开设升学教育的发展方向,主要服务于学生(家长)进一步发展的需求。为了更好地服务学生(家长)进一步发展的需求,陶都中专工艺美术专业一方面借力南京师范大学、南京艺术学院的师资设立南师班、南艺班,帮助学生提升专业水平;另一方面与无锡工艺职业技术学院等高职院校联合开办"3+3"学制的高等职业教育直通车,为不同需求、不同潜质的学生提供更为适切的发展路径。

在其多元化发展阶段,陶都中专工艺美术专业建构中等职业教育、五年制高等职业教育和继续教育多层次发展目标,以满足分布式、多元化的个性化创作下的陶瓷产业的发展需求,并建立就业教育和升学教育等目标定位,以满足人的个性化、多元化发展需求。从就业教育的目标定位来看,陶都中专工艺美术专业进行职业岗位调研,瞄准浴火重生之后的宜兴陶瓷产业的新的岗位群,开设新的专业方向,进行工作任务及其职业能力分析,根据分布式、多元化的个性化创作下的陶瓷产业的新需求开设通用职业能力课程和岗位能力课程;立足地方陶文化资源进行文化基础课程的二次开发,建设以陶文化为核心的学校文化及课程资源,以更好地满足学生的就业需求和产业的发展需求。从升学教育的目标定位来看,陶都中专工艺美术专业建构普通高考、对口单招以及中高职衔接等多种发展路径,甚至通过课程的融合为就业教育的学生建构后续的成人学历教育,包括成人大专学历教育、成人本科学历教育的升学路径,以更好地服务学生的发展需求。在人才培养中,陶都中专工艺美术专业积极探索创新教育和创业教育,以更好地满足陶瓷产业的转型需求和学生创新、创业需求。

(二) 集群建设专业

陶都中专工艺美术专业紧贴发展需求发展的过程,同时也是其集群建设的过程。从其起步阶段来看,首先以紫砂班起步,发展紫砂陶艺方向,后又推进陶工班,发展陶瓷工艺方向,形成多专业方向的集群建设。之后又在此基础上,不断推进其升学教育的发展,形成多发展方向的集群建设。从其转型阶段来看,尽管以升学教育为主,但是其一为参加普通高考的工艺美术,其二是参加对口单招的工艺美术,后又发展"3+3"学制的高等职业教育直通车,形成多种发展路径的集群建设。在其多元化发展阶段,陶都中专工艺美术专业更是形成融职业教育、成人教育、普通教育于一体,合三年制中等职业教育与五年制高等职业教育于一身,包含就业教育(创新教育、创业教育)、升学教育(创新教育)等在内的多种发展方向以及多种专业方向的集群建设。如今陶都中专工艺美术专业又在开发建设《制茶》《茶艺》《陶艺初体验》等选修课程,同时延伸至社团课程、社会培训课程以及旅游服务项目、人文交流项目,并计划以此为基础,建设新的专业方向甚至新的专业,形成更为多元的集群建设。

与上海市商贸旅游学校瞄准特定群体需求的差异化发展相比,陶都中专工艺美术专业的集群建设同样含有"特定的群体"需求,不同之处在于陶都中专工艺美术专业的集群建设涵盖了多类型、多层次、多方向的培养目标,分别瞄准各自特定群体的需求。如果说上海市商贸旅游学校走精品化的"专卖店"之路,那么陶都中专工艺美术专业的集群建设相当于大众公司,既有极为平民的捷达、桑塔纳等车型,又有更高层次的帕萨特、迈腾等车型,也有面向个性化需求的"甲壳虫"、敞篷车等车型,还有面向高端市场的途锐、辉腾等车型。之所以如此,这是由学校所处的经济社会环境决定的。

上海市商贸旅游学校之所以走精品化的"专卖店"之路,其一是有发展的市场。在上海这一集聚两千多万人口、现代服务业已经成为经济社会主要支撑的大都市中,即使是商贸、旅游方面的某一特定需求,其需求量同样极为庞大,精品化"专卖店"的市场依旧极为广阔。其二是有专业的竞争。在上海,开设商贸、旅游类专业的中等职业学校绝非上海市商贸旅游学校一家,上海市商贸旅游学校要通过差异化发展形成核心竞争力。陶都中专工艺美术专业之所以走集群建设之路,其一是学校面临生存危机。仅是120万人口的宜兴市有主体性中等职业学校四所,而陶都中专地处三省交界之隅的丁蜀镇,并非宜兴市的政治文化中心的宜城镇,教职工人数不足宜城镇的宜兴中专的1/3。缺乏公共资源支持的陶都中专通过集群建设,以核心专业的课程及其资源为基本平台,延伸差异化的培养目标,不仅有效地提升专业建设的能效,而且以核心专业的品牌效益扩展学校办学的影响力。其二是满足人与产业的多元化发展需求。在丁蜀镇,中等职业学校仅有陶都中专一家,在宜兴,开设工艺美术专业的中等职业学校也仅此一家,专业的集群建设满足了人与产业的多元化发展需求。对所有中等职业学校而言,紧贴发展需求均是立身之本,但是,对类似于陶都中专这样的中等职业学校而言,集群建设专业尤为其发展之径。

四、提升空间

尽管陶都中专工艺美术专业的特色化、多元化发展为同类型中等职业学校的专业建设提供极具参考价值的样本,但是从服务人的发展、服务产业发展和传承、发展地方人文以及发展学校的角度,依然存在挖掘的空间。

（一）进一步推进专业的跨界

陶都中专工艺美术专业的跨界有其必要意义:一是学校偏于一隅,唯有进一步推进专业的跨界,提升专业办学的服务力和服务面,甚至成为宜兴陶瓷产业发展的主要推进者和核心引领者,才能在外在支持不足的条件下进一步发展专业的特色、品质和影响力;二是宜兴传统陶瓷产业中手工造型工艺,包含大量的默会知识,需要现场学习中得以建构。因此,只有进一步推进专业的跨界,为学生提供更多现场学习的机会,才能促进其技艺的成长。

尽管陶都中专工艺美术专业在跨界建设上已经卓有成效,如引入宜兴陶瓷产业深厚的人文底蕴,跨界建设专业教师队伍、校外实训基地,拓展继续教育事业。这不仅缓解了专业建设中面临的诸多困难,而且提升了专业办学的质量和水平,但是依然存在提升的空间:一是引进行业名家,在校内建立工作室,既能有效缓解专业师资不足的矛盾,又提升专业师资的专业技艺水平,并为学生的现场学习提供更直接、更有效的时空;二是建构以学校为平台并具有学校特质和影响力的产业集散区,提供陶瓷创作、泥料生产、包装设计、烧成处理和产品营销等诸多环节的服务,既为学生的创新实践、创业实践建构了平台,又为本专业的进一步细化发展以及其他专业的协同发展提供了可能;三是联合陶瓷行业协会建立陶瓷行业技艺培训中心,进一步提升继续教育项目的品质和品牌,拓展继续教育项目的数量与范围,以取得更大的社会效益和经济效益。

（二）进一步推进课程的多元

就宜兴陶瓷产业目前的发展而言,宜兴陶瓷不仅仅是紫砂陶,而且包含着精陶、彩陶、均陶和青瓷,不仅仅是技法,还是技艺,更有技艺中蕴含的文化,既是传承的文化,也是创新的文化,更蕴含着创业的文化。但就目前而言,陶都中专工艺美术专业主要面向的紫砂陶产业,偶有涉及均陶的堆花、精陶的彩绘等内容。即使面向紫砂陶,其课程也仅停留于基本的拍打成型技艺,未能将其与文化紫砂形成更深度的融合。

由此可知,陶都中专应当进一步推进工艺美术课程的建构。一是从课程内容上,不只是面向紫砂陶建设课程内容,还有面向精陶、彩陶、均陶和青瓷建设课程内容,专业课程要成为传承宜兴陶瓷文化的核心载体。二是从培养目标上,不能只是着眼技法,要从宜兴陶瓷延伸至陶瓷艺术、造型艺术以及中国传统的书画艺术,发展学生的创新思维,提升学生的艺术素养。三是要以专业课程为基础,建构两种层次的个性特长课程:其一是对于本专业学生进一步发展的个性特长课程,如建立宜兴陶瓷研究院,建构学生进一步学习的课程、平台,培养更为专业的技术技能人才;其二是对于其他专业学生选修学习的个性特长课程,既服务非专业学生人文素养的提升,也为社会培训以及地方旅游等项目奠定基础。四是要以专业课程为基础,建构两种类型的核心素养课程:一是传承陶文化的显性核心素养课程;二是蕴含陶文化精髓的显性核心素养课程。

第八章

从单一走向多元：
当前我国中等职业学校
教育改革的必然选择

第一节　当前我国中等职业学校教育改革的方向

本书瞄准当前我国中等职业学校的教育改革,旨在研究导致当前中等职业学校发展困境的问题本质,并由此为中等职业学校的教育改革建构新的方向和路径。其主要结论如下。

一、单一化发展是当前我国中等职业学校发展困境的问题本质

随着经济社会的转型,我国的经济社会变化及差异尤为突出,中等职业学校的学生个体变化及差异更为显著,但是与之相对的是客观存在的中等职业学校单一化发展。这之间的矛盾导致了当前我国中等职业学校发展困境的存在。因此,单一化发展是当前我国中等职业学校发展困境的问题本质。

二、从单一化走向多元化是当前我国中等职业学校教育改革的必然方向

中等职业学校单一化发展,无论是在学理上,还是在实践上都存在着巨大的危害,并将随着我国经济社会的转型而日益显现。与此同时,当前我国经济社会的转型以及经济社会转型下人的发展对中等职业学校多元化发展提出了迫切的需求。因此,从单一化走向多元化是当前我国中等职业学校教育改革的必然方向。

三、中等职业学校多元化发展有生物学、教育学和管理学的理论基础

中等职业学校多元化发展本质上是对经济社会转型的适应,是对社会系统日益复杂化的适应。中等职业学校多元化发展有多元智能理论、大脑适应性发展的教育可能和时代背景下适应性的能力观等教育学理论基础,以及复杂性理论、自组织理论和组织变革理论等管理学理论基础。

四、中等职业学校多元化发展需要进行基本框架的建构和设计

中等职业学校多元化发展应该建构起包括多元化培养目标、多元化课程和个性化学习组织在内的基本框架。其中，多元化培养目标是中等职业学校多元化发展基本框架的基础，多元化课程的基本模型、开发路径以及管理机制是基本框架的核心，个性化学习的学习情境、学习支持、学习组织和学习评价是基本框架的关键。

五、中等职业学校多元化发展需要建构相应的保障机制

中等职业学校多元化发展应当建构起师资队伍、课程资源等维度的保障机制。中等职业学校多元化发展的保障机制应当包括教师结构和能力的多元化发展，课程资源建立的机制与策略。要通过学校的跨界和跨界的学校、战略的突围与突围的战略等机制和策略来突破中等职业学校多元化发展下的资源困境。

第二节　当前我国中等职业学校教育改革的路径

一、厘清管理权限边界

厘清管理权限边界，就是要推进政府的"放管服"改革，要在落实党和国家的教育方针等国家意志的框架下进一步提升中等职业学校的办学自主权。一是提升学校人事自主权。从表面上看，学校人事自主权涉及教师的聘用、管理人员的任职等方面，但实际上却包含着中等职业学校管理体制的系统改革。二是提升学校课程自主权。如浙江省将不低于50%课时的自选课程模块的建设权限交给学校，有效地促进了学校的特色化发展以及学生的个性化、多元化发展。

厘清管理权限边界并不是缩减政府管理部门的权限，而是要求政府管理部门从更高层面进行谋划，其中主要包括：一是进行自上而下的顶层设计，根据当前我国经济社会的发展需求，在现代职教体系建设的框架内进行谋划，为

中等职业学校进行新的准确定位,并由此统筹考虑职业教育资源建设及其要素的发展;二是引发由下至上的改革动力,建构中等职业学校利益相关者的互动平台,引发由下至上的改革动力,让中等职业学校真正成为教育改革的主体;三是建构规范高效的保障机制,要释放中等职业学校多元化发展的活力,必须建构功能完善、有机联系的国家职业教育制度系统,包括国家职业教育法律法规体系、管理体系等。

二、丰富办学管理主体

丰富办学管理主体,从政府层面而言,即中等职业学校不应只是教育部门或其他某一部门的独角戏。作为具有跨界特性的教育,中等职业学校既是职业教育的类型,但又具有基础性作用,既服务于经济社会的发展,也要服务于人的发展。从促进人的发展的角度来看,中等职业学校的管理应是教育部门的职能,但从服务经济社会发展的角度来看,仅限于教育部门这一管理主体,难以发挥中等职业学校办学的效能。因此,要充分发挥中等职业学校的综合价值,需要政府相关部门的共同参与和协作。

丰富办学管理主体,不仅是要建构诸多政府部门共同参与和协作的平台,更要从建构行业、企业、社区以及更多的利益相关者共同参与的平台;既要明确行业、企业、社区以及更多的利益相关者在中等职业学校办学中的责任、权利和义务,又要让行业、企业、社区以及更多的利益相关者举办的中等职业学校在落实党和国家的教育方针等国家意志的框架下获得同等的公共财政支持以及师资队伍建设的保障,提升行业、企业、社区以及更多的利益相关者参与中等职业学校的办学积极性。

三、建立绩效评估框架

建立绩效评估框架,就是大幅度缩减对于中等职业学校办学质量评估的各种项目及其烦琐且不能统一度量的评估标准,某一具有必要性的评估项目可以作为嵌入式的内容纳入绩效评估框架之中,让政府部门的管理视野转移到中等职业学校各层次和各要素的协调以及中等职业学校利益相关者互动平台的建构上,同时也是发挥中等职业学校的主体作用,让学校更多的精力真正落实到课程建设、教学改革中,切实提升办学的水平、质量与绩效。

建立绩效评估框架,就是在国家原则框架下,以区域为评估单位,建构学校事业的规模、质量和服务能力与其资源配置比例的区域值,并以此作为政府资源配置的重要依据。其意义在于:一是将改变政府在中等职业学校资源配置中的无序状态,有效避免资源配置中的重复性投入;二是破解中等职业学校资源配置中的均衡性、公正性等问题,缓解其利益相关者的利益博弈;三是遏制某些学校在资源建设中的低效性投入,推动学校在资源建设的战略性思考。

四、改变经费投入方式

建议进行政府层面经费投入方式的改革,以改变中等职业学校多元化发展中遇到的制约。如在经费投入中采用以下方式:

其一,以购买服务的形式进行经费的有效投入。一般来说,是指以有效学生数为基数进行经费投入。这一经费投入既用于学校的课程资源建设,也用于教师绩效工资中的部分奖励性绩效,以减少当前某些中等职业学校存在的"低效作为"以及教师的"不作为"现象。

其二,以公共服务保障的形式进行经费的有效投入。一般来说,是指以有效教师数为基数进行经费投入。这一经费投入主要用于教师绩效工资中的基本部分,以减少中等职业学校原本的招生乱象。

其三,以政策的方式进行经费的专项投入。其中包括对偏远、穷困地区的专项投入,对对接亟待发展产业的专业建设的专项投入以及某些中等职业学校特色性发展项目的专项支持。

第三节　研究反思

一、研究的局限性

(一) 研究者的局限性

由于研究者潜在的思维定式,在人类学研究的参与式观察、深度访谈中可能存在对当事人的心理活动及其对事物的认识的引导。由于研究者与被调查者的差异,调查问卷在题项的合适性以及题意表达、文字叙述的完整性和明确

现代职业教育研究丛书

从单一走向多元:我国中等职业学校教育改革的方向与路径

性等方面存在不足,而可能导致数据的偏差。

（二）研究对象的局限性

本书对我国经济社会发展的整体认识不够全面。由于以江苏省中等职业学校的师生为研究对象,尽管江苏省的区域经济社会及其中等职业教育的发展状况具有一定的典型性,但是与其他地区的经济社会及其中等职业教育的发展状况之间存在差异性。另外,被调研者在认识等方面的差异也将导致数据的偏差。

二、研究的展望

（一）继续扩大样本范围,把握我国中等职业学校单一化发展的具体表征

今后的研究要进一步扩大样本范围,以期更准确地把握当前我国不同区域经济社会的发展状况及其之下的人的发展需求,并更准确地把握当前我国不同区域中等职业学校单一化发展的具体表征,为后续的研究奠定更为扎实的基础。

（二）进一步完善中等职业学校多元化发展的理论框架,探索其实践模式

今后的研究要在更大范围的实践的基础上,分析不同区域的中等职业学校多元化发展的特殊性,进一步完善中等职业学校多元化发展的理论、框架和机制,探索和形成更具操作性和推广性的实践模式。

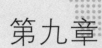

第九章

中等职业学校多元化
发展的未来展望

中国特色社会主义进入了新时代，[①]新时代下中等职业学校面临的挑战尤为严峻，新时代下中等职业学校还要不要办以及如何办等基本问题持续升温，甚至已经成为社会讨论的热点，许多中等职业学校校长、教师对此颇为迷茫。本书就这两个基本问题特增一章作简要分析。

第一节　新时代下还要不要办中等职业学校

要分析新时代下还要不要办中等职业学校这一问题，首先要分析其前置问题，即为什么这一问题在新时代下更为突出。

一、为什么这一问题在新时代下更为突出

还要不要办中等职业学校这一问题在新时代下更为突出。娄勤俭在江苏2019 年全省教育大会的讲话中指出，"要全面加强普通高中教育，加快学校基础设施建设，继续扩大普高办学规模，多措并举办好综合高中、综合班，创造更优更好的条件满足学生选择。要提升职业教育发展层次，着眼于产业结构迈向中高端的时代需求，重点发展高职教育"，并未提及中等职业教育。《中国职业技术教育》杂志社组织了"中等职业教育发展问题"专题，其中的一个问题就是"人民满意的教育真的不需要中等职业教育了吗"[②]。

那么，为什么这一问题在新时代下更为突出呢？一是单一化发展的中等职业学校难以适应中高端产业结构的发展需求。新技术蓬勃发展，中国制造转向"中国智造"。有研究者指出，智能化时代下"操作性职业与专业性职业

---

　　① 中华人民共和国中央人民政府.习近平:决胜全面建成小康社会 夺取新时代中国特色社会主义伟大胜利——在中国共产党第十九次全国代表大会上的报告[EB/OL].(2017 - 10 - 27)[2021 - 03 - 01].http://www.gov.cn/zhuanti/2017-10/27/content_5234876.htm.

　　② 邢晖,和震,高鸿,等."中等职业教育发展问题"专家笔谈(二)[J].中国职业技术教育,2018(28):5-14.

交叉融合""操作性职业之间的交叉融合""各类职业之间的边界变得模糊"①，技术的发展需要的是复合型技术技能人才、创新型技术技能人才,而一直以"生产、服务、技术和管理第一线工作的高素质劳动者和中初级专门人才"为培养目标的中等职业学校教育对此力所不逮。二是单一化发展的中等职业学校难以满足"00 后"等新生代学生的发展需求。以个性、潮流、社交为特征的"00后"甚至"05 后"等新生代逐渐成为职业学校学生的主体,他们更重视自我身份的表达,个性要求正在不断凸显,追求更高品质的体验,不可能只满足于中等职业学校目前所能创设的就业机会,他们期待着更好的发展,升学、创业、留学等新愿景乃至复合型愿景也将不断出现。② 这也就是说,单一化发展的中等职业学校难以满足"00 后"等新生代学生的发展需求。三是单一化发展的中等职业学校难以满足更大范围学习者的学习需求。2019 年初颁布的《国家职业教育改革实施方案》(以下简称职教 20 条)要求"提高中等职业教育发展水平",并要求中等职业学校"积极招收初高中毕业未升学学生、退役军人、退役运动员、下岗职工、返乡农民工接受中等职业教育"③。以上列举的不同的学习者有着不同的学习基础和发展诉求,但是单一化发展的中等职业学校如何能够提供多元化的学习选择?

新时代下对于中等职业学校的质疑之所以凸显,是因为中等职业学校单一化发展的窘境一直没有被改变,而在新时代的新要求、新挑战下更为窘迫。

二、新时代下还要不要办中等职业学校

那么,新时代下中等职业学校还要不要办呢? 要回答这一问题,首先要问新时代对中等职业学校有没有需求。对中等职业学校的需求,既要从宏观层面,即从经济社会发展的角度来认识,也要从微观层面,即从企业和学习者的角度来认识。

从宏观层面来看,新时代下经济社会发展对中等职业学校有无需求,有何

① 徐国庆,伏梦瑶."1+X"是智能化时代职业教育人才培养模式的重要创新[J].教育发展研究,2019(7):21－26.

② 刘炜杰,李斌.学生多元化发展背景下的职业学校师资问题及对策[J].江苏教育(职业教育版),2019(4):35－40.

③ 中华人民共和国中央人民政府.国务院关于印发国家职业教育改革实施方案的通知[EB/OL].(2019－01－24)[2021－03－01].http://www.gov.cn/zhuanti/2017-10/27/content_5234876.htm.

需求？一是普及高中阶段教育。《高中阶段教育普及攻坚计划（2017—2020年）》指出，高中阶段教育"肩负着为各类人才成长奠基、培养高素质技术技能型人才的使命"[①]。职教20条指出，"把发展中等职业教育作为普及高中阶段教育和建设中国特色职业教育体系的重要基础""使绝大多数城乡新增劳动力接受高中阶段教育"。二是服务就业需求。职教20条要求"积极招收初高中毕业未升学学生、退役军人、退役运动员、下岗职工、返乡农民工接受中等职业教育"，其目的就是服务这些对象的就业需求。三是服务乡村振兴。《国务院关于大力发展职业教育的决定》要求"每个市（地）都要重点建设一所高等职业技术学院和若干所中等职业学校。每个县（市、区）都要重点办好一所起骨干示范作用的职教中心（中等职业学校）"[②]。植入县域经济社会的职教中心（中等职业学校）必然要承担其服务乡村振兴战略任务。四是建构类型教育的需要。职教20条开宗明义，"职业教育与普通教育是两种不同教育类型，具有同等重要的地位"。要建设作为教育类型的职业教育，必须建构完善的现代职业教育体系，其中中等职业教育不可或缺。五是进行教育兜底行动。"职教20条"指出，"加大对民族地区、贫困地区和残疾人职业教育的政策、金融支持力度，落实职业教育东西协作行动计划，办好内地少数民族中职班"。

从微观层面认识中等职业学校的需求，主要有两个角度：一是企业，二是学习者。从企业的角度来看，一是县域尤其是广大乡镇、农村的中小微企业需要中等职业学校。新时代下并非所有的企业都成长为工业4.0时代的高新技术企业，县域尤其是广大乡镇、农村的中小微企业，技术上可能停留在工业3.0时代、2.0时代甚至1.0时代，它们需要中等职业学校。即使技术进入工业4.0时代的乡镇、农村的中小微企业，由于地域过于偏僻，难以吸引到自视甚高的高职院校毕业生，它们同样需要中等职业学校。笔者在学校组建的县域中小微企业职教联盟受到了地方企业的热烈欢迎。在县域尤其是广大的乡镇、农村，中等职业学校依然大有可为。二是工业4.0时代的高新技术企业其实同样需要中等职业学校。工业4.0时代的高新技术企业需要的是复合型技术技能

① 中华人民共和国教育部.教育部等四部门关于印发《高中阶段教育普及攻坚计划（2017—2020年）》的通知[EB/OL].（2017－03－24）[2021－03－01].http://www.moe.gov.cn/srcsite/A06/s7053/201704/t20170406_301981.html.

② 中华人民共和国中央人民政府.国务院关于大力发展职业教育的决定[EB/OL].（2005－10－28）[2020－10－20].http://www.gov.cn/zhengce/content/2008-03/28/content_5549.htm.

人才、创新性技术技能人才，但这种"操作性职业与专业性职业交叉融合，操作性职业之间的交叉融合"的复合型技术技能人才、创新性技术技能人才仅靠高职院校三年时间的人才培养难以实现，应当需要以中等职业学校为基础的连续培养才能得以保证。

从学习者的角度来看，一是学习基础相对较为薄弱的初中毕业生需要中等职业学校。按照多元智能理论，人的智能多元且具有显著的差异性，因此并非所有的人都适合普通高中教育。学习基础相对较为薄弱的初中毕业生与其在普通高中教育中"沉沦"，不如在中等职业学校寻求适合自身的发展契机，如就业、发展兴趣、在现代职业教育体系中获得升学的途径等。二是学业困难的学生需要中等职业学校。职教20条指出，"发挥中等职业学校作用，帮助部分学业困难学生按规定在职业学校完成义务教育，并接受部分职业技能学习"。三是更大范围的学习者需要中等职业学校。职教20条要求中等职业学校"积极招收初高中毕业未升学学生、退役军人、退役运动员、下岗职工、返乡农民工接受中等职业教育"，在面广量大、未举办高职院校的县域，要帮助高中毕业未升学学生、退役军人、退役运动员、下岗职工、返乡农民工实现就业，这就必须依靠当地的职教中心（中等职业学校）。

综上所述，新时代下无论是宏观层面的经济社会，还是微观层面的企业和学习者都需要中等职业学校。经济社会的发展对中等职业学校有着多重需求，不同的企业和学习者对中等职业学校的需求也不尽相同。因此，新时代需要中等职业学校，中等职业学校应当根据新时代下的多元化需求推进新的教育改革，实现多元化发展。

第二节　新时代下如何办好中等职业学校

理论上看，新时代同样需要中等职业学校，但现实是，新时代下对中等职业学校的质疑却更为突出，理论与现实的这一矛盾实际上反映出新时代下如何办好中等职业学校这一问题的重要性。前文对这一问题其实已有基本的阐述，新时代下办好中等职业学校关键依旧在于多元化，而多元化的本质是适需性。中等职业学校要实现办学的适需性，就是要办类型教育和适合的教育。

一、办类型教育

系统的协同需要建构子系统的边界,也就是说,子系统的适需性存在边界,因此中等职业学校的多元化发展应当在类型教育的边界内实现。职教 20 条指出,"职业教育与普通教育是两种不同教育类型,具有同等重要地位。"何为类型教育? 类型是指"具有共同特征的事物所形成的种类"①,因此,类型教育是指具有共同特征的教育所形成的教育种类。

中等职业学校要办类型教育,首先要办出与普通教育不同的职业教育形态。一是以技术技能型人才为培养目标。"人才类型的变化在很大程度上决定着教育类型的分化,人才类型及人才培养目标是高等教育类型划分的基本依据。"②从生产、工作活动的过程和目的角度进行分类,社会人才共分为两类:一类是学术型人才;另一类是应用型人才。③ 普通教育更多的是培养学术型人才,职业教育则必须培养属于应用型人才的技术技能型人才。二是应当形成社会多元办学。中等职业学校应当如职教 20 条所要求的"由政府举办为主向政府统筹管理、社会多元办学的格局转变""由参照普通教育办学模式向企业社会参与、专业特色鲜明的类型教育转变",否则难以办出特色鲜明的专业,难以培养出真正的技术技能型人才。三是服务终身教育。中等职业学校不能局限于成长阶段的青少年的学习需要,更要面向如职教 20 条所要求的"初高中毕业未升学学生、退役军人、退役运动员、下岗职工、返乡农民工"等更大范围的学习者,服务终身教育。四是建立更为多元的教学形式。如果要支持"初高中毕业未升学学生、退役军人、退役运动员、下岗职工、返乡农民工"等学习者的学习,中等职业学校除了全日制教学形式外,还应当利用信息化手段建构更为多元的教学形式。

中等职业学校要办类型教育,其次要建立中等职业教育的层次边界。一是注意入学对象的学习基础。中等职业学校主要招收初中毕业生或同等学历者,而高职院校的入学对象是高中毕业生或同等学历者。二是注意办学层次

---

① 中国社会科学院语言研究所词典编辑室.现代汉语词典(第 6 版)[M].北京:商务印书馆,2012:787.

② 陈厚丰.高等教育分类的理论逻辑与制度框架研究[M].广州:广东高等教育出版社,2011:262.

③ 夏建国.基于人才分类理论审视技术本科教育人才培养目标[J].中国高教研究,2007(5):5-8.

的学习要求。中等职业学校主要举办属于第二级教育中高级层次的中等职业教育,属于高中阶段教育。职业院校举办面向实际的、技术的、职业的,即定向于某个特定职业的高等职业教育,属于高等教育层次。三是注意培养目标的定位。中等职业教育培养的是"生产、服务、技术和管理第一线工作的高素质劳动者和中初级专门人才"[①],后来提出进一步要求,"就业有能力、升学有基础"[②]。高等职业教育的毕业生应当从事"综合、全面程度及其所显现的责任、价值功能"更高的工作岗位,具备驾驭"策略层面而非经验层面"[③]的能力。

系统的协同需要建构子系统的边界,但是边界的固化却不利于系统的发展,因此中等职业学校要办类型教育,不只是要形成区分与边界,更要建构融通和衔接。一是建构与普通教育的融通。正如前文所述,普职融通是初中毕业生或同等学历者通过中等职业教育达到高中阶段教育学识水平的保证,但不应局限于此,根据职教 20 条的要求,中等职业学校要联合中小学开展劳动和职业启蒙教育,这是普职融通的新内涵。二是建构与高职院校的衔接。与高职院校的衔接,不只是前文所述的职业教育层次之间的衔接,更要形成地理边界上的衔接。在高职院校难以触及的县域及其广大乡镇,都应当是职教中心(中等职业学校)的区域。中等职业学校不只是举办中等职业教育,还要根据需要举办社会培训、成人教育甚至更高层次的职业教育,真正做到职教 20 条要求的"精准服务区域发展需求"。三是建构与产业企业的融合。学校职业教育是不完整的职业教育,只有通过与产业企业的融合才能建构真正的职业教育,才能培养出真正的技术技能型人才。要办类型教育,中等职业学校就必须建构与产业企业的融合。四是与社会机构的衔接。《关于在院校实施"学历证书+若干职业技能等级证书"制度试点方案》指出,"培训评价组织作为职业技能等级证书及标准的建设主体""院校是 1+X 证书制度试点的实施主体"。那么,要实施 1+X 证书制度,培养复合型技术技能人才,中等职业学校就必须与培训评价组织等社会机构建立有效通畅的衔接。

---

① 中华人民共和国教育部.关于全面推进素质教育、深化中等职业教育教学改革的意见[EB/OL].(2000 - 03 - 21)[2020 - 10 - 21].http://old.moe.gov.cn/publicfiles/business/htmlfiles/moe/moe_405/200412/4725.html.

② 中华人民共和国中央人民政府.国务院关于加快发展现代职业教育的决定[EB/OL].(2014 - 05 - 02)[2020 - 10 - 20].http://www.gov.cn/zhengce/content/2014-06/22/content_8901.htm.

③ 姜大源.高等职业教育的定位[J].武汉职业技术学院学报,2008(2):5 - 8.

二、办适合的教育

适合的教育就是要致力于解决过去没有解决、没有解决好的,或者在教育发展过程中出现的新问题。[①] 新时代下中等职业学校办适合的教育要解决的关键问题是弥合产业与学习者的需求错位,即"如何把产业对职业教育的需求转化为学习者对职业教育的需求"[②]。

要解决这一关键问题,首先要厘清新时代下产业对职业教育需求的变化。新时代下其变化主要表现有三点。一是复杂化。新时代下我国产业发展极不平衡,工业4.0时代、3.0时代、2.0时代甚至1.0时代的技术同时存在,甚至在某一区域某一企业内技术发展程度都不尽相同。产业对职业教育的需求不断地复杂化。二是专业化。新时代下如京津冀、长三角、粤港澳等区域经济社会的一体化发展战略必然使得区域内生产要素的自由流动更为通畅,资源的空间配置将更为优化,产业群(链)将通过不断专业化实现融合和协同。产业对职业教育的需求不断地专业化。三是综合化。随着信息化、数字化、智能化技术的普及应用,行业与行业以至产业与产业间的衔接、跨界已表现为一种链式结构。这种链式结构更多地呈现为一种跨越一、二、三产的产业链结构。[③] 除此之外,生产方式的变革正在消融"操作性职业与专业性职业""操作性职业之间""各类职业之间"[④]的边界,产业对职业教育的需求不断综合化。

要解决这一关键问题,同时要厘清新时代下学习者对职业教育需求的变化。新时代下其变化主要表现如下:一是个性化。一方面,"00后"甚至"05后"等新生代学生的重视自我身份的表达,对职业教育的需要不断地个性化;另一方面,"初高中毕业未升学学生、退役军人、退役运动员、下岗职工、返乡农民工"等更大范围的学习者,由于其个体的巨大差异性,对职业教育的需要同样极为个性化。二是品质化。随着生活水平的提升,人们不再满足于简单的就业,期待专业能力的提升、高质量的就业、职业生涯的可持续发展以及更好

① 葛道凯.适合的教育:江苏教育的当下期待[J].江苏教育(教育管理版),2017(7):6-8.

② 徐国庆.职教如何成为一种教育类型[N].社会科学报,2019-06-13(5).

③ 姜大源.建立职业教育链式人才库[EB/OL].http://theory.people.cn/n1/2019/0313/c40531-30973158.Html.2019-03-13.

④ 徐国庆,伏梦瑶."1+X"是智能化时代职业教育人才培养模式的重要创新[J].教育发展研究,2019(7):21-26.

的学习体验,对职业教育的需要不断地品质化。三是终身化。习近平指出,"当今世界是一个变革的世界,是一个新机遇新挑战层出不穷的世界,是一个国际体系和国际秩序深度调整的世界,是一个国际力量对比深刻变化并朝着有利于和平与发展方向变化的世界"。世界处于百年未有之大变局,"变"将是新时代的核心,要应对变动不安的新时代,终身学习是每个人的必然要求。

那么,如何把产业对职业教育的需求转化为学习者对职业教育的需求呢?首先是积极探索 1+X 证书制度下的课程改革,"以社会需求、企业岗位(群)需求和职业技能等级标准为依据"①进行市场化机制运作开发的职业技能等级证书兼具灵活性、适应性和针对性,可以及时根据新时代下产业对职业教育需求的复杂化、专业化和综合化等变化进行调整和优化。同时,其建构的纵向多层递进、横向多元复合的职业教育学业证书体系框架,可以为学习者提供更为多元的选择可能,为其个性化成长提供路径支持。1+X 证书制度下的课程改革具体涉及培养目标从同一型向多元型转变、课程结构从单进程向多进程转变、课程内容从单向度向多向度转变、课程实施从基于教向基于学转变和管理机制从刚性化向弹性化转变等诸多方面的内容。② 其次是深化教师、教材、教法"三教"改革。教师改革的重点不只是推进"双师型"教师队伍建设,更要建设专任教师、兼职教师和企业师傅等跨界协同的职业教育教师教学创新团队。教材改革要根据职教 20 条的要求,"建设一大批校企'双元'合作开发的国家规划教材,倡导使用新型活页式、工作手册式教材并配套开发信息化资源"。教法改革要符合复合型技术技能人才的成长规律。教师改革是根本,教材改革是核心,教法改革是关键,从而建构系统化的职业教育改革,使职业教育适应新时代下产业需求的复杂化、专业化和综合化以及学习者需求的个性化、品质化和终身化等变化,从而为产业对职业教育的需求转化为学习者对职业教育的需求提供可能。

对中等职业学校的群体而言,办适合的教育必须要找到新时代下对职业教育需求的变化,由此提升新时代下办学的适需性。既要适合新时代下产业

① 中华人民共和国教育部.教育部等四部门印发《关于在院校实施"学历证书+若干职业技能等级证书"制度试点方案》(2009 - 04 - 16)[2021 - 03 - 01].http://www.moe.gov.cn/jyb_xwfb/gzdt_gzdt/s5987/201904/t20190416_378206.html.

② 刘炜杰.1+X 证书制度下职业教育的课程改革研究[J].职教论坛,2019(7):47 - 53.

的需要,又要适合新时代下学习者的需要,更要将产业的需要转化为学习者的需要。对中等职业学校具体的个体而言,要办适合的教育,还要找到新时代下区域产业发展的具体不同以及学习者诉求的个体差异,通过分析区域职业教育发展的现状,比对同类学校的办学条件,从而寻找到适合自身发展的定位和道路。

中文部分

[1] 安藤尧雄.学校管理[M].马晓塘,佟顶力,译.北京:文化教育出版社,1981.

[2] 巴甫洛夫.巴甫洛夫全集(第三卷)[M].杏林,译.北京:人民卫生出版社,1962.

[3] 曹孚.外国教育史[M].北京:人民教育出版社,1962.

[4] 曹晔.我国中等职业教育发展的战略性思考[J].教育与职业,2015(6).

[5] 陈传海,傅峙.英国职业教育课程设置特点研究及其启示——以利兹城市学院课程设置为例[J].淮南师范学院学报,2011(1).

[6] 陈国方.关于中等职业教育培养目标的思考[J].南昌职业技术师范学院学报,1995(2).

[7] 陈良,廖金权,李明.基于能力本位的职业院校绩点学分制研究与实践[J].职教论坛,2011(12).

[8] 陈如平.效率与民主——19世纪末至20世纪50年代美国教育管理思想的历史研究[D].北京:北京师范大学,1998.

[9] 陈一壮.论法国哲学家埃德加·莫兰的"复杂思想"[J].中南大学学报(社会科学版),2004(1).

[10] 褚洪启.杜威教育思想引论[M].长沙:湖南教育出版社,1998.

[11] 戴荣.我国职业教育法的历史贡献与修改完善[J].职教论坛,2006(19).

[12] 杜晓利.富有生命力的文献研究法[J].上海教育科研,2013(10).

[13] E.N.洛伦兹.混沌的本质[M].刘式达,刘式适,严中伟,译.北京:气象出版社,1997.

[14] 冯德雄.企业适应性成长研究[D].武汉:武汉理工大学,2003.

[15] 傅建明."隐性课程"辨析[J].课程·教材·教法,2000(8).

[16] G.尼科里斯,I.普利高津.探索复杂性[M].罗久里,陈奎宁,译.成都:四川教育出版社,1986.

[17] 高文.教学模式论[M].上海:上海教育出版社,2002.

[18] 加里·胡佛.愿景[M].薛源,夏扬,译.北京:中信出版社,2003.

[19] 葛道凯.中国职业教育二十年政策走向[J].课程·教材·教法,2015(12).

现代职业教育研究丛书

从单一走向多元:我国中等职业学校教育改革的方向与路径

[20] 顾建军.关于中等职业教育课程改革的若干思考[J].教育与职业,2005(35).

[21] 顾明远.教育大辞典(增订合编本上)[M].上海:上海教育出版社,1998.

[22] 顾明远.教育大辞典(增订合编本下)[M].上海:上海教育出版社,1998.

[23] 关晶.析美国加州 STC 改革[J].职教论坛,2003(17).

[24] 关晶.美国中等职业教育的现状、特点与改革趋势[J].教育发展研究,2009(13).

[25] 关晶.当前职业教育改革的关键点在供给侧吗[J].江苏教育,2016(24).

[26] 郭耀邦.中等职业教育培养目标的时代调整[J].教育与职业,2001(2).

[27] 韩庆祥,亢安毅.马克思开辟的道路——人的全面发展研究[M].北京:人民出版社,2005.

[28] 贺文瑾.职教教师教育的反思与建构——基于专业化取向的研究[D].上海:华东师范大学,2007.

[29] 何应林.高职院校技能人才有效培养研究[D].南京:南京师范大学,2014.

[30] 胡鞍钢,王绍光,康晓光.中国地区差距报告[M].沈阳:辽宁人民出版社,1995.

[31] 胡国勇.基础职业教育:上海中等职业教育的新定位[J].教育发展研究,2009(13).

[32] 黄达人,等.高职的前程[M].北京:商务印书馆,2012.

[33] 黄妙莉,李同道.对中等职业教育培养目标的新认识[J].职业技术教育,2000(36).

[34] 黄日强,邓志军.英国中等职业教育的改革与发展[J].职业教育研究,2004(1).

[35] 黄晓玲.课程资源:界定、特点、状态、类型[J].中国教育学刊,2004(4).

[36] 霍德华·加德纳.智能的结构(经典版)[M].沈致隆,译.杭州:浙江人民出版社,2013.

[37] 纪晓琳.美国公共教育的管理和政策[M].北京:北京师范大学出版社,1992.

[38] 姜大源."学习领域"课程:概念、特征与问题——关于德国职业学校课程重大改革的思考[J].教育发展研究,2003(1).

[39] 姜大源."学习领域"——工作过程导向的课程模式——德国职业教育课程改革的探索与突破[J].职教论坛,2004(24).

[40] 姜大源.博采众长、借鉴创新:回首 30 年职业教育课程改革[J].中国培训,2008(12).

[41] 姜大源.世界职业教育课程改革的基本走势及其启示——职业教育课程开发漫谈[J].中国职业技术教育,2008(27).

[42] 江山野.简明国际教育百科全书·课程[M].北京:教育科学出版社,1991.

[43] 教育部调研团,葛道凯.美国生涯与技术教育调研报告[J].中国职业技术教育,2016(1).

[44] 教育部职业技术教育中心研究所.中国职业教育 2030 研究报告——发展目标、主要问题、重点任务及推进策略[J].中国职业技术教育,2016(25).

［45］约翰·D.兰思福特,等.人是如何学习的:大脑、心理、经验及学校(扩展版)［M］.程可拉,冯亚玲,王旭卿,译.上海:华东师范大学出版社,2013.

［46］约翰·H.霍兰.隐秩序——适应性造就复杂性［M］.周晓牧,韩晖,译.上海:上海科技教育出版社,2000.

［47］匡瑛.究竟什么是职业能力——基于比较分析的角度［J］.江苏高教,2010(1).

［48］莱斯利·P.斯特弗,杰里·盖尔.教育中的建构主义［M］.高文,徐斌艳,程可拉,等译.上海:华东师范大学出版社,2002.

［49］李传瑛,史庭宇,麦真祯.英国职业教育课程多元化的特点及其启示［J］.职业技术教育,2012(2).

［50］李方.长三角经济一体化与金融资源配置优化［J］.社会科学,2006(8).

［51］李晓玲.行为导向 德国职业教育教学改革的理论与实践［J］.教育发展研究,2002(11).

［52］李妍.中等职业教育问题分析［J］.现代商贸工业,2014(13).

［53］联合国教科文组织.教育——财富蕴藏其中［M］.联合国教科文组织总部中文科,译.北京:教育科学出版社,2017.

［54］刘次林.幸福教育论［M］.南京:南京师范大学出版社,1999.

［55］刘皓宇.浅谈高职教育在培养目标上与中职教育的区别［J］.青岛职业技术学院学报,2010(1).

［56］刘继和.日本学分制高中的基本理念与实施策［J］.全球教育展望,2003(1).

［57］刘济良,王洪席.本科生导师制:症结与超越［J］.教育研究,2013(11).

［58］刘菊,戴军,解月光.自组织理论及其教育研究应用前景探析［J］.远程教育杂志,2012(1).

［59］刘树青,沈卫星,陈敏.南通市建筑产业现代化发展对策研究［J］.建筑,2016(9).

［60］刘炜杰.中等职业教育工艺美术专业项目课程开发研究［D］.上海:华东师范大学,2010.

［61］刘炜杰.意义性生成:职业教育课堂教学改革的取向与目标——以一节课为例的反思［J］.江苏教育,2011(1).

［62］刘炜杰.问题与对策:学校视角下的职业教育政府建设项目［J］.职教论坛,2015(15).

［63］刘献君.论大学学习［J］.江苏高教,2016(5).

［64］刘玉照,张敦福,李友梅.社会转型与结构变迁［M］.上海:上海人民出版社,2007.

［65］路宝利.美国中等职业教育发展的职业主义与民主主义之争:"普杜之辩"研究［D］.上海:华东师范大学,2014.

[66] 鲁昕.在全国中等职业教育教学改革创新工作会议上的总结讲话[J].教育与职业,2011(7).

[67] 陆学艺.当代中国社会流动[M].北京:社会科学文献出版社,2004.

[68] 罗玲,徐涛.面向农民的职业教育:问题与对策[J].中国职业技术教育,2004(6).

[69] 洛林·W.安德森,等.布卢姆教育目标分类学:分类视野下的学与教及其测评(完整版)(修订版)[M].蒋小平,张琴美,罗晶晶,译.北京:外语教学与研究出版社,2009.

[70] 马岩.我国面对中等收入陷阱的挑战及对策[J].经济学动态,2009(7).

[71] 裴新澍.生物进化控制论[M].北京:科学出版社,1998.

[72] 彼得·圣吉,等.第五项修炼·实践篇——创建学习型组织的战略和方法[M].张兴,等译.北京:东方出版社,2006.

[73] 彭志武.高等职业教育学制研究[D].厦门:厦门大学,2007.

[74] 邱开金.高素质劳动者和高技能专门人才的诠释[J].职教论坛,2006(9).

[75] 清华大学社会学系社会发展研究课题组,孙立平."中等收入陷阱"还是"转型陷阱"?[J].开放时代,2012(3).

[76] 拉尔夫·泰勒.课程与教学的基本原理[M].施良方,译.北京:人民教育出版社,1994.

[77] 任玥珊.从STW到STC:美国职业教育的发展趋势[J].职教论坛,2012(10).

[78] 沈鸣.基于多元智能理论的校本课程开发——以高中生物学校本课程开发为例[J].教育评论,2014(10).

[79] 沈小峰,湛肯华.耗散结构理论和自然辩证法[J].自然辩证法通讯,1980(2).

[80] 盛艳.职业观变革背景下中等职业教育培养目标的界定[J].当代教育论坛,2004(2).

[81] 石伟平.比较职业技术教育[M].上海:华东师范大学出版社,2001.

[82] 石伟平.我国职业教育课程改革中的问题与思路[J].职业技术教育,2005(31).

[83] 石伟平,徐国庆.以就业为导向的中等职业教育教学改革理论探索[J].中国职业技术教育,2008(11).

[84] 石伟平,徐哲岩.新职业主义:英国职业教育新趋向[J].外国教育资料,2000(3).

[85] 石中英.知识转型与教育改革[M].北京:教育科学出版社,2001.

[86] 宋春燕.理性主义观影响下的英国职业教育课程模式探析——以英国BTEC课程模式为例[J].高等职业教育(天津职业大学学报),2009(6).

[87] 宋娟.基于复杂性理论的技术联盟知识转移影响因素研究[D].长沙:中南大学,2011.

[88] 孙琳.对中等职业教育培养目标的再认识[J].职教论坛,2008(11).

[89] 孙绵涛.教育管理学[M].北京:人民教育出版社,2006.

[90] 唐琳琳.组织变革领导力的概念模型及其效能机制研究:基于ASD理论的视角[D].杭

273

州:浙江大学,2009.

[91]　唐林伟.从"就业导向"转向"职业发展导向"——对浙江省中等职业教育课程改革新走向的基本认识[J].职教通讯,2015(4).

[92]　田正平,周志毅.黄炎培教育思想研究[M].沈阳:辽宁教育出版社,1997.

[93]　万恒.社会分层视野中职业教育价值的再审视[D].上海:华东师范大学,2009.

[94]　王金波.职业技术教育学导论[M].哈尔滨:黑龙江教育出版社,1989.

[95]　王雁琳.英国职业教育和新职业主义[J].外国教育研究,2000(2).

[96]　魏海苓.战略管理与大学发展——中国大学战略管理的有效性研究[D].武汉:华中科技大学,2007.

[97]　吴东方.复杂性理论观照下的教育之思[D].西安:陕西师范大学,2009.

[98]　吴刚.奔走在迷津中的课程改革[J].北京大学教育评论,2013(4).

[99]　吴刚平.课程资源的理论构想[J].教育研究,2001(9).

[100]　吴冠中.我负丹青——吴冠中自传[M].北京:人民文学出版社,2004.

[101]　吴式颖,任钟印.外国教育思想通史(第八卷)[M].长沙:湖南教育出版社,2002.

[102]　吴彤.自组织方法论研究[M].北京:清华大学出版社,2001.

[103]　邬宪伟.选择的教育——职业教育的一个新视角[M].上海:上海教育出版社,2009.

[104]　吴永军.我国小班化教育:成绩、困境与展望[J].课程·教材·教法,2014(2).

[105]　徐改.成功职业女性的生涯发展与性别建构[D].上海:华东师范大学,2007.

[106]　徐国庆.实践导向职业教育课程研究:技术学范式[M].上海:上海教育出版社,2005.

[107]　徐国庆.工作结构与职业教育课程结构[J].教育发展研究,2005(8).

[108]　徐国庆.职业教育原理[M].上海:上海教育出版社,2007.

[109]　徐国庆.上海中等职业教育课程改革中的理论框架[J].教育发展研究,2007(7).

[110]　徐国庆.美国职业教育范式的转换及启示[J].教育发展研究,2008(7).

[111]　徐国庆.职业教育课程论(第二版)[M].上海:华东师范大学出版社,2015.

[112]　徐国庆.智能化时代职业教育人才培养模式的根本转型[J].教育研究,2016(3).

[113]　徐涵.德国学习领域课程方案的基本特征[J].教育发展研究,2008(1).

[114]　许勤,曾青云.中国社会培训教育发展现状与策略[J].中国成人教育,2013(11).

[115]　杨逢珉,孙定东.欧盟区域治理的制度安排——兼论对长三角区域合作的启示[J].世界经济研究,2007(5).

[116]　叶飞.学校制度生活与公民品质的培育[J].教育发展研究,2016(8).

[117]　叶澜."新基础教育"探索性研究报告集[M].上海:上海三联书店,1999.

[118]　叶澜.重建课堂教学价值观[J].教育研究,2002(5).

［119］余明辉,詹增荣.英国职业教育课程评估标准及其借鉴［J］.南方职业教育学刊,2015（5）.

［120］袁和平.中职与高职教育有效衔接的研究［J］.山西财经大学学报,2012（S3）.

［121］岳秋,闫寒冰,任友群.MIT 开放课程与我国精品课程的学习支持对比分析［J］.远程教育杂志,2013（1）.

［122］曾晓洁.多元智能理论的教学新视野［J］.比较教育研究,2001（12）.

［123］湛垦华,沈小峰,等.普利高津与耗散结构理论［M］.西安:陕西科学技术出版社,1998.

［124］张家祥,钱景舫.职业技术教育学［M］.上海:华东师范大学出版社,2001.

［125］赵志群.工学一体化课程模式的认识与运用［J］.中国培训,2013（4）.

［126］周金浪.教育学［M］.上海:上海教育出版社,2006.

［127］邹卫星,周立群.区域经济一体化进程剖析:长三角、珠三角与渤海湾［J］.改革,2010（10）.

［128］朱晓斌.文化形态与职业教育——德国"双元制"职业教育模式的文化分析［J］.外国教育研究,1997（3）.

［129］佐藤学.学习的快乐——走向对话［M］.钟启泉,译.北京:教育科学出版社,2004.

［130］齐格蒙特·鲍曼.共同体［M］.欧阳景根,译.南京:江苏人民出版社,2007.

外文部分

［1］ Arnold J, Jackson C. The new career:Issues and challenges［J］. British Journal of Guidance and Counselling, 1997（4）.

［2］ Brandon R N. Adaptation and evolutionary theory［J］. Studies in History and Philosophy of Science, 1978（3）.

［3］ Burke W W. Organization change:Theory and practice［M］. Thousand Oaks, CA:Sage Publications, 2002.

［4］ Burns R W, Klingstedt J L. Competency-based education:An introduction［M］. Englewood Cliffs, NJ:Educational Technology Publications, 1973.

［5］ Eisenberg L. The social construction of the human brain［J］. American Journal of Psychiatry, 1995（11）.

［6］ European Communities. Key competences for lifelong learning:European reference framework ［R］. Luxembourg:Publications Office of the European Union, 2007.

［7］ Friedlander F, Brown L D. Organization development［J］. Annual Review of Psychology, 1974（25）.

［8］ Friedman S L, Cocking R R. Instructional influences on cognition and on the brain［M］// Friedman S L, Klivington K A, Peterson R W. The brain, cognition, and education. Orando, FL：Academic Press, 1986.

［9］ Gardner H. Multiple intelligence：The theory in practice［M］. New York：Basic Books, 1993.

［10］ Greenough W T, Juraska J M, Volkmar F R. Maze training effects on dendritic branching in occipital cortex of adult rats［J］. Behavioral and Neural Biology, 1979(3).

［11］ Harris R M, Guthrie H, Hobart R B, Lundberg D. Competency－based education and training：Between a rock and a whirlpool［M］. South Melbourne：Macmillan Education, 1995.

［12］ Hutchins R M. The university of utopia［M］. Chicago：The Univertisty of Chicago Press, 1936.

［13］ Itami H, Numagami T. Dynamic interaction between strategy and technology［J］. Strategic Management Journal, 1992(5).

［14］ Kogut B, Zander U. Knowledge of the firm, combinative capabilities, and the replication of technology［J］. Organization Science, 1992(3).

［15］ Levy A, Merry U. Organizational transformation：Approaches, strategies, theories［M］. New York：Praeger, 1986.

［16］ Lewin K. Field－theory in social science［M］. New York：Harper and Row, 1951.

［17］ Muzyka D, Koning A D, Churchill N. On transformation and adaptation：Building the entrepreneurial corporation［J］. European Management Journal, 1995(4).

［18］ Newman J H. The idea of a university［M］. New Haven：Yale University Press, 1998.

［19］ Nickse R E, Mcclure L E. Competency－based education：Beyond minimum competency testing［M］. New York：Teachers College Press, 1981.

［20］ Pellegrino J W, Hilton M L. Education for life and work：Developing transferable knowledge an skills in the 21st century［M］. Washington, DC：National Academies Press, 2012.

［21］ Penrose E T. The theory of the growth of the firm［M］. New York：Oxford University Press, 1959.

［22］ Prahalad C K, Oosterveld J P. Transforming internal governance：The challenge for multinationals［J］. Sloan Management Review, 1999(3).

［23］ Prosser C A, Quigley T H. Vocational education in a democracy（revised edition）［M］. Chicago：American Technical Society, 1950.

现代职业教育研究丛书

从单一走向多元：我国中等职业学校教育改革的方向与路径

[24] Rosenzweig M R, Bennett E L. Cerebral changes in rats exposed individually to an enriched environment[J]. Journal of Comparative and Physiological Psychology, 1972(2).

[25] Schein E H. Organizational culture and leadership [M]. San Francisco, CA: Jossey-Bass, 1992.

[26] Shaheen G T. Approach to transformation [J]. Chieh Executive, 1994(3).

[27] Teece D J. Profiting from technological innovation: Implications for integration, collaboration, licensing and public policy[J]. Research Policy, 1986(6).

[28] Teece D J, Shuen P A. Dynamic capabilities and strategic management [J]. Strategic Management Journal, 1997(7).

[29] Turner A M, Greenough W T. Differential rearing effects on rat visual cortex synapses. I. Synaptic and neuronal density and synapses per neuron[J]. Brain Research, 1985(1).

[30] Tyler R W. Basic principles of curriculum and instruction[M]. Chicago: The Univertisty of Chicago Press, 1949.

参考文献